西安交通大学人文社会科学学术著作出版基金资助（Supported by the Foundation for Publishing Academic Works of Humanities and Social Sciences of Xi'an Jiaotong University）

中央高校基本科研业务费专项资金资助（Supported by the Fundamental Research Funds for the Central Universities）

法|学|研|究|文|丛
————民法学————

网络游戏直播中的著作权问题研究

焦和平 ● 著

知识产权出版社

全国百佳图书出版单位

——北京——

图书在版编目（CIP）数据

网络游戏直播中的著作权问题研究/焦和平著. —北京：知识产权出版社，2024.11.
ISBN 978 - 7 - 5130 - 9232 - 6

Ⅰ. D923.414

中国国家版本馆 CIP 数据核字第 2024DW6173 号

内容提要

本书从解释论和立法论的视角对网络游戏直播中的四个最为核心的著作权问题进行了研究，通过对诸多典型案例和学理争议的分析，呈现并探讨了网络游戏直播画面的作品属性、著作权归属、著作权规制模式、权利限制等问题，对于规范和促进我国网络直播游戏产业的良性发展、完善著作权立法以及指导网络游戏直播司法实践具有较高的参考价值。

责任编辑：王祝兰　　　　　　　　　责任校对：谷　洋
封面设计：智兴设计室　　　　　　　责任印制：刘译文

网络游戏直播中的著作权问题研究
焦和平　著

出版发行：知识产权出版社有限责任公司	网　　址：http://www.ipph.cn
社　　址：北京市海淀区气象路 50 号院	邮　　编：100081
责编电话：010 - 82000860 转 8555	责编邮箱：wzl_ipph@163.com
发行电话：010 - 82000860 转 8101/8102	发行传真：010 - 82000893/82005070/82000270
印　　刷：天津嘉恒印务有限公司	经　　销：新华书店、各大网上书店及相关专业书店
开　　本：880mm×1230mm　1/32	印　　张：10.125
版　　次：2024 年 11 月第 1 版	印　　次：2024 年 11 月第 1 次印刷
字　　数：226 千字	定　　价：99.00 元

ISBN 978 - 7 - 5130 - 9232 - 6

目录

CONTENTS

第一章

研究背景与问题提出

一、研究背景：网络游戏直播产业的发展现状及未来趋势

网络游戏是指由软件程序和信息数据构成，通过互联网、移动通信网等信息网络提供的游戏产品和服务。网络游戏也被称为在线游戏（game online），属于电子游戏的范畴，是以互联网技术为平台，通过人与人之间的互动达到交流、娱乐和休闲目的的一种新型的电子游戏。❶ 与此相应，网络游戏产业则是指以互联网和移动网络等为平台，通过电脑、手机等终端设备进行游戏开发和运营的产

---

❶ 祁述裕. 中国文化产业国际竞争力报告 ［M］. 北京：社会科学文献出版社，2004.

业。随着互联网技术的不断发展和普及，网络游戏产业已经成为全球范围内的重要数字产业之一。

（一）网络游戏直播产业的发展现状

1. 网络游戏产业的发展现状

网络游戏直播产业是网络游戏产业的重要组成部分，因此，研究网络游戏直播产业需要从网络游戏产业开始。当前，网络游戏产业的发展现状呈现出以下特点。

第一，网络游戏用户规模持续扩大，释放出较大的消费潜力。据中国音像与数字出版协会游戏出版工作委员会发布的《2022 年中国游戏产业报告》显示，2022 年我国游戏用户规模达 6.64 亿人。[1]《2023 年中国游戏产业报告》显示，2023 年我国游戏用户规模为 6.68 亿人，同比增长 0.61%，达到历史新高点。[2]数据表明，网络游戏正在成为满足网民特别是青年网民娱乐需求的新方式，游戏产业有着广阔的市场前景和发展潜力。

第二，网络游戏市场规模稳步增长，反映出旺盛的市场需求。据《2022 年中国游戏产业报告》显示，2022 年中国游戏市场实际销售收入 2658.84 亿元，2014～2021 年，中国移动游戏市

---

[1] 中国音像与数字出版协会. 《2022 年中国游戏产业报告》正式发布 [EB/OL]. (2023 - 02 - 14) [2024 - 05 - 18]. http：//www. cadpa. org. cn/3271/202302/41574. html.

[2] 《2023 年中国游戏产业报告》项目组. 中国游戏产业发展概况分析：基于《2023 年中国游戏产业报告》数据 [J]. 中国数字出版, 2024, 3 (2)：80 - 87.

场收入 7 年间增长到 8 倍。❶ 据《2023 年中国游戏产业报告》统计数据，2023 年，国内游戏市场实际销售收入 3029.64 亿元，同比增长 13.95%，首次突破 3000 亿元关口。❷ 当然，也包含一些行业内外部因素导致的市场细分指数增速放缓，但总体而言，网络游戏市场规模仍保持上升趋势。

第三，网络游戏成为文化出口新载体，网络游戏进军海外市场并占据了可观份额。2023 年，我国自主研发游戏国内市场实际销售收入 2563.75 亿元，同比增长 15.29%。并且 2023 年游戏自研产品海外实际销售收入 163.66 亿美元，规模连续 4 年超千亿元人民币。2023 年美、日、韩仍是我国游戏企业主要目标市场。在自研移动游戏海外市场收入分布中，美、日、韩分别占比 32.51%、18.87% 和 8.18%。其他地区占比也在逐年提升，表明我国出海企业对新兴市场的拓展力度仍在持续加大。2023 年我国移动游戏市场实际销售收入 2268.6 亿元，同比增长 17.51%，再次刷新纪录。在细分市场中，2023 年移动游戏实际销售收入增幅明显，收入占比高达 74.88%，继续占据主导地位；客户端游戏实际销售收入持续升高，占比 21.88%。❸

第四，网络游戏成为文化 IP❹ 变现新渠道，国产游戏 IP 占比不断攀升。跨文化和游戏的内容 IP，成为促进和推动数字文化

---

❶ 《2022 年中国游戏产业报告》项目组. 2022 年中国游戏产业报告［R/OL］.（2023 – 02 – 14）［2024 – 05 – 18］. http：//datastudy. org/report/8741. html.

❷ 《2023 年中国游戏产业报告》项目组. 中国游戏产业发展概况分析：基于《2023 年中国游戏产业报告》数据［J］. 中国数字出版，2024，3（2）：80 – 87.

❸ 《2023 年中国游戏产业报告》项目组. 中国游戏产业发展概况分析：基于《2023 年中国游戏产业报告》数据［J］. 中国数字出版，2024，3（2）：80 – 87.

❹ 此处"IP"可以理解为成名文创（文学、影视、动漫、游戏等）作品的统称。

产业进一步融合发展的新方式。IP 文化符号建设也成为新的市场增长点，成为"讲好中国故事"的重要渠道。2023 年收入排名前 100 的移动游戏产品中，从 IP 不同来源来看，占比最高的为原创 IP，达 47.83%；另有 32.37%、7% 和 6.91% 的移动游戏 IP，分别源自客户端游戏、主机或单机游戏和移动游戏改编而来的移动游戏。❶ 数据表明，近 3 年头部移动游戏中原创 IP 数量在显著增加。原创 IP 是指由我国游戏企业创作的游戏 IP。从 IP 市场体现来看，截至 2023 年 9 月，移动游戏 IP 市场实际销售收入为 1322.06 亿元，在我国移动游戏整体市场中占比 77.70%。其中原创 IP 占比 42.69%。2023 年 1—9 月，原创 IP 移动游戏市场实际销售收入 726.29 亿元，为近 4 年来最高水平；从 IP 具体来源看，公共版权与文学作品 IP 均来自中国本土；动漫 IP 改编产品中，48.48% 来自国产动漫 IP；近年来，我国移动游戏 IP 核心用户与泛用户规模持续扩张，已拥有超过 1.9 亿核心用户与 2.3 亿泛用户群体。❷

第五，竞技类网络游戏走上国际赛场，电子竞技（以下简称"电竞"）产业国际影响力不断增强。2003 年 11 月，国家体育总局正式批准将电竞列为第 99 个正式体育竞赛项目。2008 年，国家体育总局将电竞调整为第 78 号正式体育竞赛项目。在 2018 年，雅加达亚运会将电竞纳为表演项目，中国队获得两金一银，

---

❶ 《2023 年中国游戏产业报告》项目组. 中国游戏产业发展概况分析：基于《2023 年中国游戏产业报告》数据 [J]. 中国数字出版，2024，3（2）：80 – 87.
❷ 中国音数协游戏工委. 2023 年度移动游戏产业 IP 发展报告正式发布 [EB/OL]. (2023 – 11 – 11) [2024 – 05 – 18]. https：//mp. weixin. qq. com/s/LCKWp8HES_3EcNqwQDkzoA.

改变了多数人不认可这项运动的观念。此后，电竞继续朝着主流运动发展，2017 年 10 月，国际奥委会第六届峰会将电竞承认为一项体育运动。2020 年 12 月，亚奥理事会宣布电竞项目成为亚运会正式比赛项目。2023 年 9 月，电竞作为正式比赛项目亮相第 19 届杭州亚运会，不仅改变了社会公众对电竞运动的认识，也为我国电竞产业国际化发展提供了重要机会。企鹅有调、腾讯电竞和《电子竞技》杂志于 2023 年 7 月 14 日联合发布的《全球电竞运动行业发展报告》中的"电竞产业区域发展指数"显示，在 9 个重点国家或地区中，中国综合排名居于首位，美国与韩国紧随其后。中、美、韩三国在全球电竞发展综合实力中居于领跑地位。2023 年 1—6 月，我国电竞产业整体收入 759.93 亿元，环比增长 11.74%。在收入构成中，电竞产品占比 84.84%，内容直播占比 12.03%。❶

2. 网络游戏直播产业的发展现状

根据国家互联网信息办公室发布的《互联网直播服务管理规定》的规定，网络直播"通常是指基于互联网，以视频、音频、图文等形式向公众持续发布实时信息的活动"。❷ 根据行业定义，

---

❶ 《2023 年 1—6 月中国电竞产业报告》正式发布［EB/OL］.（2023 - 07 - 28）［2023 - 12 - 12］. http：//www. cgigc. com. cn/details. html？id = 08db8f6a - 5800 - 419c - 849c - e09c96ff80cc&tp = report.
❷ 《互联网直播服务管理规定》第 2 条规定："在中华人民共和国境内提供、使用互联网直播服务，应当遵守本规定。本规定所称互联网直播，是指基于互联网，以视频、音频、图文等形式向公众持续发布实时信息的活动；本规定所称互联网直播服务提供者，是指提供互联网直播平台服务的主体；本规定所称互联网直播服务使用者，包括互联网直播发布者和用户。"

游戏直播是以游戏内容为主的直播，其需要游戏直播平台进行直播，展现游戏主播进行解说游戏或者电竞比赛的实时视频内容服务，在游戏直播用户端还会设置直播画面的弹幕便于用户实时评论。❶ 中国游戏行业的发展历程中，游戏直播以其强大的互动性和娱乐性，成为推动整个行业健康可持续发展的重要力量。经过多年的发展，游戏直播赛道已经具有千亿的价值，吸引了许多互联网巨头、顶尖资本和优秀人才参与其中。随着网络游戏产业链从"玩游戏"向"看游戏"端口的延伸，以在线直播方式将玩家玩游戏过程向公众展示的游戏直播产业成为近几年发展最为迅猛的网络文化产业新业态。

（1）用户规模持续增长

网络游戏直播用户规模快速增长，成为网络游戏消费增长点。据中国互联网络信息中心（CNNIC）发布的第 53 次《中国互联网络发展状况统计报告》，截至 2023 年 12 月，我国网络直播用户规模达 8.16 亿人，较 2022 年 12 月增长 6501 万人，占网民整体的 74.7%；其中，游戏直播用户规模为 2.97 亿人，较 2022 年 12 月增长 3133 万人，占网民整体的 27.2%。可以看出，网络游戏的观赏需求衍生出新的行业风口——网络游戏直播，并且具有广阔的发展前景。

（2）市场规模不断扩大

一方面，游戏直播在游戏市场中占比明显。据 Talking Data

---

❶ 前瞻产业研究院. 2023 年中国游戏直播行业全景图谱［R/OL］.（2023 - 05 - 27）［2023 - 12 - 12］. https：//www. qianzhan. com/analyst/detail/220/230526 - 10afcb00. html.

发布的《2022 年中国游戏直播行业白皮书》统计，2022 年国内网络游戏直播市场规模逾 3000 亿元，覆盖用户超 6.6 亿；游戏直播占游戏市场份额逾三成，年均增速超过 10%，仍处于快速增长期。该白皮书指出，2021 年中国游戏直播市场规模达 948 亿元，同比增长 11.8%；2022 年预计游戏直播行业的市场规模将首次突破千亿，达到 1108 亿元，同时预计用户数将达 3.82 亿，延续游戏直播行业快速增长势头。❶

另一方面，游戏直播延伸了游戏产业链条。直播内容移动化、产业链条明确化，共同促进游戏直播行业发展。游戏直播链接起游戏版权❷方、直播内容生产方、游戏开发者、游戏直播平台五大细分市场产业主体。游戏版权方发展游戏直播是版权变现的重要方式。用户规模大、商业化生态成熟的平台可以帮助版权方大幅提高收益规模。直播内容生产方、MCN（multi – channel network）机构及游戏主播是游戏直播内容的主要产出方。游戏直播可以为 MCN 机构和游戏主播增加私域流量沉淀，扩大收入规模。游戏开发者是游戏产品的真正作者，不仅可在游戏直播中完成获客，提升产品收益，也可在直播过程中最大限度获得体验反馈，扩大游戏知名度。游戏直播平台扩大了收入构成。在各类线上娱乐用户之中，游戏用户是付费能力相对较强的群体，开展游戏直播业务，可以较好提升平台用户黏性，加强用户付费习

---

❶ Talking Data. 2022 年中国游戏直播行业白皮书：新平台新机遇，千亿游戏直播行业变道增长 [R/OL]. (2022 – 07 – 14) [2023 – 12 – 12]. https: // mi. talkingdata. com/report – detail. html？id = 1115.

❷ 本书所称的"版权"与"著作权"系同一含义。

惯，最终增加平台收入。❶

（3）游戏直播侵权纠纷引起行业和司法界重视

中国移动游戏经历了十余年的发展，整体的发展势头依然迅猛，新技术、新模式和新游戏的涌现，使得行业竞争愈发激烈。与此同时，体现产业发展"晴雨表"作用的网络游戏侵权纠纷亦进入行业视野和司法审判之中。

从审判机关的视角看，网络游戏的知识产权纠纷高发频发，涉及的问题疑难复杂，引起司法审判机关高度关注。为规范司法审判活动，广东省高级人民法院还于 2020 年 4 月专门发布《关于网络游戏知识产权民事纠纷案件的审判指引（试行）》（以下简称《广东高院游戏案件指引》），以期为"妥善审理涉及网络游戏的知识产权民事纠纷案"提供规范性指导。

从侵权纠纷涉及的行业主体视角看，游戏直播者也容易卷入版权纠纷。例如，"网易诉王某、李某网络侵权纠纷案"作为一起游戏版权方诉游戏主播侵权纠纷案件，揭示了游戏直播领域中著作权问题的重要性以及合规发展的必要性。❷ 该案明确指出，进行游戏直播活动需要获得游戏版权方的授权许可。这一裁判规则由上述网易诉网络游戏主播侵权纠纷案确立，后被行业接受作为标准。在以往发生的纠纷或案例中，游戏版权方通常主要针对直播平台发起维权，多数情况下是基于竞争的角度。例如，在2018 年和 2019 年，腾讯先后对"头条系"产品提起了多起诉

---

❶ Talking Data. 2022 年中国游戏直播行业白皮书 [R/OL]. (2022 – 07 – 14) [2023 – 12 – 12]. https: //mi. talkingdata. com/report – detail. html? id =1115.

❷ 参见：广东省高级人民法院（2018）粤民终 137 号民事判决书。

讼，禁止其直播《王者荣耀》《英雄联盟》《穿越火线》等游戏。针对个人游戏用户的直播行为的维权案例相对较少。而上述网易诉网络游戏主播侵权纠纷案件就是游戏运营方针对个人用户直播行为提起的诉讼。该案中，法院的判决不仅进一步确认了"先授权，后使用"这一基础原则，尤其值得注意的是，针对涉案个人在网易多次处罚后仍继续实施侵权行为，法院支持了网易提出的惩罚性赔偿请求，按照被告违法所得（扣除主播的个人贡献）的 4 倍标准确定了判赔金额。这对行业内广泛存在的未经游戏版权方授权就擅自进行游戏直播的行为划定了红线。❶

3. 电竞项目成为网络游戏直播的主要内容

电竞行业正处于竞技类游戏与游戏直播的交汇点，这种交叉融合了游戏最重要的两个方面：游玩和观看。❷ 电竞游戏以其激烈的竞争性、操作的观赏性、赛事的权威性而成为广受观众追捧的网络游戏项目，也因此成为网络游戏直播的热门内容。

（1）电竞与网络游戏的区别与联系

电竞游戏也叫作电子竞技运动。国家体育总局对"电子竞技运动"的定义是：电子竞技运动是利用高科技软硬件设备作为运动器械进行的、人与人之间的智力对抗运动。❸ 部分电竞直播行

---

❶ 北京市文化娱乐法学会直播与短视频法律专业委员会. 中国网络直播行业法治发展年度报告（2022）［R/OL］.（2023 - 02 - 07）［2023 - 12 - 12］. https：//www. xdyanbao. com/doc/ho4qcjwce9？bd_vid =6692639053062578752.
❷ New zoo. 2022 年全球电竞与游戏直播市场报告［R/OL］.（2022 - 06 - 02）［2024 - 05 - 18］. https：//www. sgpjbg. com/info/34713. html.
❸ 杨英. 中国体育需要电子竞技运动［EB/OL］.（2013 - 03 - 29）［2023 - 12 - 12］. http：//culture. people. com. cn/n/2013/0329/c172318 - 20957958. html.

业报告将"电子竞技"（e-sports）定义为：以锦标赛或联赛组织形式呈现的专业级别竞技游戏，具有特定目标（如赢得冠军头衔或奖金），并在参与竞技的选手和团队间进行了明确区分。❶

有观点认为电竞就是网络游戏，实则不然，因为电竞和网络游戏有本质区别，主要从三个方面来区分。第一，基本属性不同。电竞属于体育运动项目，是在信息技术营造的虚拟环境中，有组织进行的人与人之间的智力和体力的对抗；网络游戏则是娱乐游戏，主要是在虚拟的世界中以追求感受为目的的模拟和角色扮演。第二，电竞有明确统一的比赛规则，最大特点是严格的时间和回合限制；而网络游戏缺乏明确统一的比赛规则，没有时间和回合的限制，容易使人沉迷。第三，电竞比赛是运动员之间秉承公正公平的体育精神的竞赛，通过人与人之间的智力和体力对抗，决出胜负；而网络游戏主要是人机之间或人与人之间的交流互动，不一定需要人与人的对抗来评判结果。这也是电竞有别于网络游戏的主要不同之处。❷

在庞大的网络游戏基数之中，只有少部分游戏被认定为电竞项目。也即只有当一项网络游戏发展到不仅具备娱乐体验性，而且具备技能竞争性的时候，才具备称为电竞的前提，并且经过行业赛事或者其他权威机构认证后，才能真正成为电竞游戏。当然，即便是作为电竞游戏，同一款电竞游戏也会因面向主体的不

❶ New zoo. 2022 年全球电竞与游戏直播市场报告 ［R/OL］. （2022 - 06 - 02） ［2024 - 05 - 18］. https：//www. sgpjbg. com/info/34713. html.

❷ 唐华. 全力推动电子竞技运动健康规范发展 ［EB/OL］. （2015 - 06 - 11）［2023 - 12 - 12］. https：//www. sport. gov. cn/xxzx/n11032/c671883/content. html.

同而发挥出不同的作用。对于电竞运动员等专业从业者而言，电竞是一项专门运动，需要大量投入以保障其职业水准，而且必须与个人职业发展相关联。但对于普通的网络游戏用户而言，参与网络游戏更多发挥的是娱乐作用，不会和个人职业发展相关联。概言之，网络游戏主要是为了提供娱乐和放松的体验，而电竞更注重于竞技和专业化的比赛。

（2）电竞游戏直播的发展现状

第一，中国有全球最多的电竞游戏直播观众。从电竞游戏直播观众来看，在 2022 年，游戏直播观众同比增长 13.8%，全球游戏直播观众达到 9.212 亿人。按照 2020—2025 年以 16.3% 的复合年增长率持续增长，研究机构曾预测，到 2025 年游戏直播观众人数将会达到 14 亿人。值得注意的是，数据显示中国仍然是世界上最大的游戏直播观众市场，并且中国游戏直播观众从 2020 年起按照 7.6% 的复合年增长率到 2025 年预计将达到 2.675 亿人。[1] 此前，中国也是在 2021 年成为拥有核心电竞爱好者最多的国家，人数达到 9280 万，其次是美国和巴西。[2]

第二，中国电竞游戏直播市场占全球电竞游戏直播市场的 1/3。市场研究公司 New zoo 发布的《2022 年全球电子竞技及游戏直播市场报告》曾预测，从电竞游戏直播市场来看，电子竞技产业会在 2022 年末创造近 13.8 亿美元的营收，中国市场贡献了

---

[1] New zoo. 2021 年全球电竞与游戏直播市场报告 [R/OL]. （2022 - 06 - 02）[2024 - 05 - 18]. https：//www. sgpjbg. com/info/34713. html.

[2] New zoo. 2021 年全球电竞与游戏直播市场报告 [R/OL]. （2021 - 03 - 11）[2024 - 05 - 18]. https：//www. gameres. com/881553. html.

全球电竞市场收益的近 1/3。❶ 2021 年，中国凭借 3.601 亿美元的总收入成为全球收入最高的电竞市场，比 2020 年的 3.151 亿美元增长了 14.0%；其次是北美（总收入为 2.43 亿美元）和西欧（总收入为 2.058 亿美元）。❷ 这些数据表明，中国电竞产业在近年来得到了快速发展，并在全球市场中占据了越来越重要的地位，围绕电竞产业衍生的电竞直播产业更是得到巨大发展。

第三，电竞游戏直播的商业模式逐渐成熟。从电竞行业收入方式来看，虚拟商品和直播是电竞增长最快的两个收入点，其 2020—2025 年的复合增长率分别为 27.2% 和 24.8%。❸ 直播平台的内容呈现出多样化的趋势，直播正日益成为品牌营销的重要方式，并且成为电竞行业不可撼动的收入来源。随着电竞游戏直播市场的不断扩大，商业模式也日趋成熟。除了传统的广告投放和赞助，粉丝经济、虚拟礼物、付费观看等也成为重要的盈利方式。首先，广告投放和赞助依然是电竞游戏直播的主要收入来源之一。由于电竞游戏的受众主要是年轻人，因此广告主往往愿意在电竞游戏直播中投放广告，以吸引年轻人的关注和购买。此外，一些电竞俱乐部和赛事也会寻求赞助，以获取更多的资金支持。其次，粉丝经济在电竞游戏直播中发挥着越来越重要的作用。粉丝们愿意为自己喜欢的电竞选手和主播购买虚拟礼物、打

---

❶ New zoo. 2022 年全球电竞与游戏直播市场报告［R/OL］.（2022 – 06 – 02）［2024 – 05 – 18］. https://www.sgpjbg.com/info/34713.html.

❷ New zoo. 2021 年全球电竞与游戏直播市场报告［R/OL］.（2021 – 03 – 11）［2024 – 05 – 18］. https://www.gameres.com/881553.html.

❸ New zoo. 2022 年全球电竞与游戏直播市场报告［R/OL］.（2022 – 06 – 02）［2024 – 05 – 18］. https://www.sgpjbg.com/info/34713.html.

赏等，这些成为电竞游戏直播平台的重要收入来源之一。最后，付费观看也成了电竞游戏直播的一种盈利方式。一些平台提供了付费会员服务，会员可以享受更多的特权和更好的观看体验。同时，一些电竞俱乐部和赛事也会通过付费观看的方式进行门票销售，以获取更多的收益。

（二）网络游戏直播产业的未来趋势

网络游戏直播产业未来的发展趋势将呈现技术驱动发展、进入大国博弈领域、依赖本土文化创新、支持与规范并重、以完整产业链为基石以及以创新的游戏产品为源动力等趋势。

1. 技术驱动网络游戏直播产业发展

网络游戏直播产业经过二十余年的高速发展，取得了令人瞩目的成就，但并未达到顶点，而是从粗放式发展转向高质量发展。未来借助于虚拟现实（Virtual Reality，VR）、人工智能（Artificial Intelligence，AI）等新技术的力量，将重新定义游戏直播的未来图景。这个充满活力的产业，不仅会为观众带来全新的视觉体验，更会为整个产业带来巨大的商业价值和发展空间。

第一，新技术将持续变革网络游戏直播体验。过去网络游戏直播产业的迅速崛起，得益于互联网技术的高度普及，进而促使互联网用户基数不断扩大，广大的用户群体衍生出多元化的消费需求，网络直播等新的商业模式将数字经济推向新的重要地位，同时健全的数字经济基础设施也为网络游戏直播可获得、被关注奠定了基础。随着近年来虚拟现实和人工智能等新技术的不断演变和应用，未来网络游戏直播还会以新的形式再度升级。随着5G 等新一代网络技术的普及，网络游戏直播的画质和流畅度将得到进一步提升，这将进一步提升用户的观看体验和参与度。如通过虚拟现实技术，观众可以身临其境地观看游戏比赛，感受比赛现场的紧张与刺激，这种沉浸式的体验让观众仿佛置身于比赛现场，仿佛亲身体验着每一个精彩瞬间。人工智能技术的应用也为游戏直播提供了更多可能性，例如通过智能分析观众行为和喜好，为观众推荐更符合其口味的内容，提升观看体验。

第二，新技术催生新的网络游戏直播产品。为了满足日益增长的市场需求，网络游戏直播平台需要不断提高技术水平。这包括提升服务器稳定性、优化画质、提高网络传输速度等方面。只有具备稳定的技术支持，才能保证观众享受到流畅、清晰的直播内容。同时，丰富直播内容也是关键之一。虽然目前已经有很多优秀的游戏主播和直播内容，但仍然需要不断推陈出新，提供多样化的直播内容以满足不同观众群体的需求。这需要平台具备强大的内容策划和运营能力，不断发掘和培养优秀的游戏主播和团队，以及策划有趣、有创意的直播内容。

第三，网络游戏直播产业正面临着前所未有的发展机遇。在虚拟现实、人工智能等新技术以及创新商业模式的支持下，我们有理由相信游戏直播的未来将更加多元。同时，也需要整个产业在提升自身技术水平、丰富直播内容、创新商业模式等方面不断努力和完善，共同推动网络游戏直播产业的持续发展和繁荣。

2. 网络游戏直播成为大国博弈新领域

第一，网络游戏直播成为大国经济博弈新领域。当今世界大国博弈复杂化，数字经济成为重要博弈内容。在数字经济时代，各国之间的经济竞争已经从传统的物质资本竞争转向了数字资本竞争。数字经济的发展需要强大的技术、人才和数据资源支持，因此具有技术含量高、附加值高、竞争激烈等特点。网络游戏作为数字经济的组成部分，一些大国已经取得了一定的优势。例如，美国在数字技术、人工智能等领域处于领先地位，在网络游戏软硬件方面具有突出的世界影响力；韩国则通过游戏职业赛事模式搭建起成熟的网络游戏产业结构；而中国则在游戏受众市场、游戏直播市场等领域占有较大的市场份额。大国通过网络游戏等数字经济的全面发展，不仅可以提高本国的经济实力，还可以通过数字资本的输出获取更多的利益。此外，各国网络游戏产业发展状况也直接决定了国家在国际规则制定中的主导权和话语权。

第二，网络游戏成为大国文化博弈新领域。各种电竞游戏赛事和活动已经跨越国界，成为全球性的娱乐盛事。这不仅为电竞游戏直播市场的发展提供了更广阔的空间，也成为促进不同国家和地区之间的文化交流和博弈的重要渠道。游戏设计往往包含文化输出功能。网络游戏中的文化元素也是吸引玩家的关键之一。游戏开发者通常会根据不同国家和地区的文化背景和历史背景，设计游戏中的场景、角色、道具等元素。这些元素不仅可以增加游戏的趣味性和挑战性，还可以让玩家更好地了解其他国家和地区的文化。概言之，于大国而言，网络游戏成为文化走出国门的新型载体，并且具有相当惊人的文化承载力和传播力。

第三，网络游戏直播成为各国游戏产业"出海"能力的关键领域。网络游戏直播是延长游戏产业链的重要推动力。其一，网络游戏直播行业背后是直播平台、专业选手、头部主播、消费者，以及由游戏开发者、发行商、运营商、赞助商、广告商、俱乐部等形成的成熟产业链。电竞游戏直播的商业模式也呈现出多元化的趋势。除了传统的广告收入和赞助收入，直播打赏、会员订阅、电商等模式也被引入电竞游戏直播。这种多元化的商业模式为电竞游戏直播平台提供了更多的盈利途径，也为其持续发展提供了有力保障。其二，游戏产业是数字经济的重要组成部分，也是包括中国、欧美国家、韩国等在内的国家在数字经济领域抢占制高点的领域。东盟等区域在未来具有作为游戏"出海"目标市场的潜在优势，过去以及未来各国的游戏产业部署领域和发展措施必须各具特色，但均瞄准尚未充分发展的跨国市场，各国游戏产业力量也将在这一方向上加大投入。

第四，网络游戏直播成为文化交流的新方式。在游玩或者观看游戏过程中，游戏用户可以与来自全球各地的玩家进行互动和竞争。用户要与他人进行互动和竞争，需要掌握一定的策略和技巧。这些策略和技巧不仅包括游戏本身的规则和玩法，还包括与他人交流、组队、交易等社交行为。这种互动和竞争的方式可以促进文化交流和理解，帮助玩家更好地了解其他国家和地区的文化、价值观和社交习惯。

3. 网络游戏直播将提高规范化发展要求

第一，产业支持与合规发展并重。各国在推动未来产业发展的过程中，将坚持发展与规范并重：一方面，持续出台更有力的支持政策，抢占未来产业竞争先机；另一方面，对未来产业相关领域进行合理化规制，设定红线。随着电竞游戏直播市场的日益成熟，行业规范也在逐步建立和完善。各种行业标准和规定的出台，为电竞游戏直播平台的健康发展和观众的权益提供了有力的保障。这也预示着电竞游戏直播市场将更加规范化、有序化发展。网络游戏直播的规范化是一个必然的趋势。

第二，法律风险防范成为长远发展的必要保障。网络游戏直播中涉及的利益分配、侵权风险和防范是非常重要的一环。随着网络游戏直播的快速发展，主播和平台运营者需要更加注重合规问题。行业自律是网络游戏直播规范化的基础。各大直播平台应建立完善的自律机制，对主播的言行举止进行规范，确保其符合社会公德和法律法规的要求。同时，对于低俗、暴力等不良内容要坚决予以清除，并加强对观众的引导和教育，营造文明、友好的直播氛围。主播也应自觉遵守行业规范，提高自身的职业素养和道德水平，以树立良好的行业形象。

第三，执法、司法助力是网络游戏直播规范化的重要保障。司法及相关管理部门应加强对网络游戏直播行业的规范指导，建立合规审查基本体系，确保其符合国家法律法规的要求。同时，对于违法违规行为要坚决予以打击和惩处，以维护良好的市场秩序。此外，政府和相关部门还应加强与平台的合作，建立健全举报机制和反馈机制，及时处理观众的投诉和举报，保障观众的合法权益。

第四，立法保障是网络游戏直播规范化的根本保障。国家应加强相关法律法规的制定和完善，明确网络游戏直播行业的法律地位和监管职责。同时，对于网络游戏直播行业的标准、内容审查、版权保护等方面也要完善相应的法律法规，以确保行业的健康发展。此外，国家还应加强对外交流与合作，积极参与国际规则制定和标准制定等活动，为我国网络游戏直播行业的国际化发展提供有力的法律保障。

4. 电子竞技持续引领网络游戏直播产业

电竞游戏直播是一个繁荣的新兴领域，正以前所未有的速度崛起。随着电子竞技的兴起和发展，游戏直播产业也迎来了新的机遇。电子竞技不仅为游戏直播提供了更多的内容素材和商业价值，还促进了整个产业的升级和转型。游戏直播产业通过与电竞俱乐部、赞助商等合作，实现商业变现，进一步推动产业的发展。同时，打造电竞生态圈也是重要的一环。通过整合资源，培育优秀的电竞选手和主播，提供完善的培训和孵化机制，为电竞产业输送更多优秀人才，不仅能够丰富游戏直播的内容素材和提高商业价值，还能够为整个电竞产业注入更多的活力和动力。

第一，电竞游戏市场规模持续高速增长。前文数据表明，电竞市场的规模在过去几年内以惊人的速度增长，而电竞游戏直播在其中扮演了重要的角色。无论是观众数量，还是资本投入，抑或是各种电竞赛事的举办，都显示出电竞游戏直播的巨大潜力。尤其在年轻人群中，电竞游戏直播已经深入人心，成为他们娱乐生活的重要组成部分。

第二，技术的进步为电竞游戏直播提供了更多的可能性。随着5G、云计算和人工智能等技术的不断进步，电竞游戏直播的体验感也在不断提升。观众可以享受到更流畅、更真实的游戏画面和语音交互，同时还可以通过虚拟现实和增强现实（Augmented Reality，AR）技术进一步沉浸在游戏中。此外，人工智能技术也被广泛应用于电竞游戏直播中，例如自动解说、智能推荐等。这些都为电竞游戏直播提供了更多的可能性。

第三，电竞游戏直播平台越来越注重社区的建设。通过建立活跃的社区，观众可以在这里交流游戏技巧、分享观赛体验，甚至参与到电竞赛事的组织中。这种社区建设不仅增强了用户的黏性，也为电竞游戏直播平台提供了持续的活力。

5. 全球电竞游戏产业面临发展格局调整机遇期

全球电竞游戏产业伴随着计算机技术的产生和发展而诞生和成长，主要经历了萌芽阶段（1990—2000年）、成长阶段（2001—2006年）和成熟阶段（2007—2022年）。电竞发达国家的电竞游戏产业发展存在两种经典模式：欧美模式和韩国模式。

（1）欧美模式

欧美凭借其雄厚的软件开发实力，占据着电竞游戏开发的大部分市场，其电竞赛事主要以软硬件开发商的赞助为主，目的是提高自身游戏产品的知名度进而获得更高市场占有率。由于欧美文化崇尚自由，人们喜欢亲临现场参与或观看比赛，因此其电竞赛事主要针对广大电竞业余爱好者而非职业选手，赛事组织以现场比赛为主，以电视转播为辅。

（2）韩国模式

韩国缺乏一流的游戏软硬件厂商，因此大力发展电竞赛事，他们将电竞赛事打造为一种极具观赏性的电视转播内容，目的是吸引更多关注，从而获得更多的广告和转播收益。因此其电竞赛事在设施完善的大型专业场馆举办，面向最优秀的玩家，在提高电视节目观赏性的同时打造电竞游戏明星，形成粉丝经济。最终电竞职业化被更多人群认可和接纳，成为一种良性循环。

另外，中国走出了一条不同于发达国家的电竞产业发展"中国模式"，即一方面重视游戏软硬件实力塑造，另一方面也为电竞职业化发展提供良好的政策环境和发展保障。目前，全球重点发展电竞产业的国家中，"电竞产业区域发展指数"排名前三位的依次为中国、美国、韩国。❶中国经过2017—2022年的高速发展后，市场份额不断增加，用户规模快速扩大，进入发展平缓期，转向高质量、规范化发展。尤其电竞项目列入杭州亚运会体育项目，成为中国电竞产业走向国际的里程碑。美国则以其发达的软硬件技术积累，打造出一批世界顶级的游戏厂商，形成优势的产业环境。韩国是电竞产业领先者，在职业选手、职业赛事上积累了成熟的游戏产业经验，形成了良好的发展氛围。

纵观世界范围内，尤其是电竞发达国家的电竞产业发展历史，不难发现：电子竞技源于电子游戏的竞技化发展，游戏软硬件开发及互联网通信技术为电竞游戏产业提供了技术支撑，电竞场馆专业化、电竞赛事职业化、电竞选手明星化是推动电竞赛事产业、提高线下线上观看流量、吸引市场投资的有效手段，而庞

---

❶ 企鹅有调，腾讯电竞，《电子竞技》杂志.2023版全球电竞运动行业发展报告 [R/OL].（2023 - 07 - 14）[2023 - 12 - 12]. https：//www.vzkoo.com/docu-ment/20230719f03c0f954b4e2460cd6dde74.html.

大的电竞人口（电竞选手和观众）则是电竞产业发展的根本动力，全球电竞游戏产业正面临发展格局调整机遇期。

二、问题提出：网络游戏直播产业发展面临的著作权挑战

（一）"视听作品"与"电影作品和以类似摄制电影的方法创作的作品"之关系有待厘清

在网络游戏直播的诸多著作权问题中，游戏直播画面是否属于著作权法上的作品，即游戏直播画面是否具有作品属性，是研究网络游戏直播的诸多著作权问题中的基础性和前提性问题。而游戏直播画面是否具有作品属性取决于游戏画面是否符合作品的构成要件，包括符合作品的一般构成要件和特定类型作品的具体构成要件。在现行立法中，与游戏画面最为贴近的作品类型是"视听作品"与"电影作品和以类似摄制电影的方法创作的作品"，因此二者的关系是研究网络游戏直播诸多著作权问题中的首要问题，须从著作权立法的历史沿革中予以探究。

1990 年 9 月 7 日，第七届全国人民代表大会常务委员会第十五次会议正式通过了我国第一部著作权法，即 1990 年《中华人民共和国著作权法》[以下简称《著作权法（1990）》]，该法自 1991 年 6 月 1 日起施行。2001 年 10 月 27 日，第九届全国人民代表大会常务委员会第二十四次会议正式通过了《关于修改〈中华人民共和国著作权法〉的决定》，对《著作权法（1990）》

作了第一次修改。2010 年 2 月 26 日，第十一届全国人民代表大会常务委员会第十三次会议正式通过了《关于修改〈中华人民共和国著作权法〉的决定》，对《著作权法（1990）》作了第二次修改。2020 年 11 月 11 日，第十三届全国人民代表大会常务委员会第二十三次会议正式通过了《关于修改〈中华人民共和国著作权法〉的决定》，对《著作权法（1990）》作了第三次修改。为了表述方便，下文将上述各次修改后的著作权法文本分别称作《著作权法（2001）》《著作权法（2010）》《著作权法（2020）》。

《著作权法（2020）》与《著作权法（2010）》及《著作权法（2001）》❶相比最大变化之一是，其将《著作权法（2010）》及《著作权法（2001）》中的"电影作品和以类似摄制电影的方法创作的作品"改称为"视听作品"。但对于"视听作品"的定义及具体构成要件，《著作权法（2020）》并未作出界定。从历史上《著作权法》与《著作权法实施条例》的职能分工来看，《著作权法》一般只规定作品的类型及其名称，对于每种类型作品的具体含义则由《著作权法实施条例》来规定。但因《著作权法实施条例》正在修改中，新的实施条例尚未出台，因而也无法从《著作权法实施条例》推知"视听作品"的定义，由此产生《著作权法（2020）》中的"视听作品"与《著作权法

---

❶ 《著作权法（2010）》对于《著作权法（2001）》的修改仅涉及两个法律条文的变动，绝大多数条文并未改动，就本书论述的问题而言，《著作权法（2010）》与《著作权法（2001）》的规定完全一致，为体现法律的时效性，在涉及《著作权法（2010）》与《著作权法（2001）》同样的内容时，本书采用《著作权法（2010）》法律文本，仅在特指《著作权法（2001）》时，才采用《著作权法（2001）》法律文本。

（2010）》中的"电影作品和以类似摄制电影的方法创作的作品"
是何种关系的争议。当前学界针对二者的关系存在以下两种
观点。

1. 区别论

此种观点认为，《著作权法（2020）》中的"视听作品"与
《著作权法（2010）》中的"电影作品和以类似摄制电影的方法
创作的作品"的内涵与外延均不相同，前者要大于后者。该观点
的依据为，立法主持者于 2020 年 11 月 10 日在第十三届全国人
民代表大会常务委员会第二十三次会议上作的关于《中华人民共
和国著作权法修正案（草案）》的报告中有如此表述："电影和
类电影作品以外的视听作品"。基于该表述，视听作品不仅包括
电影和类电作品，还包括电影和类电作品以外的其他视听作品类
别，由此认为《著作权法（2020）》中的"视听作品"的保护范
围相对有所扩大。

需要提及的是，在《著作权法（2020）》实施❶之前，关于
我国著作权法上作品类型的立法模式采取"开放模式"更符合
现实需求，❷ 还是沿用"封闭模式"更为适宜❸的争论，在理论
上就一直存在争议。《著作权法（2020）》第 3 条第 9 项将《著

---

❶ 本书所称"《著作权法（2020）》实施"代称 2020 年 11 月 11 日全国人民代表大
　会常务委员会第二十三次会议通过的《关于修改〈中华人民共和国著作权法〉
　的决定》施行。
❷ 李琛. 论作品类型化的法律意义 [J]. 知识产权，2018（8）：3 - 7；陈锦川.
　法院可以创设新类型作品吗？[J]. 中国版权，2018（3）：25 - 27.
❸ 王迁. 论作品类型法定：兼评"音乐喷泉案"[J]. 法学评论，2019，37（3）：
　10 - 26；刘银良. 著作权兜底条款的是非与选择 [J]. 法学，2019（11）：118 - 135.

作权法（2010）》第 3 条第 9 项"法律、行政法规规定的其他作品"修改为"符合作品特征的其他智力成果"，该修改标志着我国著作权立法放弃了此前作品类型的封闭模式，选择了作品类型开放模式，从立法上为作品类型的封闭与开放之争画上了句号。对于这一重大转变，诸多学者给予高度评价。例如："这是著作权法的一个重大突破。它务实、开明，具有开放性，又不失原则，把科学精神中的革命性，转变为法律的引领性、前瞻性。"❶"此点展现了立法者开放作品类型认定方式，改变严格作品类型法定主义的意图，符合社会发展的现实需要。"❷"值得欣慰和充分肯定的是，作品定义和作品类型相对开放性的规则澄清，已经被列为《著作权法》第三次修改予以解决的最基础、最核心问题。如果目前立法草案选择的开放性规则得以确立和澄清，将是我国著作权法基本规则科学化的奠基之笔，将从根本上消除过去长期存在的诸多认知和实践误区，为未来的著作权法优化进路提供基点和支点。"❸"对原先的兜底条款进行修订具有必要性，现行《著作权法》的修订从法理上讲也具有合理性……"❹"开放式立法模式具有一定程度上的灵活性，能够基于个案的现实情况，对作品的范围进行适当的延展……在很大程度上便于司法实践中判定涉案标的是否应作为受著作权法保护的作品对待，为人民法

---

❶ 刘春田. 民法理念与著作权法修改：（上）[EB/OL].（2021 – 11 – 29）[2023 – 12 – 13]. https：//mp. weixin. qq. com/s/SkVwxRyzc9ZzR0iDdEvFuw.

❷ 刘承韪. 论著作权法的重要修改与积极影响 [J]. 电子知识产权，2021（1）：6.

❸ 丛立先. 我国著作权法总体趋向与优化进路 [J]. 中国出版，2020（21）：13.

❹ 冯晓青. 我国著作权客体制度之重塑：作品内涵、分类及立法创新 [J]. 苏州大学学报（法学版），2022，9（1）：92.

院审理著作权纠纷案件、行使自由裁量权提供了极大便利，总体上值得肯定。"❶

《著作权法（2020）》的立法主持者也认为，这一修改使《著作权法》对作品类型持开放态度，为将来可能出现的新作品类型留出空间，有利于使著作权的保护范围更好地适应经济社会的发展。❷这一修改进一步扩大了作品的开放性，有利于使著作权的保护范围更好地适应经济社会的发展。随着文化和科学事业的发展，尤其是新技术的迅速发展，有可能出现其他的作品类型，而法律的稳定性决定了法律可能难以列举所有的符合作品特征的智力成果，且难免挂一漏万，需要为实践发展留出空间。❸这些观点都支持扩大作品的涵盖范围，而用"视听作品"取代"电影作品和以类似摄制电影的方法创作的作品"就是扩大作品涵盖范围的重要体现。

2. 等同论

此种观点认为，《著作权法（2020）》中的"视听作品"与《著作权法（2010）》中的"电影作品和以类似摄制电影的方法创作的作品"只是称谓不同，其实质内涵是一样的。例如有观点认为，"视听作品"与"电影作品和以类似摄制电影的方法创作

---

❶ 杨利华. 我国著作权制度的最新进展及其司法适用与完善 [J]. 中州学刊, 2021 (7)：57.

❷ 石宏.《著作权法》第三次修改的重要内容及价值考量 [J]. 知识产权, 2021 (2)：6.

❸ 黄薇, 王雷鸣. 中华人民共和国著作权法导读与释义 [M]. 北京：中国民主法制出版社, 2021.

的作品"概念相当，只是换了一个表述，理由是《著作权法实施条例》中电影及类电作品的本质特征在于"由一系列有伴音或者无伴音的画面组成"，同时《伯尔尼公约》意在强调"以类似摄制电影的方法表现的作品"与传统电影的表现形式是类似的即可。《世界知识产权组织管理的版权和相关权条约指南及版权及相关权术语汇编》中认为："'视听作品'是《伯尔尼公约》第2条第1款非穷尽式列举的文学艺术作品中'电影作品和以类似摄制电影的方法表现的作品'的简称。"我国保护趋势向《伯尔尼公约》看齐，而从《伯尔尼公约》看来，"视听作品"与"电影作品和以类似摄制电影的方法表现的作品"是可以互换的同义语。❶

3. "视听作品（类电作品）"称谓的说明

笔者以为，从《著作权法（2020）》采用"视听作品"这一称谓的背景及其关于"视听作品"著作权归属的规定来看，"视听作品"和"电影作品和以类似摄制电影的方法创作的作品"的内涵和外延是存在区别的，前者应大于后者。

其一，在《著作权法（2020）》中，视听作品除了电影作品和电视剧作品，还有其他视听作品，而其他视听作品是难以被"电影作品和以类似摄制电影的方法创作的作品"所涵盖的。同时，《著作权法（2020）》第17条还对电影作品、电视剧作品与其他视听作品的著作权归属设置了不同的规则，前者的著作权由

❶ 王迁. 论视听作品的范围及权利归属 [J]. 中外法学, 2021, 33 (3): 669.

制作者享有，后者的著作权首先由当事人约定，只有在没有约定或者约定不明确的情况下，才由制作者享有。

其二，据立法主持者介绍，确定视听作品的权利归属考虑了以下三点。一是视听作品涉及的具体作品类型比较复杂，既有电影、电视剧等需要高投入、大合作以连续画面为主的作品类型，也有音乐剧等以画面为辅、音乐为主的作品类型，还有网络游戏等与电影、电视剧制作方法不完全相同的作品类型。这些视听作品类型涉及众多的利益主体，各个主体的利益诉求是不同的，在确定权利归属时，应当考虑这些主体的利益诉求，特别是要考虑各个主体在视听作品形成过程中的贡献大小。二是视听作品具有多重属性，是一种多面向的作品形态。从视听作品与小说、戏剧等原作品的关系来看，视听作品具有演绎作品的性质。从视听作品的创作方式来看，视听作品中的电影、电视剧等作品往往需要导演、作词、作曲、摄影、灯光、配音、剪辑等参与者合作完成，具有合作作品的性质。从制片者与其他创作参与者之间的关系来看，视听作品可能是由制片人的职工完成，具有职务作品的性质；也有可能是制片人委托其外部的人进行创作，具有委托作品的性质。此外，以电影、电视剧为典型代表的视听作品的制作过程还类似于工业生产，需要巨大的资金投入和物质技术保障，需要制作者组织协调各方面密切配合完成，在创作人员之间发生分歧时，为了确保预期收益，甚至还需要制片者对分歧作出最后决定，这些因素客观上使得这类作品的使用权有被集中的需要。这类作品的传播和流通也要求对作品使用权利进行集中，以避免使用人需与创作参与人之间一一进行谈判而给视听作品的利用和传播带来困境。但是非电影、电视剧类视听作品的情况则相对复杂一些，与电影、电视剧作品的情况不完全相同。三是从域外立法看，虽有不同的立法模式，但对于电影、电视剧作品的财产权利，要么法定赋予制作者，要么赋予作者，但推定作者将作品的财产权转移给了制作者。从我国的立法历史看，从《著作权法（1990）》到《著作权法（2001）》，基本上都将电影作品、电视剧作品的著作权法定赋予制作者，实践效果是好的。因此在确定电影、电视剧作品的著作权归属时，应当充分借鉴吸收我国和域外的经验和做法。对于非电影、电视剧类视听作品是否适用同样的权利归属规则需要慎重。❶

需要说明的是，《著作权法（2020）》虽然规定了"视听作品"，而且意图使其涵盖范围大于"电影作品和以类似摄制电影的方法创作的作品"，但从目前的法律适用角度而言，《著作权法（2020）》尚未就"视听作品"的具体含义作出界定，新的《著作权法实施条例》亦尚未出台；从解释论视角而言，《著作权法（2020）》中的"视听作品"条款因缺乏具体内容尚难以作为司法裁判的依据。因现行《著作权法实施条例》中关于"电影作品和以类似摄制电影的方法创作的作品"的规定仍具有适用效力，在当前的特殊时期［《著作权法（2020）》规定了"视听作品"但未界定其含义，《著作权法实施条例》规定的"电影作品和以类似摄制电影方法创作的作品"仍具有法律效力］，《著作权法（2020）》中"视听作品"的具体含义仍应以《著作权法

---

❶ 黄薇，王雷鸣. 中华人民共和国著作权法导读与释义［M］. 北京：中国民主法制出版社，2021.

实施条例》"电影作品和以类似摄制电影的方法创作的作品"来理解。因此，在《著作权法实施条例》修改之前，"视听作品"与"电影作品和以类似摄制电影的方法创作的作品"在司法适用中仍具有同一含义。基于此，下文在分析《著作权法（2020）》中"视听作品"的具体含义时，仍采用现行《著作权法实施条例》关于"电影作品和以类似摄制电影的方法创作的作品"的规定，但为了体现新法与旧法的衔接和兼顾，在表述上采用"视听作品（类电作品）"这一用语。因此，除非在特指《著作权法（2020）》中的"视听作品"或者《著作权法（2010）》中的"电影作品和以类似摄制电影的方法创作的作品"时，本书才单独采用"视听作品"或者"类电作品"（以类似摄制电影的方法创作的作品）的表述，其他场合均使用"视听作品（类电作品）"用语。

（二）网络游戏直播画面是否属于作品充满争议

网络游戏直播画面具有作品属性是其获得版权保护的前提：如果具有作品属性则可以适用著作权模式保护；如果不具有作品属性则不能采取著作权模式保护（例如可采取反不正当竞争或其他模式），甚至不能得到法律保护。可见，网络游戏直播画面作品属性的界定对于权利人能否控制游戏直播市场以及以何种方式控制游戏直播市场具有重要意义。而当前理论界和司法实践中对于这一问题的认识分歧严重、争议颇大。争议首先表现为对网络游戏运行后呈现的连续动态画面（以下简称"游戏画面"）与通过互联网将游戏画面向公众在线直播所形成的网络游戏直播画面（以下简称"直播画面"）两者关系的认识分歧。争议其次表现为对游戏整体动态画面是否构成独立于游戏既有元素，从而形成新的作品所产生的认识分歧。❶ 争议再次表现为对以游戏画面为基础，融入主播的解说、对阵双方选手的情况、对阵实际战况、主播形象和表情、现场观众画面、观众互动时的弹幕文字等元素后形成的画面（直播画面）是否构成有别于原游戏画面的新作品所产生的认识分歧。争议最后表现为对具有独创性的游戏画面或直播画面应属于何种具体作品类型所产生的认识分歧。

（三）网络游戏直播画面的权利归属存在分歧

网络游戏在线直播画面的著作权由谁享有是游戏直播市场中各利益攸关方最为关心的，因为谁享有游戏直播画面的著作权，就意味着谁掌握了游戏在线直播画面的控制权，也就进而能够从游戏直播市场的收益中分得"一杯羹"。而对该问题的不同回答将决定究竟谁能从游戏直播市场的不断扩张中获取收益。如此一来，就在游戏开发者（运营者）、游戏直播平台、游戏玩家以及游戏主播之间，针对游戏运行/直播画面的著作权归属展开法律博弈甚至不惜诉诸公堂，而当前的学界研究和司法实务中的判决对这些问题的认识也是分歧严重。

例如，在游戏画面的著作权应归属于游戏开发者还是游戏玩

❶ 网络游戏本身由两部分构成，一部分是预先设定并储存的由文字、图片、音频和视频等元素聚集的游戏资源库，另一部分是调用这些资源库中元素的计算机程序，由于这两部分在游戏运行之前已经存在，因此属于网络游戏的预设内容或者本身固定的内容。对于上述两者分别构成计算机软件作品和文字、音乐、美术、类电影作品学界基本无争议，因此这里讨论的是游戏运行后呈现的动态画面是否构成独立作品的问题。

家的争论中，一些学者和法院判决认为应当归属于游戏开发者。

与此同时，也有一些学者和法院判决主张游戏画面的著作权（邻接权）应归属于游戏玩家。❶

除上述争议外，对于游戏直播画面的著作权应该归谁享有在当前也存在不少分歧：有观点认为应归属于游戏运行画面的权利人，也有观点认为应归属于组织游戏直播的赛事组织者，还有观点认为应归属于游戏直播平台，更有观点认为游戏主播对游戏直播画面应享有权利。❷

（四）未经许可直播他人游戏画面的行为如何规制认识不一

网络游戏直播行为属于"非交互式"网络传播行为，即"公众不能在其个人选定的时间和地点获得作品"的传播模式。在《著作权法（2020）》之前，对于如何规制此种网络传播方式理论界与实务界都存在巨大争议。《著作权法（2020）》对广播权作了重大修改，使其可以延伸到对"非交互式"网络传播行为的规范，从而为争议数年的"非交互式"网络传播行为的规制提供了权利基础。但由于《著作权法（2020）》修改决定于2021年6月1日起施行，此前网络游戏直播著作权纠纷仍适用《著作权法（2010）》甚至《著作权法（2001）》，特别是最高人民法院、最高人民检察院于2023年1月18日发布的《关于办理

---

❶ 详细分析请参见：焦和平. 网络游戏在线直播画面的作品属性再研究［J］. 当代法学，2018，32（5）：77-88.

❷ 此几种观点的详细理由见后文相关部分的论述。

侵犯知识产权刑事案件适用法律若干问题的解释（征求意见稿）》第 10 条仅将"交互式"网络传播行为纳入信息网络传播权规制的行为，即"通过互联网等有线或者无线的方式提供，使公众可以在其选定的时间和地点获得作品、录音录像制品的，应当认定为《刑法》第 217 条规定的'通过信息网络向公众传播'"，使得"非交互式"网络传播行为在刑法与著作权法上的规制出现了不一致，因此分析 2021 年 6 月 1 日之前"非交互式"网络传播行为的规制模式仍具有理论价值。

（五）游戏直播属于合理使用还是侵权行为认定困难

传统的网络游戏产业是以吸引用户"玩游戏"为盈利模式，而从网络游戏产业衍生出的游戏直播产业则是以吸引用户"看游戏"为盈利模式。对这一衍生市场应当继续置于游戏作品权利人控制之下，还是应当交由社会公众免费使用，由此引发了网络游戏直播行为是否构成著作权法上的合理使用问题，对此学界认识也是莫衷一是。

争议首先表现为在认定游戏直播是否构成合理使用的标准上，当前主要有以下观点：①以《美国版权法》第 107 条规定的合理使用认定"四要素"为认定标准；❶ ②以美国司法实践中的"转换性使用"理论为认定标准；❷ ③以《伯尔尼公约》和 TRIPS 中的"三步检验法"❸ 为认定标准；❹ ④以我国《著作权

---

❶ 崔国斌. 认真对待游戏著作权 [J]. 知识产权, 2016 (2): 3-18.

❷ 王迁. 电子游戏直播的著作权问题研究 [J]. 电子知识产权, 2016 (2): 16.

❸ 也称"三步检测法"。

❹ 熊琦. 网络游戏直播行为的转换性使用认定证伪 [EB/OL]. (2018-02-23) [2023-12-12]. https://mp.weixin.qq.com/s/T9knW5-MmF-jiC8wY0hwGA.

法（2010）》第 22 条或者《著作权法（2020）》第 24 条为认定标准；❶ ⑤以功利主义政策考量为认定标准；❷ ⑥以公共利益为认定标准；❸ ⑦以禁止权利滥用理论为认定标准。❹

争议其次表现为运用上述不同标准所得出的结论上。支持构成合理使用的观点中，有认为直播行为符合美国法上的"转换性使用"从而构成合理使用；❺ 有认为直播行为符合《美国版权法》第 107 条的"四要素"构成合理使用；❻ 还有认为游戏作品著作权人存在滥用权利限制竞争的可能性，认定游戏直播构成合理使用更有利于促进直播产业的发展。❼ 反对构成合理使用的观点中，有认为游戏直播不符合"四要素"标准的要求从而不属于合理使用；❽ 有认为游戏直播不符合现行著作权法中的任何一种具体情形，从而不构成合理使用；❾ 还有认为游戏直播不符合"转换性使用"或者"三步检验法"的要求从而难以构成合理使用。❿ 在"广州网易计算机系统有限公司与广州华多网络科技有

❶ 李扬. 网络游戏直播中的著作权问题［J］. 知识产权，2017（1）：14－24

❷ 谢琳. 网络游戏直播的著作权合理使用研究［J］. 知识产权，2017（1）：32－40.

❸ KWOK K H F. Google book search，transformative use and commercial intermediation：an economic perspective［J］. Yale Journal of Law and Technology，2015，17：283－318.

❹ 谢琳. 网络游戏直播的著作权合理使用研究［J］. 知识产权，2017（1）：32－40.

❺ 王迁. 电子游戏直播的著作权问题研究［J］. 电子知识产权，2016（2）：11－18.

❻ 谢琳. 网络游戏直播的著作权合理使用研究［J］. 知识产权，2017（1）：32－40.

❼ KWOK K H F. Google book search，transformative use and commercial intermediation：an economic perspective［J］. Yale Journal of Law and Technology，2015，17：283，316.

❽ 谢琳. 网络游戏直播的著作权合理使用研究［J］. 知识产权，2017（1）：32－40.

❾ 李扬. 网络游戏直播中的著作权问题［J］. 知识产权，2017（1）：14－24.

❿ 李扬. 网络游戏直播中的著作权问题［J］. 知识产权，2017（1）：14－24.

限公司侵害著作权及不正当竞争纠纷案"(以下简称"《梦幻西游》案")中,广州知识产权法院也认为,游戏直播行为不属于《著作权法(2010)》第 22 条规定的情形,不成立合理使用抗辩。❶

对上述研究现状的梳理表明,学界与司法实务中在网络游戏直播画面的作品属性、权利归属、规制模式以及是否属于合理使用这些问题上仍然存在较大分歧,这些认识上的争议也直接影响了司法实践中裁判结果的不统一。网络游戏直播产业在我国方兴未艾,其良性健康发展需要清晰、准确、可预见的法律规则和司法裁判予以引导。于此背景下,对网络游戏直播画面的著作权客体问题、主体问题、规制模式问题、合理使用问题仍有继续再深入研究的必要。希冀本书的研究有助于司法裁判的统一,并促进我国网络游戏直播产业的良性和有序发展。

---

❶ 参见:广州知识产权法院(2015)粤知法著民初字第 16 号民事判决书。

第二章

权利客体问题：网络游戏直播画面的作品属性

一、网络游戏直播画面的作品属性争议

网络游戏直播画面作品属性的界定对于权利人能否控制游戏直播市场以及以何种方式控制直播市场具有重要意义，但当前理论及司法实践对于这一问题的认识分歧严重，主要表现为以下几个方面。

（一）游戏画面与直播画面如何区分？

对于网络游戏运行后呈现的动态画面本身（游戏画面）与通过互联网将游戏画面向公众在线直播所形成的网络游戏直播画面（直播画面）的关系如何认识，是理论与实践中关于游戏画面作品属性界定中存在的第一个认识分歧。例如在评价我国首例涉及游戏直播的案例——"上海耀宇文化传媒有限

公司诉广州斗鱼网络科技有限公司著作权纠纷案"（以下简称
"斗鱼案"）与我国首例将游戏画面认定为视听作品（类电作品）
的案例——"上海壮游信息科技有限公司与广州硕星信息科技有
限公司著作权纠纷案"（以下简称"《奇迹 MU》案"）时，不少
观点认为这两起案件中法院的观点发生了变化，这个变化就是法
院从最初不认可游戏画面为作品到承认游戏画面为类电作品。❶
反对者则认为，这种分析混淆了游戏直播画面和游戏画面，即
"斗鱼案"中法院认定的是网络游戏直播画面，"《奇迹 MU》
案"中法院认定的是网络游戏画面。❷

（二）游戏画面与游戏资源的指向是否同一？

对游戏整体动态画面是否构成独立于游戏既有元素，从而形
成不同于游戏元素的新作品，是理论与实践中关于游戏画面作品
属性界定中存在的第二个认识分歧。❸ 否定观点中有人认为，现
行立法未将游戏画面单独设定为一类作品，故其不具有独立作品
属性而应整体主张为计算机软件；❹ 还有人认为，不能笼统主张
网络游戏画面著作权，应将其中不同类别的元素进行分解对应著
作权法规定的不同作品进行主张；❺ 更有人直接指出"用户运行

---

❶ 祝建军. 网络游戏直播的著作权问题研究 [J]. 知识产权，2017 (1)：25-31.
❷ 吴子芳. 谈谈网络游戏直播中的各种"纠结" [EB/OL]. (2018-02-22) [2023-12-12]. https：//www. beijinglawyers. org. cn/cac/1540812623583. htm.
❸ 参见本书第 30 页脚注①。
❹ 参见：四川省成都市成都高新技术产业开发区人民法院 (2016) 川 0191 民初第 2719 号民事判决书。
❺ 曹丽萍. 网络游戏著作权案件审理的四大难题 [EB/OL]. (2015-06-05) [2023-12-12]. http：//ip. people. com. cn/n/2015/0605/c136655-27109226. html.

游戏所产生的游戏画面并不构成有别于原有作品的新作品"。❶
司法实践中如"斗鱼案"的审理法院认为，原告所主张的涉案
游戏赛事画面本身不属于著作权法规定的作品。❷ 在"炉石传说
案"中，法院也将原告请求保护的 14 个游戏界面分拆为美术作
品。❸ 肯定观点中有人认为游戏画面并非游戏资源库中素材的简
单再现，而是这些素材动态组合后生成的新作品；❹ 还有人认为
单个要素的作品不能体现由这些要素构成的网络游戏整体所展现
的综合性视听效果。❺ 司法实践中如"《奇迹 MU》案"中法院
首次将网络游戏整体画面作为类电影作品。❻ "《梦幻西游》案"
中一审法院认定涉案游戏画面构成类电影作品。❼

（三）直播画面是否具有独立性？

对于以游戏画面为基础，融入主播的解说、对阵双方选手的
情况、对阵实际战况、主播形象和表情、现场观众画面，观众互
动时的弹幕文字等元素后形成的画面（直播画面），是否构成有
别于原游戏画面的新作品是理论与实践中关于游戏画面作品属性
界定中存在的第三个认识分歧。否定观点中有人认为直播画面仅

---

❶ 王迁. 电子游戏直播的著作权问题研究 [J]. 电子知识产权，2016（2）：16.
❷ 参见：上海市浦东新区人民法院（2015）浦民三（知）初字第 191 号民事判决书。
❸ 参见：上海市第一中级人民法院（2014）沪一中民五（知）初字第 23 号民事判决书。
❹ 崔国斌. 认真对待游戏著作权 [J]. 知识产权，2016（2）：5.
❺ 冯晓青. 网络游戏直播画面的作品属性及其相关著作权问题研究 [J]. 知识产权，2017（1）：4.
❻ 参见：上海市浦东新区人民法院（2015）浦民三（知）初字第 529 号民事判决书。
❼ 参见：广州知识产权法院（2015）粤知法著民初字第 16 号民事判决书。

是对游戏画面的客观和直观再现，并不能形成新的作品；还有人认为即使不构成作品但仍可以认定为录像制品。❶ 肯定观点则认为大型电子竞技比赛直播凝聚了主办方的创造性劳动，主办方付出了大量的人力财力，所以大型电子竞技比赛直播视频是著作权法上的作品。❷

（四）游戏画面属于何种作品类型？

对于具有独创性的游戏画面或直播画面应属于何种法定作品类型是理论与实践中关于游戏画面作品属性界定中存在的第四个认识分歧。汇编作品论认为网络游戏是包含各种游戏元素的有机结合体，可适用汇编作品的规定进行保护。❸ 视听作品（类电作品）论认为网络游戏画面的表现形式和制作过程符合视听作品（类电作品）的要求，可以被视听作品（类电作品）类型所涵盖。❹ 录制品论认为，在游戏素材本身、临时呈现的内容组合、画面录制过程均不具有独创性时，该录制画面可被视为录像制品。❺ 单独立法论认为应单独设立"电子游戏"作品类型❻或者"多媒体作品"类型保护游戏画面。新类型智力成果认为，游戏画面和直播画面不属于《著作权法》明文列举的有名作品，应

---

❶ 李晓宇. 网络游戏直播的著作权侵权认定 [J]. 中国版权, 2017 (1)：30.

❷ 周高见，田小军，陈谦. 网络游戏直播的版权法律保护探讨 [J]. 中国版权, 2016 (1)：52 – 56.

❸ 崔国斌. 认真对待游戏著作权 [J]. 知识产权, 2016 (2)：3 – 18.

❹ 李扬. 网络游戏直播中的著作权问题 [J]. 知识产权, 2017 (1)：14 – 24.

❺ 祝建军. 网络游戏直播的著作权问题研究 [J]. 知识产权, 2017 (1)：25 – 31.

❻ 孙磊，曹丽萍. 网络游戏知识产权司法保护 [M]. 北京：中国法制出版社, 2017.

当归入《著作权法（2020）》第 3 条规定的"符合作品特征的其他智力成果"。❶

二、界定网络游戏直播画面作品属性的前提：游戏画面与直播画面的区分

（一）游戏画面与直播画面的三种关系

游戏画面与直播画面二者所指是否同一，有何联系，又有何区别？回答这些问题是界定直播画面作品属性的前提，只有厘清了二者关系，才能进一步准确界定直播画面的作品属性。游戏画面一般是指在玩家操作下，使游戏资源库中已有的游戏素材按照一定的规则被游戏引擎调用而临时呈现在玩家电脑屏幕（或者手机屏幕）上的画面；而游戏直播画面一般指将游戏玩家操作网络游戏的画面通过网络向公众同步实时传播时所形成的画面。由此可见，游戏画面是直播画面的构成部分，而且是主要的和实质性的内容，而直播画面既可能是仅仅对游戏画面直播所形成的画面，也可能是在游戏画面基础上添加一些元素（例如游戏玩家的解说，与观众互动时的弹幕文字、表情、头像等元素）直播所形成的画面，还可能是大型电竞游戏赛事组织方经过策划形成的具有较高专业水准的电竞赛事直播画面。具体而言，游戏画面与直播画面的关系可以归纳为以下三种主要类型。

第一种类型是仅针对游戏画面所进行的网络游戏直播。例如

---

❶　参见：广州互联网法院（2021）粤 0192 民初 7434 号民事判决书。

电竞游戏比赛现场中某位普通观众用自己的手机对着现场大屏幕直播电竞赛事实况，或者在自带直播功能的网络游戏中，游戏玩家通过点击直播菜单将其操作游戏过程直播给观众观看。❶ 此种类型的直播近乎完全是一种"裸播"，因为此时的直播画面就是游戏画面，二者的内容基本是相同的。

第二种类型是在游戏画面基础上添加简单元素的直播。例如玩家在直播自己操作游戏过程的同时，在游戏界面小窗口呈现自己的个人图像，并对游戏过程进行简单的解说或与观众进行简单交流，但解说和交流都是一些游戏进程的客观介绍或者与游戏无直接关系的内容。前者如对游戏进行到何种阶段的介绍或者玩家自己玩游戏的直观感受；后者如玩家向观众打招呼，反复提醒观众添加自己的微信或 QQ 号码、让观众及时给自己打赏、向观众推荐自己的淘宝店铺等，而观众的评价也比较简单，如评价玩家的相貌、发型、表情以及玩家的操作水平等。此种直播情形下，由于不可避免地要使用网络游戏中"观战模式"所对应的游戏画面，故此时的直播画面由游戏画面加上小窗口展示的玩家头像和表情、玩家的简单解说、玩家与观众互动时的弹幕文字等构成，因此，此种情形下的直播画面不同于游戏画面，直播画面的内容要大于游戏画面。

第三种类型是由专业直播平台进行的直播。此种直播的实施主体可能是网络游戏的开发商或经其授权的运营商，也可能是专业的电竞游戏比赛组织方，还有可能是其他网络游戏专业直播平

---

❶ 在不具备直播功能的网络游戏中，玩家则可以通过下载专门的直播软件，通过该软件将玩游戏过程同步直播，使其他玩家或游戏用户得以同步观看玩家玩游戏过程。

台。在此类大型电竞游戏比赛直播中，直播画面除了游戏画面外，还增加了对阵双方选手的情况、对阵实际战况、镜头选择切换画面、主播解说、主播形象和表情、现场观众画面，在播放的直播画面中还配有字幕和相关信息以及音乐，对于精彩环节经常还会有慢镜头回放等内容。此种类型的直播呈现方式一般有两种。①由对游戏赛事直播享有权利的游戏赛事组织方或其授权的被许可方实施的赛事直播行为。实践中如上述"斗鱼案"中，原告上海耀宇文化传媒有限公司取得"DOTA 2"游戏在中国的赛事组织权和独家视频转播权，原告通过自己经营的电竞游戏直播网站"火猫TV"对"DOTA 2"游戏赛事向网络用户进行全程和实时的直播，该直播视频内容由计算机软件截取的游戏自带比赛画面、原告的游戏主播对比赛的解说内容、原告对其游戏直播间及游戏主播拍摄的画面、原告对比赛现场情况拍摄的画面以及原告对比赛制作的音效、字幕、慢镜头回放、灯光照明等组成，观众可以在原告的"火猫TV"网站上免费观看比赛直播，也可以购买门票到比赛现场观看比赛。❶ 此时的直播画面由软件截取的游戏画面和原告自己在游戏画面基础上组织制作的一系列视听内容构成，直播画面远丰富于游戏画面。②由对游戏画面不享有权利的直播平台将其他网站上的游戏画面提取到自己网站的服务器上，并且自己组织游戏主播进行解说、添加背景音乐和观众评论等内容所形成的直播。例如上述"斗鱼案"中，被告广州斗鱼网络科技有限公司利用技术截取了涉案游戏"DOTA 2"的游

---

❶ 参见：上海市浦东新区人民法院（2015）浦民三（知）初字第191号民事判决书。

戏视频画面，并在此基础上加入了自己组织的主播进行的解说和直播间画面等内容。此时的直播画面内容虽没有上述第①种丰富，但也是在游戏画面基础上自己组织了主播解说并添加了其他内容，直播画面也远大于游戏画面。以此来看，前述那些认为"斗鱼案"中法院认定的仅是网络游戏直播画面的观点似乎有些将问题简单化，因为该案中既有"DOTA 2"赛事本身的游戏画面，也有原告在游戏画面基础上自己组织主播、观众并通过"火猫TV"网站播放的直播画面，还有被告在截取原告游戏画面基础上自己组织主播进行解说并添加其他内容通过斗鱼网站播放的直播画面，而法院的认定则既涉及了游戏画面，也包括了直播画面（这一问题下文将有专门论述）。

（二）区分游戏画面与直播画面的意义

区分游戏画面与直播画面具有以下意义：

首先，从上述直播画面与游戏画面的三种关系类型来看，直播画面是在游戏画面基础上形成的，因此游戏画面是否具有作品属性对于直播画面作品属性的界定具有基础性地位，故应区分二者并应首先对游戏画面的作品属性予以界定。值得注意的是，这一研究思路在司法实践也得到了体现，例如上述"斗鱼案"中法院就依循了此种路径：在判决书的"本院认为"部分中首先分别分析了游戏画面（判决表述为"赛事画面"）和直播画面（判决表述为"多种元素组成的一种音像视频节目"）的构成要素及特点，并以此为基础认定前者不属于作品，后者有可能构成作品。❶

---

❶ 参见：上海市浦东新区人民法院（2015）浦民三（知）初字第 191 号民事判决书。

其次，由于游戏画面和直播画面二者的构成要素、形成过程、表现方式均不同，认定二者是否构成作品时进行独创性判断所针对的对象亦有所不同：判断游戏画面是否具有独创性时，针对的是游戏运行后呈现的整体画面本身；而判断直播画面是否具有独创性时，针对的是游戏画面以外的因素如镜头对于切换画面的选择、解说词的内容、直播现场画面的安排、与观众的互动内容等。

最后，由于直播画面是在游戏画面基础上形成的，认定其是否构成作品时应当考虑游戏画面的以下两种不同情形：①如果游戏画面具有独创性且构成作品，则直播画面即使具有独创性，亦属于在游戏画面基础上形成的演绎作品，判断其作品属性时应遵循演绎作品的认定规则；②如果游戏画面不构成作品，则直播画面不存在演绎的问题，判断其作品属性仅应遵循一般作品的认定规则即可。

基于上述三项理由，以下各部分论述均遵循先分析游戏画面、再分析直播画面的思路。

三、网络游戏直播画面的作品属性

（一）作为直播画面核心内容的游戏画面的作品属性

网络游戏本身包括两个部分：一是预先设定并储存的由文字、图片、音频和视频等素材组成的游戏资源库；二是调用游戏资源形成游戏画面的计算机程序。该两部分本身均具有作品属性当无疑义。这里讨论的游戏画面作品属性，具体是指玩家运行游戏后呈现的动态画面（游戏画面）是否具有独立于游戏元素和计算机程序的新作品属性。

1. 游戏画面不同于计算机程序，不宜适用一体式保护模式

如前所述，实践中有观点认为，游戏画面不具有独立作品属性，应将游戏整体画面视为计算机软件。❶ 例如，在首次提出此类观点的"英烈群侠传和烧录卡案"中，1996 年 6 月至 1997 年 10 月，外星电脑公司将其开发的《楚汉争霸》《战国群雄》《魔域英雄传》《水浒传》《魔法门》《隋唐演义》《三十六计》《创世纪英雄》《英烈群侠传》《绝代英雄》等十种中文游戏软件在国家版权局计算机软件登记管理办公室进行计算机软件著作权登记。被告翁某某、叶某某自 1999 年 1 月起以振华公司（翁某某等人成立的公司，因未注册登记，该公司实际上并不存在）的名义生产、销售上述游戏软件的盗版卡带，并将这些游戏软件更改了名字。这些盗版游戏卡带通过被告雇用的王某某向全国各地销售。外星电脑公司在发现上述事实后，向福建省高级人民法院提起诉讼。

该案可以说是中国游戏历史上维权的第一案。当时面临的最大的问题是游戏是否可以获得保护，游戏属于著作权法意义上的什么作品。原告在一审中主张游戏应当作为计算机软件进行保护，因为游戏的开发和计算机软件的开发非常接近，虽然其包含大量图画，但其主要引擎都是以计算机软件体现的。该主张得到

---

❶ 参见：四川省成都市成都高新技术产业开发区人民法院（2016）川 0191 民初第 2719 号民事判决书。

了一审法院的认可。在二审阶段，原告新增主张，提出游戏既可以作为计算机软件，亦可以作为视听作品（类电作品）进行整体保护。最高人民法院认为，该主张系原告在二审中才提出，且涉案游戏客观上作为计算机软件已经得到了充分保护，因此并未就游戏是否构成视听作品（类电作品）展开论证。●

笔者以为，将游戏整体视为计算机软件的观点值得商榷。

首先，两者的表达形式不同。计算机软件是指计算机程序及其有关文档，前者表现为代码化指令序列，后者表现为程序设计说明书、流程图、用户手册等；而游戏画面是由图、文、声、像有机结合形成的动态连续画面，两者的表达形式截然不同。著作权法保护的正是作品的表达（表现）形式，《著作权法（2020）》第 3 条就是根据不同的表达形式将作品分为九种类型，不同的表达形式分属于不同的作品类型。由于表达形式不同，在认定计算机软件侵权与游戏画面侵权时适用的也是完全不同的比对规则，前者比对的是以代码化指令序列体现的源代码或目标代码，后者比对的是以图、文、声、像形式呈现的整体视听效果，表达形式的迥异使计算机程序和游戏画面无法进行直接比对。

其次，即使将游戏画面视为计算机软件运行的结果，从而成为计算机软件的构成部分，也难以通过比对两个计算机软件代码达到保护游戏画面的效果。实践中，一个具有普通水准的程序员可以通过编写不同的程序代码实现与他人游戏相同的整体视听效果，由此造成在不侵害他人计算机程序著作权的情形下实现对

● 张玲娜. 新著作权法下网络游戏作为视听作品的保护路径［EB/OL］.（2023 - 07 - 17）［2023 - 12 - 12］. https：//mp. weixin. qq. com/s/ygf4Fl4nnsEK_HoBUAj_zg.

游戏画面的"复制"。此种"聪明"的侵权方式在 20 世纪 80 年代的美国就曾经发生过。在著名的 Stern Electronics，Inc. v. Kaufman 案中，原告指控被告开发的游戏与原告的 Scramble 游戏运行后显示的画面相同因而构成侵犯版权；但被告抗辩提出，该画面是基于计算机程序运算而产生的，因其使用了与原告游戏不同的程序代码，故未侵犯原告计算机程序版权。法官最后得出的结论是，即使被告与原告的计算机软件代码不同，游戏运行后的动态画面仍然具有原创性而享有独立的版权。❶ 该案曾一度引起了对计算机程序和其运行后呈现的画面之间关系的探讨。❷ 在类似案件中，法院进一步提出，游戏作品的独创性与计算机程序没有直接关系。❸

最后，游戏的受欢迎程度实际取决于游戏画面的精彩程度，观看游戏的潜在玩家和用户其实在意的并不是背后的计算机软件程序有多复杂，而是游戏运行后呈现的画面有多精彩。因此游戏画面不同于计算机程序，不宜适用计算机程序保护游戏画面。

2. 游戏画面具有不同于游戏元素的属性，不宜适用拆分式保护模式

有观点认为，不能笼统主张游戏画面著作权，应将其中不同类别的元素进行分解，并对应著作权法规定的不同作品类型进行

❶ *Stern Electronics. Inc. v. Kaufman*, 669 F. 2d 852, 865（2d Cir. 1982）.

❷ BENSON J R. Copyright protection for computer screen displays [J]. Minnesota Law Review, 1988, 72: 1123 – 1158.

❸ RAMOS A, LÓPEZ L, RODRÍGUEZ A, et al. The legal status of video games: comparative analysis in national approaches [M]. Geneva: WIPO, 2013.

主张。❶ 在"炉石传说案"中，法院也将原告请求保护的 14 个
游戏界面分拆为美术作品。❷ 实际上，游戏画面具有不同于游戏
元素的属性，不宜适用拆分式保护模式：

其一，在表现形式上，事先存储在游戏中的资源（素材）
与计算机运行后呈现的动态整体画面差别较大。前者中的文字、
图片、音频文件是碎片化的、孤立的和静态的，其所表达的仍是
各自单独的意义而不具备整体意义；后者的整体画面是连续和动
态的有机组合，表达了一个完整的比赛过程或故事。因此，单个
要素的作品属性不能体现出由这些要素构成的游戏整体所展现的
综合性视听效果。

其二，从提升用户体验和游戏商业价值的角度看，游戏整体
画面的价值远大于其单个游戏素材，玩家和用户对于游戏关注的
不是游戏资源库中分散的素材，而是基于这些素材有机组合后的
整体视听效果。

其三，如果游戏资源库中的单个元素缺乏应有的独创性则难
以构成作品，或者两款游戏画面的单个元素经过比对均不构成实
质性相似，适用拆分式保护模式则无法使游戏画面得到保护。虽
然一一识别的侵权认定方式表面上简单直接，但是实际操作中工
作量巨大，操作困难，而且在实践中，往往很难认定单个游戏元
素侵权应当赔偿多少，这往往导致了最终赔偿金额较低。此时从

---

❶ 曹丽萍. 网络游戏著作权案件审理的四大难题 [EB/OL]. (2015 – 06 – 05)
  [2023 – 12 – 12]. http://ip.people.com.cn/n/2015/0605/c136655 – 27109226.html.
❷ 参见：上海市第一中级人民法院（2014）沪一中民五（知）初字第 23 号民事判
  决书。

整体角度判断游戏画面的独创性将有利于游戏作品的保护。

其四，即使在游戏元素均构成作品的情形下，对集聚这些元素所形成的游戏画面进行整体保护也具有重要价值。例如电影作品中也有若干可以独立保护的元素，这些元素均可单独作为作品，但各国著作权法均单列一项电影作品类型予以单独保护，就是因为电影作品整体具有不同于电影构成元素的独有价值，游戏画面也同理。

3. 游戏画面具有独立的作品属性

《著作权法（2020）》第3条对《著作权法实施条例》第2条关于作品的一般定义作了调整，新的作品定义为"文学、艺术和科学领域内具有独创性并能以一定形式表现的智力成果"，该规定揭示了作品应具有的四项一般构成要件，即属于法定三大领域、属于智力成果、具有独创性、具有可表现性。游戏画面属于文学、艺术领域的智力成果应无疑义，反对游戏画面构成作品的观点主要质疑游戏画面的独创性和可表现性（《著作权法（2020）》实施之前为"可复制性"），其中以"斗鱼案"中法院的判决最为典型，即"涉案赛事的比赛本身并无剧本之类的事先设计，比赛画面是由参加比赛的双方多位选手按照游戏规则、通过各自操作所形成的动态画面，系进行中的比赛情况的一种客观、直观的表现形式，比赛过程具有随机性和不可复制性，比赛结果具有不确定性，故比赛画面并不属于著作权法规定的作

品"。❶ 从上述认定的最后一句结论性表述来看，法院否认了游
戏画面的作品属性。由于该判决中的观点对于游戏画面的评价比
较全面并且颇具代表性，下文将结合该判决的上述理由就游戏画
面的作品属性进行分析。

第一，关于游戏画面的独创性。上述判决否定游戏赛事画面
独创性的核心理由是"比赛画面是比赛情况的一种客观、直观的
表现形式"。这一认定存在的问题是将电竞游戏赛事画面简单地
类比于传统的体育赛事画面。首先，应当承认的是，绝大多数的
体育赛事画面的确是对运动员按照比赛规则进行比赛的一种客观
记载，但电竞赛事与传统体育赛事最大的不同是：在玩家进行电
竞游戏比赛之前已经存在由文、图、音、影组合的游戏资源库，
玩家运行游戏后使这些既有的游戏元素从碎片化和静止状态呈现
出有机组合的动态画面；而传统的体育比赛在开始之前并不存在
单个的作品元素，比赛开始之后也不存在由单个元素组合后所形
成的新的整体作品，其形成的仅为运动选手以动作、形体和技巧
体现的比赛客观实况。其次，即使是客观记载体育比赛实况的直
播画面，亦可能因对于镜头画面的选择和编排具有独创性而构成
作品，❷ 或者因巨大资金的投入可能构成录像制品，而调用原本
就具有作品属性的游戏元素所形成的有机动态游戏整体画面反而
不具有作品属性，这一说理似乎难以成立。因此正如前文拆分论
部分所述，无论游戏玩家如何操作以及比赛结果如何，都不影响
游戏画面本身所具有的独立作品属性。

---

❶ 参见：上海市浦东新区人民法院（2015）浦民三（知）初字第 191 号民事判决书。
❷ 参见：北京市朝阳区人民法院（2014）朝民（知）初字第 40334 号民事判决书。

第二，关于游戏画面的可复制性/可表现性。"斗鱼案"判决否定游戏画面构成作品的另一个理由是"比赛过程具有随机性和不可复制性，比赛结果具有不确定性"，这一判断混淆了比赛本身和游戏画面。因该案发生于《著作权法（2020）》实施之前，为客观评述该案判决，此处仍以当时立法规定的"可复制性"作为评判依据。❶ 首先，该案的争议焦点是游戏赛事画面的可版权性，而不是游戏比赛过程本身的作品属性，相应地，判断是否具有可复制性也应针对"比赛画面"而不是"比赛过程"。在现有技术条件下，完全能够通过技术手段将网络游戏动态过程以直播形式固定下来，形成网络游戏比赛视频，并可以在此基础上进行无限制的复制。"斗鱼案"中原告能通过其经营的"火猫TV"网站、被告能通过其经营的"斗鱼直播"将比赛过程向公众直播本身就是比赛画面具有可复制性的表现。

其次，应当承认的是，就不同玩家的每一场比赛甚至同一玩家所操作的不同场次比赛而言，比赛过程确实具有随机性和不可复制性，从而导致比赛结果具有不确定性，但并不影响因游戏比赛形成的比赛画面本身的可复制性。这就如同美术大师或书法大师在每次提笔作画、写字时会受当时的身体、精神、情绪甚至所

---

❶ 需要说明的是，《著作权法（2020）》将《著作权法实施条例》中作品定义中的"以某种有形形式复制"改为"以一定形式表现"，但这里仍然从"可复制性"角度分析基于以下两个原因：第一，此处分析的案件发生于《著作权法（2020）》实施之前，为客观呈现彼时的判决逻辑，仍然以当时的立法为依据；第二，"以某种有形形式复制"与"以一定形式表现"相比，后者更为准确和科学，但二者都意在强调作品应属于表达，能够被复制的信息必然会以一定形式表现，否则无法复制，因此分析"可复制性"仍然可以达到分析"可表现性"的效果。

谓灵感的影响，导致每次创作过程都不同，具有一定的随机性和不可复制性，由此产生的作品也不可复制，甚至具有唯一性；有时即使艺术家本人也难以再次创作出两幅完全同样的作品，但这丝毫不影响每次所创作的作品的可复制性。由此而言，不同玩家操作的游戏或者同一玩家操作的不同场次的游戏所呈现的画面在多数情况下并不相同，但每一次所形成的比赛画面仍然具有可复制性，可以通过技术设备固定并广泛传播。

（二）以游戏画面为基础的直播画面的作品属性

如前所述，直播画面是在游戏画面的基础上形成的，二者关系呈现三种表现形式，故界定直播画面是否具有不同于游戏画面的独立作品属性，仍应依循前述三种关系为分析路径。就第一种类型而言，由于此种直播纯系对游戏画面客观和直观的记录，直播内容除了游戏画面以外没有添加其他元素，直播画面实质上就是对游戏画面的复制和再现。如同电影院的观众手持录像功能强大的手机将新上映的电影大片向场外观众直播，或者在自己家里用手机对着电视屏幕将电视节目向其他场所的朋友直播，此时的直播画面没有在电影或电视节目的基础上添加任何新的元素，因此不可能具有新的独创性内容，也就难以构成著作权法意义上的作品。同时，由于此种直播人人可以操作，几乎不需要人员、设备、技术和资金的投入，因此也未产生著作权法意义上的录像制品或其他邻接权客体。

就第二种类型而言，玩家在游戏画面的基础上添加了一些元素，例如个人解说和与观众互动内容，此种情形下虽然直播画面不同于游戏画面，但由于增加的这些元素都过于简单，不具有独创性，因而也不能构成作品。有观点认为，此种直播类型中玩家的解说虽大多为游戏过程中客观事实的描述而不能构成作品，但仍可以作为录音录像制品受到邻接权的保护。司法实践中也有此类判决。例如在"爱拍公司与酷溜网公司著作权纠纷案"中，北京知识产权法院认为涉案视频仅仅是对游戏画面的机械录制，因所录制的画面、配音内容简单，该等画面和配音的组织、编排本身无须付出独创性的智力活动，虽然涉案视频不构成作品，但该等视频作为录像制品，同样受著作权法的保护。❶ 笔者认为，在此类直播画面因无独创性不构成作品的情形下，法院应根据录制者投入的多少来判断涉案视频是否属于录像制品，而不应简单地以不具有与作品同样程度的独创性而将其一概认定为录制品。此种直播情形下，由于玩家的解说和互动内容过于简单，并未有明显的技术、资金和设备的投入，因此仍然难以产生著作权法意义上的录像制品或其他的邻接权客体。

就第三种类型而言，对于第一种由赛事组织方或被许可方组织实施的大型电竞游戏比赛直播而言，直播画面除了游戏画面外，还增加了对阵双方选手的情况、对阵战况、镜头选择切换画面、解说、主播形象、观众画面，同时还配有字幕、音乐以及相关信息，对于精彩环节经常还会有慢镜头回放等，此时的直播画面不仅包含游戏画面，还如同一台晚会一样包含了观众、灯光、音效、舞美、场地布置、串场时演员的角色扮演、现场解说等元

---

❶ 参见：北京知识产权法院（2015）京知民终字第 601 号民事判决书。

素。故此种直播画面具有独创性，可以构成著作权意义上的作品。其独创性表现为两个方面：一是对于游戏画面并非原封不动地照搬，而是根据解说词的内容、现场互动环节的安排等对于游戏画面有选择地截取并进行有独创性的编排；二是在游戏画面之外添加的内容都是组织者独具匠心的设计，这些精彩的解说词、现场演员的串场表演、字幕和音乐所形成的整体画面一般也具有独创性。

值得注意的是，"斗鱼案"判决虽然否定了游戏赛事画面的作品属性，但认可了直播画面的作品属性（这一点经常被忽视），即"原告向网络用户提供的直播内容不仅仅为软件截取的单纯的比赛画面，还包括了原告对比赛的解说内容、拍摄的直播间等相关画面以及字幕、音效等，故原告的涉案赛事直播内容属于由图像、声音等多种元素组成的一种比赛类型的音像视频节目。上述节目可以被复制在一定的载体上，根据其解说内容、拍摄的画面等组成元素及其组合等方面的独创性有无等情况，有可能构成作品，从而受到著作权法的保护"。❶ 对判决的这一认定笔者是认可的，但仍须注意的是，此类作品是在游戏画面的基础上产生的，而且以游戏画面作为其构成部分，因此属于演绎作品（笔者认为游戏画面构成作品），行使权利要受到游戏画面权利人的限制。

对于第三种类型的第二种形式，即通过技术手段提取其他游戏直播平台享有权利的游戏画面，并自行组织游戏主播进行专业

---

❶ 参见：上海市浦东新区人民法院（2015）浦民三（知）初字第 191 号民事判决书。

性解说或添加直播间、背景音乐等其他内容，通过其网站向公众播放所形成的直播画面，笔者认为此类直播画面有可能构成作品或者录制品。具体而言，此类直播行为的实施者一般为专业游戏直播平台，主播一般由高薪聘请的专业人员担任，解说内容与背景音乐以及观众的互动所形成的整体画面具有一定的独创性，因此可以构成作品。例如在"斗鱼案"中，被告并未完全利用原告的整体直播画面，而是仅截取了涉案游戏"DOTA 2"的游戏画面，在此基础上加入了有别于原告的解说、直播间画面、字幕、弹幕、音效等内容，最终形成的直播画面既有原告的游戏画面，也有被告自己组织的主播进行的解说和添加的其他内容，其直播画面的精彩程度可与原告形成竞争，甚至在同一时期被告网站的观众人数远超原告。另外，即使在利用他人游戏画面的基础上自行组织的主播解说和添加的其他内容不具有独创性，也可构成录像制品，因为此时专业直播平台为直播视频的形成付出了较大的投入，如高薪聘请主播、设立直播平台、制作字幕、音效等。

四、直播画面的作品类型归属

（一）作品类型开放下认真对待例示类型作品的实践意义

1. 作品类型从封闭到开放的变迁及争议

《著作权法（2020）》第 3 条第 9 项将《著作权法（2010）》第 3 条第 9 项"法律、行政法规规定的其他作品"修改为"符合作品特征的其他智力成果"，该修改标志着我国著作权立法放弃了此前的作品类型的封闭模式，选择了作品类型开放模式，从立法上为作品类型的封闭与开放之争画上了句号。由于这一作品类型兜底条款的规定仍较为原则，而司法实践中对其具体如何适用尚无明文规定（有待配套的行政法规《著作权法实施条例》修改明确），这种缺乏具体指引的兜底条款被一些学者视为"洪水猛兽"，从而对《著作权法（2020）》所采取的作品类型开放模式表示了担忧。例如，有观点认为，《著作权法（2020）》在作品类型这个关键问题上产生了逻辑错位，应当继续沿用"作品类型法定模式"，从而避免法院享有过大的自由裁量权；若现在我国著作权法就实行作品类型开放模式，有可能导致"《著作权法》像一匹脱缰的野马，任性地闯入其他法律的专属领地甚至是公有领域"❶。《著作权法（2020）》放弃作品类型法定模式而选择"作品类型开放模式"是一个严重错误，这种改变可能引致法院将不属于"文学、艺术和科学领域内"的新类型表达认定为作品，使得新类型作品著作权侵权或者确权纠纷案件频发，增加司法机关在论证上的负担。❷ 这一修改会"让著作权法上的作品变得挑战著作权伦理"，也会导致任何符合作品构成要件的新类型表达均成为著作权法上的作品，获得著作权法的保护，会不当扩大著作权的保护范围。❸ 类似观点认为，《著作权法

---

❶ 王迁. 《著作权法》修改：关键条款的解读与分析：（上）［J］. 知识产权，2021（1）：23.

❷ 王清. 读法笔记：新修正《著作权法》的两个思考、一个建议［J］. 出版科学，2021，29（1）：21–29.

❸ 曹新明. 著作权法上作品定义探讨［J］. 中国出版，2020（19）：10–16.

（2020）》采取"作品类型开放模式"实质上将应当由立法机关行使的权力转嫁给司法机关，违反了著作权法定原则，导致著作权人享有的专有权利过度入侵公有领域，妨碍知识的传播与文化的创作，不利于实现著作权法的立法目的。❶甚至有学者依然坚持作品类型法定，反对法官根据兜底条款认定新类型作品，提出"如果一种新类型作品难以被解释到既有的作品类型中，那么是否需要赋予其创作者或创造者相应的著作权保护，就可能应该属于立法机构所讨论并最终通过修法所决定的事情，而不宜交给法院决定"。❷另有学者认为，"《著作权法》第三次修订稿已根据最新技术发展将文学、艺术和科学领域内的各项表达进行了严谨、准确的分类，基本能够涵盖现有的各类文学、艺术作品，未被列明的表达形式基本已在立法阶段被著作权客体排除。"❸

2. 作品类型开放模式下认真对待例示类型作品的实践意义

（1）接受例示类型作品"检验"是适用"开放条款"的必经步骤

《著作权法（2020）》将"符合作品特征的其他智力成果"纳入了作品序列之中，这里的"符合作品特征"应当是指《著作权法（2020）》第 3 条所规定的作品定义。在司法实践中，是

---

❶ 叶赟葆，林岑珉. 作品类型开放模式下如何认定作品 [J]. 南都学坛，2021，41（3）：76–82.

❷ 刘银良.《著作权法》第三次修正案的理论争议：成就与不足 [J/OL]. 中国知识产权，2021（170）.（2021–06–08）[2024–05–29]. https://www.chinaipmagazine.com/journal-show.asp? id =3690.

❸ 任安麒. 作品类型兜底条款的证成、选择与适用：兼议非典型作品的著作权保护路径 [J]. 电子知识产权，2021（4）：55.

否符合了该定义就可以直接将某种新类型表达认定为作品？在
《著作权法（2020）》实施前，这一答案是否定的。也就是说，
一项表达要构成著作权法意义上的作品，须符合作品的一般构成
要件和特别构成要件的要求，前者是指《著作权法实施条例》
第 2 条对于作品内涵的一般定义，后者是指《著作权法实施条
例》第 4 条对特定类型作品构成要件的规定。之所以将后者称为
特别要件，是因为不同类型作品的特别要件构成不同，例如对于
美术作品和建筑作品而言，《著作权法实施条例》第 4 条规定了
"有审美意义"的特别要求；❶ 对于舞蹈作品而言，《著作权法实
施条例》第 4 条规定了"表现思想情感"的特别要求；❷ 对于视
听作品而言，《著作权法实施条例》第 4 条规定了"摄制在一定
介质上"的要求，等等。❸ 这一双重要件（一般构成要件与特别
构成要件）的要求意味着，符合《著作权法实施条例》第 2 条
所规定的作品一般定义仅为构成某种类型作品的"必要但非充分
条件"，即只有在一般构成要件基础上进一步符合特别构成要件
才能满足某种特定类型作品的"充分必要条件"。实际上，这一
认定步骤几乎已成为司法实践中的共识，绝大多数裁判者都会按
照双重要件的要求认定某一智力表达是否够构成作品。

---

❶ 《著作权法实施条例》第 4 条第 8 项规定："美术作品，是指绘画、书法、雕塑等
以线条、色彩或者其他方式构成的有审美意义的平面或者立体的造型艺术作品"；
第 9 项规定："建筑作品，是指以建筑物或者构筑物形式表现的有审美意义的作品"。

❷ 《著作权法实施条例》第 4 条第 6 项规定："舞蹈作品，是指通过连续的动作、姿
势、表情等表现思想情感的作品"。

❸ 《著作权法实施条例》第 4 条第 11 项规定："电影作品和以类似摄制电影的方法
创作的作品，是指摄制在一定介质上，由一系列有伴音或者无伴音的画面组成，
并且借助适当装置放映或者以其他方式传播的作品"。

例如在"《梦幻西游》案"中,法院明确指出,认定某种表达是否构成视听作品(类电作品),除了满足作品的一般要件外,还应符合视听作品(类电作品)的定义。循此路径,该判决在首先认定"涉案游戏画面属于文学、艺术领域具有独创性并能以有形形式复制❶的智力成果"(一般要件)后,进一步认为涉案游戏连续动态画面符合"由一系列有伴音或者无伴音的画面组成"的核心特征,符合视听作品(类电作品)实质特征,可归入视听作品(类电作品)范畴(特别要件)。实践中偶有法院试图突破这一双重要求,将仅符合作品一般定义的智力表达认定为作品,但最终被上级法院所纠正。例如在"音乐喷泉案"中,对于音乐喷泉的喷射效果是否构成作品,一审法院认为,音乐喷泉的喷射效果具有独创性并能以某种有形形式复制,符合作品的一般定义并将其归入"其他作品"类型。❷ 但由于"其他作品"必须由"法律或者行政法规"明确规定,而至今尚无任何其他"法律或者行政法规"对"其他作品"的特别构成要件作出规定,因此将音乐喷泉的喷射效果认定为"其他作品"并不妥当。为此二审法院纠正了一审法院的这一认定,最终认为音乐喷泉的喷射效果属于具有审美价值的动态立体造型表达,符合美术作品的特别构成要件,因此可以归入美术作品这一特定作品类型。❸

---

❶ 此处引用的是判决原文,因该案发生于《著作权法(2020)》之前,适用的仍是《著作权法(2010)》,后者对应的《著作权法实施条例(2013)》仍将作品的定义规定为"文学、艺术和科学领域内具有独创性并能以某种有形形式复制的智力成果",故仍根据"能以某种有形形式复制"而不是"能以一定形式表现"进行分析。

❷ 参见:北京市海淀区人民法院(2016)京0108民初15322号民事判决书。

❸ 参见:北京知识产权法院(2017)京73民终1404号民事判决书。

　　值得思考的是，在《著作权法（2020）》实施后，法院是否可以根据"符合作品特征的其他智力成果"这一规定，直接将某种新类型表达认定为作品？虽然法律对此未予明确，但理论界及立法主持者均给出了否定的答案。理论上，有观点认为，由于作品类型兜底条款没有规定其他具体限制性要件，新类型表达依据该条款只需要满足作品的构成要件即可被认定为作品，相当于降低了能认定为著作权客体的门槛，因此不能将"符合作品特征"作为认定作品的唯一依据。❶ 类似观点提出，即使《著作权法（2020）》将作品类型的立法模式从封闭改为开放，但作品定义条款依旧是判定某一新类型表达是否构成著作权法意义上的作品的首要标准（而非唯一标准），故而对具体类型化作品之外的新类型表达进行作品适格性认定时，作品属性的认定是第一位的。这涉及了是否对新类型表达保护的原则性问题。❷

　　换而言之，适用作品定义条款仅能够解决某一新类型表达是否能够纳入《著作权法（2020）》保护范围的问题，法官在司法实践中对某一新类型表达进行作品适格性认定时，需要以作品定义条款所规定的四项构成要件为标准，对该新类型表达进行要件拆分，审视其是否符合四项构成要件，即：是否属于文学、艺术和科学领域；是否属于智力成果；是否为自己独立创作完成而非从别人的作品中抄袭而来；是否能以文字、声音、动作等一定的

---

❶ 叶赟葆，林岑珉. 作品类型开放模式下如何认定作品 [J]. 南都学坛，2021，41（3）：76-82.

❷ 卢纯昕. 法定作品类型外新型创作物的著作权认定研究 [J]. 政治与法律，2021（5）：150-160.

外在表现形式将其无形的思想表达出来，使他人能够通过感官感知其存在。❶ 通过以上对作品构成要件的分析，如若该新类型表达完全符合作品构成要件的要求，就意味着该新类型表达符合著作权法保护的作品的特征，具备能够被评价为著作权法意义上的作品的资格条件。此外，还需要将该新类型表达与著作权法排除保护对象条款❷规定的情形进行一一比对，判定其是否属于著作权法不予保护的对象。对于那些不符合作品定义构成要件的或者属于排除对象条款规定情形的新类型表达，可以确定其并非著作权法需要保护的对象，对其如何进行保护并不是著作权法所需要考虑的问题。也就是说，即使新类型表达符合作品的一般定义，亦并不能径行根据《著作权法（2020）》第 3 条第 9 项的规定将其认定为"符合作品特征的其他智力成果"，而是还要将其与已经明确列举的 8 种有名例示类型作品逐一进行匹配，看其能否被纳入到例示类型作品中。

这一点在学界也基本形成了共识。例如，有观点提出，对符合作品一般构成要件的新类型作品提供救济时，首先，应当根据其表达形式进行类比推理，与法定类型作品对号入座；其次，当该表达不能实现完全类比并归入法定作品类型时，应以文义解释、体系解释、目的解释等方式实现涵摄；最后，若特定表达完全超出法定作品类型的内涵与外延范围时，司法者在明确将该特

---

❶ 黄薇，王雷鸣. 中华人民共和国著作权法导读与释义 [M]. 北京：中国民主法制出版社，2021.

❷ 《著作权法（2020）》第 5 条规定："本法不适用于：（一）法律、法规，国家机关的决议、决定、命令和其他具有立法、行政、司法性质的文件，及其官方正式译文；（二）单纯事实消息；（三）历法、通用数表、通用表格和公式。"

定表达排除出法定"有名作品"类型的前提下，才能解释适用
"符合作品特征的其他智力成果"条款。❶作品类型的划分，不仅
与权利设计、权利归属安排有关，还可能影响对作品的具体保
护，包括对作品独创性的认定、独创性表达与公有领域的划分以
及侵权比对方法的适用。因此，在实践中，一般需要根据当事人
的主张对原告请求保护的客体是否构成作品，以及属于何种作品
类型作出认定。通常需要从两个角度衡量：一是共性因素；二是
个性因素。❷为充分发挥著作权规范的体系效应，应当在审判实
践中精准识别诉争作品属于哪一类具体作品，这就要求对诉争客
体是否属于已经列举的有名作品形式作出判断，而且应当尽可能
将诉争客体归入有名的作品形式，从而适用著作权法对于不同类
型作品量身定制的特殊权利配置规则、权利归属规则、限制例外
规则、保护期规则等，以充分发挥其规范功能。只有在诉争客体
确实无法归入有名作品形式时才考虑适用兜底条款。司法实践应
该将诉请保护的作品优先纳入例示类型作品，适用例示类型作品
已经形成的独创性判断标准以及思想与表达划界的裁判方法，以
有效地识别其是否符合著作权保护的前提条件。司法实践中在判
断主张保护的对象是否应受著作权保护时，应该优先将其归于
《著作权法（2020）》第 3 条的例示类型作品。除非诉请保护之
作品无法归类于例示类型作品，才适用兜底项即"符合作品特征

---

❶　李婷. 新作品类型著作权保护路径：兼评 2020 年《著作权法》第三条 [J]. 中
　　国版权，2021（3）：35 – 41.
❷　苏志甫. 著作权司法保护中特定类型作品的认定：基于实践争议问题的分析
　　[J]. 中国版权，2020（2）：71 – 74.

的其他智力成果"的非例示类型作品予以裁判。❶ 司法实践中确定涉案客体是否构成作品时，既要考虑该客体是否符合作品的一般定义，也要考虑该作品是否符合特定类型作品的表现形式，特别是《著作权法》中已经明确列举的"典型"作品类型。❷ 每一类作品除符合作品的要件外，还具有该类作品的特殊要件，只有在满足某类型作品的特殊要件后，才能真正获得《著作权法》的保护。❸ 对特定类型作品的认定，应同时符合《著作权法实施条例》第 2 条（共性因素、一般规定）和第 4 条（个性因素、特别规定）关于相应类型作品定义的规定。❹

立法主持者也认为，在具体适用兜底条款时，应当首先判断该智力成果能否纳入《著作权法（2020）》第 3 条前 8 项规定的作品类型中，只有前 8 项规定的作品类型难以涵盖该智力成果时，才能适用第 9 项规定进行判断。❺ 有观点将《著作权法（2020）》规定的"8 + 1"作品类型比作 9 个抽屉，当出现新类型表达时，先要寻找与前 8 个抽屉最为符合的特质，尽量放在前 8 个抽屉里，非必要不启动第 9 个抽屉，若确实不能放入前 8 个抽屉则可以谨慎放入第 9 个抽屉。④还有观点指出，审判中精确识

❶ 刘铁光. 非例示类型作品与例示类型作品之间的司法适用关系 [J]. 法学评论，2023，41（4）：77 – 88.
❷ 杨柏勇，北京市高级人民法院知识产权庭. 著作权法原理解读与审判实务 [M]. 北京：法律出版社，2021.
❸ 杨柏勇，北京市高级人民法院知识产权庭. 著作权法原理解读与审判实务 [M]. 北京：法律出版社，2021.
❹ 苏志甫. 著作权司法保护中特定类型作品的认定：基于实践争议问题的分析 [J]. 中国版权，2020（2）：71 – 74.
❺ 石宏.《著作权法》第三次修改的重要内容及价值考量 [J]. 知识产权，2021（2）：3 – 17.

别作品类型，是充分发挥规范功能的前提，同时也能够防止裁判者为论证便利而向兜底条款逃逸，导致兜底条款被滥用。● 因此在适用作品类型兜底条款时，将待认定的新类型表达与法定类型作品进行匹配是适用兜底条款的必经步骤，这也是作品类型开放模式下法定类型作品的规范意义所在。

（2）符合特定类型作品的独创性要求是该类作品可版权性的必要条件

作品类型是权利主张的基础。对于当事人主张权利客体为作品时，法院应当要求当事人明确具体属于《著作权法（2020）》第 3 条规定的哪类作品。● 不同类型作品的独创性角度各不相同，明确作品类型对于认定作品与否密切相关，● 而例示类型作品为作品的独创性判断提供了具体指引。

首先，独创性的判断与创作空间和创作自由密不可分，而不同类型作品具有不同的创作空间和创作自由。"对于是否有创作空间和创作自由的考虑，需要根据作品类型、创作规律、诉争作品的特点、创作方法等各种因素进行判断；故不同类型的作品独创性的表现是不同的，因此对于独创性的判断通常要结合作品的类型，而非仅根据抽象的独创性概念。"⑧ 如西班牙著名著作权法学者德里娅·利普希克所言："一部作品的独创性问题是一个应结合具体实际加以考虑的问题。不能以同一种方式来估价所有作

● 李自柱. 作品类型开放条款的司法适用 [J]. 中国版权，2021（3）：89 - 93.

● 杨柏勇，北京市高级人民法院知识产权庭. 著作权法原理解读与审判实务 [M]. 北京：法律出版社，2021.

● 利普希克. 著作权与邻接权 [M]. 联合国，译. 北京：中国对外翻译出版公司，2000.

品的独创性：独创性的标准会因所涉及的是科技作品还是虚构的文字作品、是民间音乐乐曲还是交响乐作品、是原作还是演绎作品而有所不同。"

其次，不同类型作品的独创性表现形式不同。作品主要是根据表现形式和传播利用方式分类的，不同作品类型的独创性不同，比如文字作品的独创性在于通过文字的选择、组合及排列表达具体的思想，美术作品是通过线条、色彩等的搭配表达美感，音乐作品是通过旋律、节奏、音调等的组合变化表达情绪和氛围，摄影作品的独创性在于角度、光影等的选择安排上，视听作品是通过连续画面整体的拍摄、选择、安排、衔接和编排等体现独创性，口述作品以口头语言表达体现独创性，曲艺作品以说唱为主体现独创性，舞蹈作品以连续的动作、姿势、表情体现独创性，杂技艺术作品以形体动作和技巧体现独创性，建筑作品以建筑物或者构筑物的形式体现独创性。

再次，不同类型作品的独创性"关注点"不同。例如，在"水韵园林公司与泰和通公司、华联公司等工程设计图著作权侵权纠纷案"中，法院就认为，"作品的独创性应当体现在构成工程设计图作品的点、线、面及各种几何图形所传递的科学美感，与图形所描绘的施工方案等无关。工程设计图是否具有独创性，应当从图形本身是否被独立创作完成以及是否体现了创作者的智力判断和选择方面进行判断，而不是从其中所体现的技术方案是否优劣、能否据此施工等方面进行判断。"❶ 视听作品（类电作

---

❶ 参见：北京市朝阳区人民法院（2015）朝民（知）初字第 22682 号民事判决书。

品）独创性体现在镜头技巧、蒙太奇手法和剪辑手法，以及机位的拍摄角度，镜头的切换，拍摄场景，对象的选择，拍摄画面的选取、剪辑、编排以及画外解说等连续画面整体的拍摄、选择、安排、衔接和编排等层面，与画面中所蕴含的情节等内容无关。

最后，不同类型作品的独创性标准不同。在"乐高公司诉广东小白龙动漫玩具实业有限公司著作权侵权纠纷申请再审案"的裁定中，最高人民法院认为："独创性是一个需要根据具体事实加以判断的问题，不存在适用于所有作品的统一标准。实际上，不同种类作品对独创性的要求不尽相同。"❶ 根据不同的作品类型，德国法院在司法实践中又创设了"小铜币"理论，对于不同作品的创作高度采取不同程度的要求，文学、科学作品要求较高的创作高度，而电脑程序等则适用"小铜币"理论，即适当的创作高度。德国就为目录清单、艺术再造、菜单、电话号码簿、普通的计算机程序、数据库等创立了"小硬币厚度"的独创性判定标准。❷不同类型作品的独创性要求之所以有别，是因为不同类型作品的独创性表达方式不同。实际上，由于不同类型作品的独创性表达之间可能存在着实质性差异（这也进一步解释了根据一幅美术作品的艺术灵感创作出一首音乐作品，何以很难认定为改编侵权行为），很多情况下在不同类型作品之间难以比较并判断出哪一类作品更具独创性。❸

---

❶ 参见：最高人民法院（2013）民申字第 1262 号民事裁定书。

❷ 雷炳德. 著作权法［M］. 张恩民，译. 北京：法律出版社，2004.

❸ 李劢，苏志甫，李杨，等. 从一起北高再审案谈体育赛事节目著作权保护［J］. 中国版权，2020（6）：89.

以美术作品为例，《著作权法实施条例》第4条第8项规定："美术作品，是指绘画、书法、雕塑等以线条、色彩或者其他方式构成的有审美意义的平面或者立体的造型艺术作品"。该规定包含了"有审美意义"和"艺术"的要求。据此有观点认为，只有具有美感的艺术性表达才可能构成美术作品，这是美术作品区分于其他智力成果的根本特征。❶ 立法参与者也提出："美术作品是指通过视觉给人以美感的作品，通常包括绘画、书法、雕塑、工艺美术等。"❷ 最高人民法院也认为："不同种类作品对独创性的要求不尽相同。对于美术作品而言，其独创性要求体现作者在美学领域的独特创造力和观念。"❸

甚至在同一种类型作品内部，亦可能因具体类型不同而使得独创性的要求存在差别。例如同为美术作品的实用艺术作品，就比一般的美术作品在"审美意义"和"艺术"方面有更高的要求。司法实践中，多数法院坚持了这一认识："实用艺术品与绘画、雕塑等其他典型的美术作品相比，其更偏重于实用功能的特性使得在认定其是否构成美术作品的标准方面存在特殊之处。"❹ "对于同时具有实用功能和一定美感的背包，可以认定为通常所称的实用艺术品，当其使用功能与艺术美感能够相互独立，且艺术设计部分达到一定水准的创作高度时，具有美感的立体造型可

❶ 王迁. 著作权法 [M]. 北京：中国人民大学出版社，2015.
❷ 黄薇，王雷鸣. 中华人民共和国著作权法导读与释义 [M]. 北京：中国民主法制出版社，2021.
❸ 参见：最高人民法院（2012）民申字第1392号民事裁定书。
❹ 参见：广州知识产权法院（2021）粤73民终4650号民事判决书。

以作为美术作品获得著作权法保护。"❶ "实用艺术作品应具有一定的艺术创作程度，这种创作程度至少应使一般公众足以将其看作是艺术品。"❷ 实用艺术品应当达到较高水准的艺术创作高度。理由是具有一定美感的实用艺术品还可能获得外观设计专利权的保护，由于外观设计专利权保护的条件高于著作权保护的条件，并且期限更短，因此如果对美感较低的实用品都给予著作权保护，设计者将不再有动力去申请外观设计专利权，导致外观设计专利权的制度设计落空。❸

在"深圳市都市之森创意生活用品有限公司与广州甲丁贸易有限公司、广州诺米品牌管理有限公司著作权侵权纠纷案"中，一审法院认为："作为美术作品保护与作为外观设计专利保护是不一样的，两者在权利取得、保护范围、有效期限等方面都存在重要区别：前者自动取得，后者须经国家审核授权才能取得；后者保护范围限于相同或类似产品上相同或近似外观设计，前者无此限制；前者有效期为作者生平加五十年，后者仅为十年。如果我们在实用艺术作品独创性要件判断上过于宽松，将导致无人愿意申请外观设计专利，进而导致专利法相关制度形同虚设。所以，也有必要严格审查作为美术作品保护的实用艺术作品独创性要件。"❹ 在"英特宜家系统有限公司与台州市中天塑业有限公司著作权纠纷案"中，上海市第二中级人民法院认为："根据我

❶ 参见：广州知识产权法院（2021）粤73民终4650号民事判决书。
❷ 参见：北京市高级人民法院（2002）高民终字第279号民事判决书。
❸ 王迁. 著作权法 [M]. 北京：中国人民大学出版社，2015.
❹ 一审参见：广州市海珠区人民法院（2020）粤0105民初27959号民事判决书；
二审参见：广州知识产权法院（2021）粤73民终4650号民事判决书。

国著作权法的相关规定，实用艺术作品归属于美术作品范畴而受到著作权法的保护。因此，实用艺术作品的艺术性必须满足美术作品对于作品艺术性的最低要求，才能够获得著作权法的保护。"❶ 在"无锡市海谊工艺雕刻公司与李嘉善著作权侵权纠纷案"中，二审法院认为："实用艺术作品不仅应具备作品的独创性和可复制性，还应当具备作为美术作品所享有的因审美意义而产生的艺术性，以及因其实际使用价值而产生的实用性。"❷

  除了实用艺术作品的艺术性比一般的美术作品有更高的要求外，艺术性与实用性能够分离也是实用艺术作品独创性的独有特点。在"中融公司与左上明舍公司著作权侵权纠纷案"中，最高人民法院指出："作为美术作品受著作权法保护的实用艺术品，除同时满足关于作品的一般构成要件及其美术作品的特殊构成要件外，还应满足其实用性与艺术性可以相互分离的条件：两者在物理上可以相互分离，即具备实用功能的实用性与体现艺术美感的艺术性可以物理上相互拆分并单独存在；两者在观念上可以相互分离，即改动实用艺术品中的艺术性，不会导致其实用功能的实质丧失。"❸ 在"深圳三菱文具与三菱铅笔株式会社上诉案"中，上海市第一中级人民法院认为："实用艺术品受我国著作权法保护须具备几个条件：第一，其实用功能和艺术美感能够相互独立，即实用艺术品中的艺术成分能够在物理上或观念上独立于

---

❶ 参见：上海市第二中级人民法院（2008）沪二中民五（知）初字第 187 号民事判决书。该案同时被登载于最高人民法院公报（2010 年第 7 期）。

❷ 参见：江苏省高级人民法院（2007）苏民三终字第 0115 号民事判决书。

❸ 苏志甫.著作权司法保护中特定类型作品的认定：基于实践争议问题的分析[J].中国版权，2020（2）：71 - 74.

其使用功能而存在。第二，能够独立存在的艺术设计具有独创性。第三，实用艺术品应当达到较高水准的艺术创作高度，即具备美术作品应当具备的艺术高度。"❶

（3）不同类型作品在著作权法上具有不同的权利配置

作品的分类不仅仅是一种形式，著作权法是以作品为基础构建权利。❷ 一部作品如何分类具有重要的法律意义，尤其是对著作权人专有权的范围而言。不同类型的作品享有的权项并不完全相同，作品类型的确定也与权利范围的认定紧密相连。❸ 诸多国家著作权法都对不同类型的作品赋予不同的权利。比如，《德国著作权法》只对未发表的美术作品与摄影作品原件或复制件赋予展览权。《日本著作权法》为未发表的美术作品赋予展览权，为电影作品赋予放映权。《美国版权法》中录音制品的权利人不享有表演权，只有非戏剧音乐作品的复制与发行才受该法第 115 条机械录制的限制。我国《著作权法（2020）》同样如此，例如展览权仅适用于美术作品、摄影作品；出租权仅适用于视听作品、计算机软件和录音制品，图书作品则不享有；放映权仅适用于视听作品、美术作品、摄影作品。这一针对不同类型作品的权利配置对于当事人选择以何种作品作为保护模式影响甚大。例如，对于网络游戏画面作品，选择以视听作品（类电作品）作为保护

---

❶ 参见：上海市第一中级人民法院（2013）沪一中民五（知）终字第 170 号民事判决书。

❷ LEAFFER M A. Understanding copyright law ［M］. 6th ed. New Providence：Matthew Bender & Co.，2014：172.

❸ 杨柏勇，北京市高级人民法院知识产权庭. 著作权法原理解读与审判实务 ［M］. 北京：法律出版社，2021.

模式与选择以计算机程序作为保护模式在权利配置上就有很大不同：如果以计算机程序模式保护网络游戏画面，则仅享有 9 项权利，而无保护作品完整权、表演权、放映权、展览权、广播权、摄制权、改编权、汇编权等；而如果以视听作品（类电作品）模式保护网络游戏画面，则可以享有《著作权法》规定的所有 17 项权利。

再例如，表演权只限于特定客体——非文学艺术类作品。在"胡明方等与曹文志等《马帮茶道系列活动策划实施方案》著作权侵权纠纷案"中，法院认为："表演权中的表演活动所指向的作品，应该是内容可供表演的文学艺术类作品，如剧本、舞蹈等，而非文学艺术类作品的内容是不可能进行表演的，因此，此类作品（《马帮茶道系列活动策划实施性方案》属于文字作品中的非文学艺术类作品）不应成为表演活动所指向的作品，其著作权人不可能实施表演活动，亦不能主张表演权。"❶ 在"广东原创动力文化传播有限公司与群光实业（武汉）有限公司侵害著作权纠纷案"中，原告认为被告安排其工作人员利用服装道具装扮成动物形象从事商业宣传的行为，侵犯了原告对于"喜羊羊"等系列美术作品的表演权，法院认为："表演应是一种创造性活动，正是通过这种创造性活动，使公众以另外一种感知方式感受到作品的思想表达。……然而，美术作品的通常表现形式及作品内容均是通过视觉被直接感知的。虽然在视觉感知美术作品之外，公众同样可以通过对于美术作品的文字描述或者以其他艺术

---

❶ 参见：云南省昆明市中级人民法院（2005）昆民六初字第 64 号民事判决书。

手段表现美术作品思想内容的方式，间接获取对美术作品的了解，但这些视觉直接感知之外的其他方式，均不是对美术作品的感知，而是对新产生的文字等其他类型作品的感知。因此美术作品通常很难以公众普遍认可的'表演'方式被公众直接感知或欣赏。本案中，虽然被告将原告美术作品的立体复制件动作化，但对公众而言，公众感知的仍旧是美术作品的线条、图案，作品本身并未得到上述感知方式以外的其他形式的再现。基于上述理由，对于原告指控被告在宣传和实施'群光6周年 欢乐喜洋洋'系列活动中侵犯其美术作品表演权的指控，本院不予支持。"❶

（4）不同类型作品在著作权法上具有不同的权利保护规则

在著作权法上，作品类型并非孤立存在，特定作品种类往往与作品的保护密切相关，即不同作品的权利内容、保护期限是有区别的。作品类型的确定与作品受保护的范围和程度息息相关。❷ 例如，同样是以线条、色彩作为表达要素的智力成果，在被认定为图形作品和美术作品时保护的范围就大有不同，后者可以控制从平面到立体的复制行为，而前者不能。在"上海锦禾防护用品有限公司等与顾菁等著作权侵权纠纷案"中，法院认为："著作权法关于复制的含义应当包括对作品从平面到立体的复制。但是，从平面到立体的复制，仅指美学或艺术表述部分的复制。一般的有独创性但不具备美感的设计图，只能作为图形作品予以保护。按照这种设计图进行施工或制造产品，不涉及美学或艺术

---

❶ 参见：湖北省武汉市中级人民法院（2010）武知初字第66号民事判决书。

❷ 徐俊. 文创产业与版权保护：产权激励视角下的版权司法保护进路［J］. 中国版权，2020（6）：81－85.

表述的复制，不属于著作权法意义上的复制……在本案中被告即使按照设计图生产成衣服装也并不构成著作权法意义上的复制。"❶ 对于影视截图的不同定性也会影响权利保护：如果将影视截图认定为视听作品，其保护期限为 50 年；如果认定为摄影作品，其保护期限为作者有生之年加死后 50 年。

（5）不同类型作品具有不同的著作权归属

作品类型的不同会影响著作权人的确定。仍以影视截图为例，当前司法实践中对于影视截图的作品类型存在"视听作品组成部分说"和"独立摄影作品说"两种观点。"视听作品组成部分说"认为，单帧的影视截图虽然具有摄影作品的外观，但实质上仍然是视听作品的一部分，因此在作品类型上属于视听作品。例如在"《产科医生》案"中，诉争侵权行为是被告在评论电视剧《产科医生》时使用了该剧的截图。法院在认定截图的作品属性时认为，"就截图而言，影视作品作为一种前后连贯的视听作品，表现为有伴音或无伴音的连续动态画面，该连续的动态画面是由一帧一帧的静态画面所组成，本案所涉截图，即系从连续动态画面中截取出来的一帧静态画面，从本质上来说，该静态画面是影视作品连贯画面的组成部分，而非与之相独立的摄影作品。"❷ 在"《大军师司马懿之军师联盟》案"中，法院认为："涉案剧集是连续动态的影视画面，而涉案网络图片集是静态图片，虽然两者表现形式不同，但并不意味着改变了类电作品的形态就不存在提供作品的行为。而且根据现有制作技术，流动画面

---

❶ 参见：上海市浦东新区人民法院（2005）浦民三（知）初字第 53 号民事判决书。
❷ 参见：北京市朝阳区人民法院（2017）京 0105 民初第 10028 号民事判决书。

的类电作品的实质，是静止画面的集合和连续播放，类电作品中一帧帧的画面亦应是该作品的组成部分。"❶

　　独立摄影作品说认为，虽然单帧的影视截图来自视听作品，但是由于其并非连续动态画面，而是单独的静态图片，因此在作品类型上属于摄影作品。在"《小丈夫》案"中，诉争侵权行为是被告在网店销售《小丈夫》电视剧中同款商品时使用该剧的截图。法院在认定截图的属性时认为："就本案所涉的该电视剧中画面截图而言，首先，电视剧作为一种以类似摄制电影的方法创作的作品，其独创性固然体现在动态图像上，但动态图像在本质上是由逐帧静态图像构成。易言之，各帧静态图像虽不是静态拍摄完成，但也体现了摄录者对构图、光线等创作要素的选择与安排，体现出了独创性。鉴于电视剧属于在特定介质上对物体形象的记录，当其特定帧图像所体现出的独创性达到著作权法所要求的高度时，该图像便符合著作权法及其实施条例关于作品和摄影作品的构成要件的规定。鉴于涉案电视剧特定帧画面达到了著作权法所要求的独创性高度，本院认为其符合我国著作权法关于作品要件的规定，属于摄影作品。"❷

　　上述将视听作品截图认定为不同作品类型将直接影响其著作权人的确定：如果认定为摄影作品，则视听作品截图的著作权人为单帧截图的拍摄者；如果认定为视听作品，则视听作品截图的

---

❶　参见：北京知识产权法院（2020）京 73 民终第 187 号民事判决书。
❷　杭州铁路运输法院（2017）浙 8601 民初 2296 号民事判决书。司法实践中，浙江［（2019）浙 0192 民初 9631 号］、广东［（2018）粤 73 民终 2169 号］、江苏［（2019）苏 13 民初 326 号］都有法院持有类似的观点。

著作权人为制作者。因此区分作品类型对于相应作品的著作权归属具有重要意义。

（6）不同类型作品在著作权法上具有不同的权利限制规则

在我国现行《著作权法》中，权利限制规则分为法定许可和合理使用，但这些限制规则并非无差别地适用于所有作品类型，不同的法定许可和合理使用对所适用的作品类型都有严格限制。首先，就法定许可而言，教科书编写出版法定许可仅适用于文字作品、音乐作品、美术作品、摄影作品、图形作品，其他类型作品则不适用于此种法定许可。制作录音制品法定许可仅限于"已经合法录制为录音制品的音乐作品"，文字作品并不适用此种法定许可。报刊转载法定许可仅限于文字作品，不包括美术作品、摄影作品、音乐作品。其次，就合理使用而言，媒体相互间的刊登或者播放合理使用仅限于文字作品；媒体公开讲话合理使用仅限于口述作品或者文字作品；少数民族合理使用仅限于文字作品。最后，不同作品类型对合理使用的成立也具有影响，例如如果将视听作品的截图认定为电影作品则更容易构成合理使用，而认定为摄影作品较难构成合理使用。

（7）不同类型作品在著作权法上具有不同的侵权比对方法

对于实质性相似的判断，需要结合作品类型进行，不同类型作品的侵权认定比对方法不同。例如将网络游戏画面认定为计算机程序与将其认定为视听作品就具有截然不同的比对方法：计算机软件是指计算机程序及其有关文档，前者表现为代码化指令序列，后者表现为程序设计说明书、流程图、用户手册等；而视听作品是由图、文、声、像有机结合形成的动态连续画面，两者的表达形式截然不同。由于表达形式不同，在认定计算机程序侵权与视听作品侵权时适用的也是完全不同的比对规则，前者比对的是以代码化指令序列体现的源代码或目标代码，后者比对的是以图、文、声、像形式呈现的整体视听效果。表达形式的迥异使计算机程序和视听作品无法进行直接比对。

（8）不同类型作品在刑法上具有不同的犯罪构成意义

2020 年 12 月 26 日，第十三届全国人民代表大会常务委员会第二十四次会议通过《刑法修正案（十一）》，该修正案自 2021 年 3 月 1 日起施行。《刑法修正案（十一）》第 20 条对《刑法》第 217 条规定的"侵犯著作权罪"进行了修改。修正后的《刑法》第 217 条规定："以营利为目的，有下列侵犯著作权或者与著作权有关的权利的情形之一，违法所得数额较大或者有其他严重情节的，处三年以下有期徒刑，并处或者单处罚金；违法所得数额巨大或者有其他特别严重情节的，处三年以上十年以下有期徒刑，并处罚金：（一）未经著作权人许可，复制发行、通过信息网络向公众传播其文字作品、音乐、美术、视听作品、计算机软件及法律、行政法规规定的其他作品的；……"由该规定可知，并不是未经许可复制发行、通过信息网络向公众传播所有类型的作品都会构成侵犯著作权罪，只有未经许可复制发行、通过信息网络向公众传播六类作品才会构成侵犯著作权罪。这六类作品是文字作品、音乐作品、美术作品、视听作品、计算机软件及法律、行政法规规定的其他作品。因此根据例示类型作品的特别构成要件对案涉作品进行匹配，将符合特定类型作品的要求归入某类作品中，有助于厘清著作权犯罪中罪与非罪的界限。

（二）解释论视角下视听作品（类电作品）的规范构造

1. 视听作品（类电作品）构成要件的解释进路选择

在技术发展日新月异的今天，法院在认定某一表达是否属于视听作品（类电作品）时，是否应当坚持视听作品（类电作品）的法定构成要件？对于这一问题，理论与司法实践中存在着形式主义和实质主义（或者称为"功能主义"）两种解释进路。

形式主义解释论主张，法官在具体案件裁量时应严格按照法定作品类型认定作品，其不能也无权创设法律没有明文规定的作品类型，更不能随意解释某一具体作品类型的构成要件，游戏画面只有符合视听作品（类电作品）的法定构成要件才能够被认定为视听作品（类电作品）。❶ 因形式主义解释论主张应恪守法条文义解释法律，因此也属于法教义学解释方法。实质主义解释论则认为，在技术发展日新月异而修法和立法进程相当缓慢的当下，盲目地固守形式主义，不仅将阻碍产业发展与创新社会的建立，也会影响人们对法治社会的功能性期待。❷ 依此路径，在认定某一智力表达是否构成视听作品（类电作品）时不必严守"摄制在一定介质上"这一制作方式和存在形态的要求，而应当

---

❶ 这里的形式主义解释针对的是权利客体，有论者将形式主义解释运用于民事权利的解释，提出了权利保护的形式主义解释方法，即只有民事法律明确以"权"字命名的才是权利，其他都是单纯的利益保护问题。参见：方新军. 权利保护的形式主义解释方法及其意义 [J]. 中国法律评论，2020（3）：62–73.

❷ 万勇. 功能主义解释论视野下的"电影作品"：兼评凤凰网案二审判决 [J]. 现代法学，2018，40（5）：95–104.

从实际结果或者效果出发，只要在表现形式上与视听作品（类电作品）相同就可认定为视听作品（类电作品）。

值得注意的是，在面对上述两种解释进路的选择中，"《梦幻西游》案"的判决表现出了一定程度的"纠结"甚至有些"矛盾"，具体表现在以下三个方面。

其一，判决认为，从鼓励创作的角度考虑，任何文学、艺术和科学领域的新探索都是值得鼓励的，不必要求人们按照法定类型创作作品，如果一种新类型表达符合作品一般构成要件，立法上亦未明确排除或作特别规定，不能仅因为难以归入"有名"作品类型就拒绝提供著作权保护。❶ 判决的这一论述体现了实质主义解释立场，因为根据司法审判的"最低限度原则"，在个案审判中法官应仅针对本案需要进行说理，尽量避免宽泛规则和抽象说理，对与案件无直接关联的内容一般不予涉及。❷ 由此而言，判决的每一句说理应有的放矢，即有针对性地为判决结论服务。据此，上述说理应该是为将游戏画面认定为法定类型之外的"其他作品"或者"游戏作品"而铺陈的，否则这些论述有违"最低限度原则"。但该判决并未在法定作品类型之外另辟蹊径，而是认为涉案游戏画面符合视听作品（类电作品）的要求，可以归入视听作品（类电作品）范畴。这一认定结论又体现了形式主义解释立场，因为其最终还是将游戏画面纳入了法定作品类

---

❶ 参见：广东省高级人民法院（2018）粤民终 137 号民事判决书。该案终审判决在本书中多次引用，为行文简洁，后文在提及"《梦幻西游》案"时如未作特别说明，其内容均来自该判决书。

❷ 参见：陕西省西安市中级人民法院（2019）陕 01 民终 8329 号民事判决书。

型中，由此出现了在判决说理上否定作品类型法定而在判决结论上遵循作品类型法定的"纠结"和"矛盾"。

其二，判决认为，只要某种可复制的独创性表达以类似摄制电影的方法表现并满足"由一系列有伴音或者无伴音的画面组成"的要求，即可认定为视听作品（类电作品）。这一论述试图通过将以类似摄制电影的方法"创作"，解释为以类似摄制电影的方法"表现"并忽略"摄制在一定介质上"要件，从而将视听作品（类电作品）的构成要件简化为"由一系列有伴音或者无伴音的画面组成"这一唯一要件，体现了实质主义解释立场。根据"最低限度原则"，判决的这一说理应为结论服务，即在认定游戏画面是否构成视听作品（类电作品）时，似乎只应考虑是否符合"由一系列有伴音或者无伴音的画面组成"即可，而无须再论证是否符合其他构成要件。但是，该判决仍然详细分析了"摄制在一定介质上"的内涵，并在此基础上认为游戏画面以各种游戏素材的形式已经固定在计算机或其他设备中，因而符合"摄制在一定介质上"的要求从而构成视听作品（类电作品）。这一认定结论又体现了形式主义解释立场，由此出现了对于视听作品（类电作品）的构成要件在判决说理上否定"摄制在一定介质上"要件，而在判决结论中又坚持"摄制在一定介质上"要件的"纠结"和"矛盾"。

其三，判决认为，涉案游戏画面客观上存在与一般视听作品（类电作品）的差异，但这不构成排斥对其进行著作权法保护的充分理由，应可类推适用与游戏画面特点最为接近的作品类型的相应规则进行判定。根据"最低限度原则"，判决的这一说理应为结论服务，即接下来采用类推方法似乎成为顺理成章的事情，但该判决结果并未适用类推方法，而是将游戏画面直接认定为视听作品（类电作品），由此出现了对于游戏画面的保护模式在判决说理上主张类推适用，而在判决结论上又否定类推适用的"纠结"和"矛盾"。

由此看来，在司法实践中应采取何种解释路径以准确适用法律，是面对游戏画面著作权纠纷时应予重视并亟待解决的问题。与立法论将关注点聚焦于对现行制度进行价值判断旨在通过法律的修改废立以优化现行制度不同，解释论将注意力聚焦于对现行法律进行事实判断旨在通过对法律条文的准确适用以妥当解决特定具体法律纠纷。强调这一立场至关重要，因为在当前关于视听作品（类电作品）构成要件的讨论中，似乎有以立法论代替解释论的现象，即从理论上认为视听作品（类电作品）的构成要件难以适应技术发展的要求，从而提出法官在审理具体案件时不必考虑视听作品（类电作品）"摄制在一定介质上"这一法定要求。事实上，对视听作品（类电作品）构成要件的利弊评价是基于应然立场之上的立法论视角，而对现行法律关于视听作品（类电作品）的定义中是否包含"摄制在一定介质上"这一要求的判断是基于实然立场之上的解释论视角，前者属于价值判断，后者属于事实判断。无论从立法论上如何评价视听作品（类电作品）的定义，如果法律在视听作品（类电作品）构成要件的规定中包含了"摄制在一定介质上"这一要件，作为法律适用者的法官就应当接受这一规定的约束，而不可无视、绕开甚至自行改变法律的具体要求。这是立法权与司法权界分的应有之义，由此也决定了对法条文义的尊重是法律解释的第一原则，否则司法权可以轻易地僭越立法权。❶ 质言之，法官必须"依法裁判"，这里的"法"是指能够直接作为裁判依据写进判决书里的实定法中的每一句话每一个字，而不是法律文本背后的某种理论、学说或者见仁见智的立法本意甚至抽象的立法价值或目标。由此而言，按照法条文义解释法律的形式主义解释应是成文法体系下法官适用法律所应采取的当然解释方法，应当"捍卫法条主义"。❷ 对此，即使是持实质主义解释立场的论者也认为，在进行功能主义解释时，必须建立在对法律文本的法解释学基础上，不能突破基本的著作权法原理。❸

2. 形式解释论视角下视听作品（类电作品）的规范构造

网络游戏整体连续动态画面本身具有不同于游戏软件和游戏构成元素的独创性，并能以一定形式表现，因而符合作品的一般构成要件。❹ 对于游戏画面是否符合视听作品（类电作品）的特别要件从而可以归入视听作品（类电作品）的范畴则存有争议，由此引发如何解释和适用视听作品（类电作品）的法定构成要件问题。对此应首先立足于形式解释方法对视听作品（类电作

---

❶ 赞德. 英国法：议会立法、法条解释、先例原则及法律改革 [M]. 6 版. 江辉，译. 北京：中国法制出版社，2014.

❷ 王国龙. 捍卫法条主义 [J]. 法律科学（西北政法大学学报），2011，29（4）：40 – 51.

❸ 万勇. 功能主义解释论视野下的"电影作品"：兼评凤凰网案二审判决 [J]. 现代法学，2018，40（5）：95 – 104.

❹ 焦和平. 网络游戏在线直播画面的作品属性再研究 [J]. 当代法学，2018，32（5）：77 – 88.

品）的规范构造从法教义学视角进行解构。根据《著作权法实施条例》的规定，"电影作品和以类似摄制电影的方法创作的作品"是指摄制在一定介质上，由一系列有伴音或者无伴音的画面组成，并且借助适当装置放映或者以其他方式传播的作品。❶ 由此可以将视听作品（类电作品）的规范构造从以下几个方面予以解构。

一是创作方法为"摄制"。之所以将"摄制"作为视听作品（类电作品）的创作方法要件，是因为《著作权法实施条例》在定义视听作品（类电作品）时明确使用了"创作"（以类似摄制电影的方法"创作"）这一表述，这是文义解释应有之义。将"摄制"解释为视听作品（类电作品）的"创作方法"要件在近些年的司法实践中也得到了体现。如在我国首例将游戏画面认定为视听作品（类电作品）的案件"《奇迹 MU》案"中，法院指出，"以类似摄制电影的方法创作，应是对创作方法的规定"。❷ 值得注意的是，有反对观点认为，这使得非以摄制而以其他方式制作的电影难以作为电影作品受到法律保护，比如一些不需要用摄像机而只需要用电脑制作的动画电影和科幻电影显然不符合我国电影作品概念中"摄制"的要件。❸ 笔者以为，这应当是如何解释"摄制"涵摄范围的问题，而不应在法律有明文规定的情形

---

❶ 《著作权法实施条例》第 4 条第 11 项规定："电影作品和以类似摄制电影的方法创作的作品，是指摄制在一定介质上，由一系列有伴音或者无伴音的画面组成，并且借助适当装置放映或者以其他方式传播的作品"。

❷ 参见：上海市浦东新区人民法院（2015）浦民三（知）初字第 529 号民事判决书。

❸ 张春艳. 视听作品著作权研究：以参与利益分配的主体为视角［M］. 北京：知识产权出版社，2015.

下以技术发展为由否定"摄制"这一要件。事实上，规定"摄制"要件的意义并非为了排除以摄像机拍摄以外的其他创作方式，而是为了与非摄制方式的"录制"相区分。因为"录制"并非"创作"，只是一种客观忠实的记录方式，例如对于演唱会或者演讲的实况录制等，由此形成的是录像制品而非电影作品或者类电作品。对此日本法院也认为，与对客观事实的漫无目的的忠实记录不同，"摄制"运用了摄影技巧、蒙太奇手法、剪辑手法，并且对胶片进行了编辑，以更好地表现影像，满足独创性要件。❶ 事实上，我国法律和行政法规并未将"摄制"限定于摄影机拍摄，因此以其他方式对文学艺术元素进行整合也可以理解为"摄制"。

二是存在形态为"在一定介质上"。学界与实务界普遍认为，这是对视听作品（类电作品）"固定性"的要求。如在"《守望先锋》网络游戏著作权纠纷案"（以下简称"《守望先锋》案"）中，上海市浦东新区人民法院指出，"（摄制）在一定介质上"是指将连续的影像固定在物质载体上。❷ 这一结论通过体系解释也不难得出，因为著作权法将摄制权也界定为以摄制电影或者以类似摄制电影的方法将作品固定在载体上的权利，❸ 其中"将作品固定在载体上"则是对固定性的直接表达。关于该要件值得讨论的是：这里的固定是指"已经固定"还是"正在

---

❶ 参见日本最高裁第一小法廷平 10（行ツ）32 号。转引自：李扬. 固定是否作品受保护的要件［N］. 中国知识产权报，2020 – 09 – 12（4）.

❷ 参见：上海市上海市浦东新区人民法院（2017）沪 0115 民初 77945 号民事判决书。

❸ 《著作权法（2010）》第 10 条第 1 款第 13 项规定："摄制权，即以摄制电影或者以类似摄制电影的方法将作品固定在载体上的权利"；《著作权法（2020）》第 10 条第 1 款第 13 项规定："摄制权，即以摄制视听作品的方法将作品固定在载体上的权利"。

固定（随播随录）"？有观点认为，立法虽规定固定是视听作品（类电作品）的构成要件，但并未将固定限定为"已经固定"，固定包括"已经固定"和"正在固定"，究竟取哪种解释需要综合考虑科技、经济、社会的发展变化进行取舍。❶ 笔者认为，依文义解释，"（摄制）在一定介质上"显然是指"已经固定"，因为这里的"在……"具有已经完成的意思。对此日本法院也持同样的立场。在日本最高裁判所 2003 年审理的一起案件中，一审法院东京地方裁判所认为，直播的影像在被直播的同时也被录像，满足固定要求，因此属于《日本著作权法》第 2 条第 3 款规定的电影作品，但日本最高裁判所推翻了一审判决，主要理由是若采用一审法院"随播随录"的观点，将无法判断该电影作品究竟于何时完成。❷

有论者提出，即使特别强调"固定"要求的美国版权法对于随播随录的直播行为，也承认其符合"固定"的要求，我国著作权法不应采取高于美国法对"固定"的要求，因此可以采取类似的解释路径，即录制与传播同时进行构成固定，符合"摄制在一定介质上"的要求。❸ 事实上，美国承认随播随录符合固定要求并非法官对于固定进行解释的结果，而是立法有明确规定。根据《美国版权法》第 101 条关于固定的定义，"正在转播的，由声音、图像或者两者结合而构成的作品，只要对该作品的

---

❶ 李扬. 固定是否作品受保护的要件［N］. 中国知识产权报，2020 - 09 - 12（4）.
❷ 日本最高裁第一小法廷平 10（行ツ）32 号. 转引自：李扬. 固定是否作品受保护的要件［N］. 中国知识产权报，2020 - 09 - 12（4）.
❸ 万勇. 功能主义解释论视野下的"电影作品"：兼评凤凰网案二审判决［J］. 现代法学，2018，40（5）：95 - 104.

固定是在转播的同时进行的，也符合本编的'固定'要求"。与此同时，在美国众议院关于《1976 年美国版权法》的报告中对此也有明确解释：如果将广播的形象和声音先固定，然后再转播，已经录制的作品应当视为法律保护的"电影"；如果节目内容是以现场直播的方式传达给公众，并且在同时进行录制，也应当以相同的方式对待。❶ 但在我国并不存在这样的明文规定或者立法解释，因此固定应为"已经固定"而不包括"边录边播"。在"新浪诉凤凰案"中，北京知识产权法院也认为，被"摄制在一定介质上"即要求电影作品应已稳定地固定在有形载体上，"被诉行为系网络直播行为，该过程与现场直播基本同步，在这一过程中，涉案赛事整体比赛画面尚未被稳定地固定在有形载体上，因而此时的赛事直播公用信号所承载画面并不满足电影作品中的固定的要求"。❷

值得关注的是，2023 年 5 月 15 日，历时两年旷日持久的"《率土之滨》游戏著作权侵权及不正当纠纷案"一审尘埃落定，广州互联网法院判决被告广州简悦信息科技有限公司（游戏《三国志·战略版》开发运营公司，以下简称"简悦公司"）删除或修改《三国志·战略版》游戏中利用的构成《率土之滨》游戏独创性表达的内容，遂判决简悦公司向原告杭州网易雷火科技有限公司（游戏《率土之滨》著作权人和独占运营公司，以下简称"网易雷火"）赔偿经济损失和合理开支共计人民币 5000万元。在该案中，法院一方面认为，作为一个有机整体的《率土

---

❶ 李明德. 美国知识产权法 [M]. 2 版. 北京：法律出版社，2014.

❷ 参见：北京知识产权法院（2015）京知民终字第 1818 号民事判决书。

之滨》游戏属于文学、艺术领域内具有独创性并能以一定形式表现的智力成果，符合作品的构成要件，属于著作权法保护的作品；另一方面在认定具体作品类型时，法院并未参照"《奇迹MU》案"等在先案例将"游戏作品"认定为视听作品（类电作品），而是认为游戏运行画面与构成视听作品（类电作品）的画面有本质区别，即"视听作品（类电作品）的独创性表达体现为连续动态画面，在视听作品（类电作品）创作完成之际，受保护的表达已经形成并确定。相反，游戏创作完成时，其表达并未完全形成和确定，而是随着玩家的操作被不断生成"，故"游戏画面的独创性是游戏创作者和游戏玩家共同作用的结果"。易言之，《率土之滨》游戏运行后，可以呈现出一系列有伴音或者无伴音的画面，虽然符合视听作品（类电作品）的一般特征，但是，通过放映装置呈现的视听作品（类电作品）的画面与玩家操作计算机程序调用游戏资源库生成的游戏画面存在本质的区别，游戏画面有其独特的创作方法、表达形式和传播手段，与视听作品有本质区别，亦和其他法定作品类型存在本质不同，因此不宜将《率土之滨》游戏整体认定为视听作品（类电作品），而应当从八种法定作品类型中独立出来，作为一种新的作品类型去认识，最终游戏画面被认定为符合作品特征的其他智力成果。❶

---

❶　该案的基本案情为：原告网易雷火自主研发、运营的游戏《率土之滨》是一款全自由实时沙盘战略手游，《三国志·战略版》则是由阿里系广州灵犀互动娱乐有限公司、广州简悦信息科技有限公司制作的一款沙盘策略手游。原告网易雷火认为，被告简悦公司的《三国志·战略版》游戏，大量抄袭《率土之滨》游戏，侵犯原告著作权，要求被告停止侵害原告改编权、信息网络传播权的行为，并停止不正当竞争行为。参见：广州互联网法院（2021）粤 0192 民初 7434 号民事判决书。

三是表现形式为"一系列有伴音或者无伴音的连续动态画面"。虽然视听作品（类电作品）的规范表达中并无"连续动态"之用语，但从中不难推知这一要件。首先，"一系列"实际上暗含了"连续"的意思。其次，"动态"一词也是画面呈现的特有方式，以此区别于播放幻灯片，因为"系列画面"本身就有动态的意思，因此应将此解释为"动态性"。司法实践对此也持同样认识，如在"《奇迹 MU》案"中，法院认为，视听作品（类电作品）的特征性构成要件是动态性，网络游戏在运行过程中呈现的是连续活动画面。❶ 还有法院将此要件视为"核心特征"或者"实质特征"，如在"《梦幻西游》案"中，法院认为，"视听作品（类电作品）的特征性表现形式在于连续活动画面，……该连续活动画面是唯一固定，还是随着不同操作而发生不同变化并不能成为认定类电影作品的区别因素"。

四是传播方式为"借助适当装置放映或者以其他方式传播"，这一要件暗含了视听作品（类电作品）的传播方式是单向式和被动式的。首先，传播方式是将画面信息从传播源单向传递给观众，不需要观众配合，甚至即使没有一个观众也不影响视听作品（类电作品）的播放。其次，视听作品（类电作品）是按照既定不变的顺序展示的"活动图像"，即播放的内容是确定和固定的，无论播放多少次画面都是一样的，因此画面是被动播放的结果。最后，视听作品（类电作品）的画面不仅具有丰富的情节，而且是一个完整的故事表达，吸引观众的也更多是由画面

---

❶ 参见：上海市浦东新区人民法院（2015）浦民三（知）初字第 529 号民事判决书。

信息所传递的故事情节。

（三）游戏画面不宜直接认定为视听作品（类电作品）

对于游戏画面的作品类型，当前存在汇编作品论、视听作品（类电作品）论、单独立法论和其他作品论几种认识。虽然《著作权法（2020）》引入了"视听作品"的概念，但目前无论是在《著作权法（2020）》还是《著作权法实施条例》中仍无视听作品的具体定义。现行立法也无网络游戏这一独立的作品类型，因此这里以教义学立场讨论游戏画面与汇编作品和视听作品（类电作品）的关系问题。笔者以为，汇编作品论注意到了游戏画面并非游戏资源的简单堆积，而是对游戏元素有机选择和编排的结果，但仍存在值得商榷之处。①依体系解释，汇编作品与《著作权法》第 3 条规定的 9 种法定作品类型并非基于同一逻辑关系的分类。质言之，第 3 条处于"总则"章节之下，是从表现形式角度对作品所作的分类，对是否构成作品具有决定意义；汇编作品规定在"著作权归属"章节中，与合作作品、职务作品、委托作品并列，具有确定作品归属的意义。②只有在作品涉及多个主体时，才有必要确立权利归属和行使规则。汇编作品、合作作品、委托作品分类的意义亦基于此而产生。而游戏画面与游戏软件、游戏资源同属于游戏开发者，并无在不同主体之间分配权利的需要，否则将会导致同一权利人对自己不同作品的双重保护，有违汇编作品的设置本意。因此，将游戏画面定性为汇编作品的观点实质上混淆了汇编作品与《著作权法》第 3 条规定的各类作品的关系。❶ 汇编作品是一种以体系化的方式呈现的作品、数据或者其他非作品信息的集合，因其本身的特殊性，它是一种独立于《著作权法》第3条规定的各类作品之外的新的作品形式，对第3条规定的各类作品具有"兜底"保护的作用。网络游戏的文字、音乐、图形等各要素都是游戏开发人员自己创作的，在各要素可以单独构成作品的情况下又主张其整体构成汇编作品，显然背离了汇编作品的设置目的和应有之义。❷ 当前学界和司法实践都更倾向于将游戏画面的作品类型定位为视听作品中的类电作品。

1. 将游戏画面径行认定为视听作品（类电作品）的三种实质主义解释路径

（1）以国际公约否定视听作品（类电作品）的构成要件

此种解释路径一般以《伯尔尼公约》第2条第1款中"电影作品和以类似摄制电影的方法表现的作品"的表述为据，认为视听作品（类电作品）的本质在于"表现形式"而非"创作方法"，我国作为《伯尔尼公约》的成员国，对视听作品（类电作品）的保护不应与该公约相抵触，并由此得出"摄制在一定介质上"并非视听作品（类电作品）构成的必要条件，只要表现形式为"连续动态画面"即可。此种解释路径具体又分为两种

---

❶ 王迁，袁锋. 论网络游戏整体画面的作品定性 [J]. 中国版权，2016（4）：19 - 24.

❷ 商建刚. 游戏直播的著作权侵权分析 [EB/OL]. （2023 - 07 - 11）[2023 - 12 - 13]. https：//mp. weixin. qq. com/s/XgU1IOR6fhkegop92KYXHQ.

情况。

第一种表现为在判决中直接适用《伯尔尼公约》，即在具体案件的审理中直接以《伯尔尼公约》的规定作为裁判的法律依据。如在"《太极熊猫》与《花千骨》网络游戏直播著作权侵权纠纷案"中，法院认为，"就法律规定的'摄制在一定介质上'而言，《伯尔尼公约》第 2 条第 1 款规定，'文学艺术作品'一词包括科学和文学艺术领域内的一切作品，不论其表现方式或形式如何。该规定对于视听作品（类电作品）的描述本质在于作品表现形式而非创作方法，故只要作品在表现效果上符合视听作品（类电作品）的独创性要求即可，其制作方式不应成为给予作品定性的阻碍。"❶ 可以看出，在此种解释路径下，为了将游戏画面认定为视听作品（类电作品），法院绕开中国著作权法对于视听作品（类电作品）的具体规定，径行以《伯尔尼公约》作为法律适用依据，得出了游戏画面符合《伯尔尼公约》的规定从而属于视听作品（类电作品）的结论。

第二种表现为判决并未直接将《伯尔尼公约》作为裁判的法律适用依据，而是以《伯尔尼公约》的规定来解释现行《著作权法》对于视听作品（类电作品）的规定。如在 2020 年 2 月由广州互联网法院作出判决的"《王者荣耀》游戏直播侵权纠纷案"（以下简称"《王者荣耀》案"）中，对于《王者荣耀》游戏画面是否属于视听作品（类电作品），法院认为，《王者荣耀》游戏的连续画面虽然不是通过摄制方法固定在一定介质上，但是

---

❶ 参见：江苏省苏州市中级人民法院（2015）苏中知民初字第 00201 号民事判决书。

《伯尔尼公约》第 2 条第 1 款将视听作品（类电作品）描述为
"assimilated works expressed by a process analogous to cinematography"，
即以类似摄制电影的方法表现的作品，强调的是表现形式而非创
作方法。因此，在符合一系列有伴音或者无伴音的画面组成的特
征，并且可以由用户通过游戏引擎调动游戏资源库呈现出相关画
面时，《王者荣耀》游戏的整体画面宜认定为视听作品（类电作
品）。❶ 学界亦有观点对此予以支持，认为该案中法院并未拘泥
于我国《著作权法实施条例》用词上的局限，而是对视听作品
（类电作品）作出了与《伯尔尼公约》第 2 条第 1 款规定相一致
的理解，认定视听作品（类电作品）着眼的是作品的表达形式，
而非具体制作手法和具体制作过程，这种法解释手法纠正了虽依
赖民主立法程序但因各种原因导致的著作权法中利益反映的偏
差，值得提倡。❷ 可以看出，此种解释路径以《伯尔尼公约》将
视听作品（类电作品）定义为以类似摄制电影的方法"表现"
的作品为由，将中国著作权法对于视听作品（类电作品）规定
的以类似摄制电影的方法"创作"的作品中的"创作"解释为
"表现"，从而否定了"创作"和"摄制在一定介质上"要件，
使得只要表现形式与视听作品（类电作品）类似就可以径行认
定为类电作品。

---

❶ 参见：广州互联网法院（2019）粤 0192 民初 1092—1102、1121—1125 号民事判
决书。
❷ 李扬. 梦幻西游直播著作权侵权案二审判决六大亮点 [EB/OL]. (2019 - 12 -
28) [2023 - 12 - 13]. https：//mp. weixin. qq. com/s/nfD3F3q8q08J669rU0sYOg.

（2）以抽象理论和法律原则代替视听作品（类电作品）的构成要件

此种解释路径在司法实践中也有三种表现形式。第一种是以技术发展否定视听作品（类电作品）的"摄制在一定介质上"要求。如在"《奇迹 MU》案"中，对于涉案游戏画面是否符合"摄制在一定介质上"要求，法院认为，"至于固定在有形载体上的方式，随着科学技术的不断发展……我国著作权法关于作品的分类以其表现形式为基础，而作品固定在有形载体上的方式并非是作品分类的依据"。❶ 第二种是以诚实信用和公平正义等法律原则否定视听作品（类电作品）的固定性要求，将"连续动态画面"作为视听作品（类电作品）的实质要件甚至唯一要件，并以游戏画面的呈现形式符合"连续动态画面"为由将其认定为视听作品（类电作品）。如在"《王者荣耀》案"中，法院认为，随着科学技术的发展，新的传播技术和表现形式会不断出现，应当根据知识产权法激励理论的视角，允许司法按照知识产权法的立法本意，遵循诚实信用和公平正义的原则，选择相对合适的法定作品类型予以保护。涉案游戏画面虽不是通过摄制方法固定在一定介质上，整体画面具有与传统视听作品（类电作品）不一样的特点及表现形式，但在符合一系列有伴音或者无伴音的画面组成的特征，并且可以由玩家通过游戏引擎调动游戏资源库呈现出相关画面时，应当允许司法按照知识产权法的立法本意，遵循诚实信用和公平正义的原则，认定为视听作品（类电作品）

---

❶ 参见：上海知识产权法院（2016）沪 73 民终第 190 号民事判决书。

予以保护。● 第三种是以所谓激励理论否定"摄制"要件。如在"《梦幻西游》案"中，法院认为，视听作品（类电作品）的创作方法随着技术进步已经呈现多样化发展，如果将"摄制"简单理解为视听作品（类电作品）的构成要件，实则以创作技术和手段来限定或排斥对作品的著作权保护，与著作权法鼓励创作的立法精神相悖，因此，只要某种可复制的独创性表达，以类似摄制电影的方法表现并满足"由一系列有伴音或者无伴音的画面组成"的要件，可以认定为视听作品（类电作品）。

（3）扩大解释视听作品（类电作品）构成要件的涵摄范围

此种解释路径的特点是法官在认定游戏画面的作品属性时，既坚守作品类型法定原则，也认可视听作品（类电作品）的构成应符合固定性要求，但对"摄制在一定介质上"这一要件作出了超出文义涵摄范围的扩大解释。此种解释路径具体也有两种表现。第一种表现形式为，网络游戏通过电脑进行设计和传播，符合"摄制在一定介质上"的定义。如在"《守望先锋》案"中，法院认为，"摄制在一定介质上"是指将连续的影像固定在物质载体上，网络游戏通过电脑进行设计和传播，符合上述"摄制在一定介质上"的定义。❷ 但其判决并未进一步解释网络游戏为何符合"摄制在一定介质上"的要求，而是将说理重点放在游戏画面属于连续动态画面上。在"网易诉 YY 游戏著作权侵权纠纷案"一审判决中，法院认为，游戏画面是经由用户在终端设

---

❶ 参见：广州互联网法院（2019）粤 0192 民初 1092—1102、1121—1125 号民事判决书。

❷ 参见：上海市上海市浦东新区人民法院（2017）沪 0115 民初 77945 号民事判决书。

备上操作后，引擎系统调用素材在终端设备上呈现的连续画面，此创作过程与"摄制电影"的方法类似，可认定为视听作品（类电作品）。❶ 第二种表现形式为，法院将游戏资源在计算机软件中的事先固定等同于游戏画面的固定。如在"《梦幻西游》案"中，法院认为，构成游戏连续动态画面的各种文字、声音、图像、动画等素材由游戏开发者创作并储存在游戏资源库中，即这些游戏素材本身已固定在一定介质上。在该案审理法官看来，游戏画面以各种游戏素材的形式固定在计算机中，因此游戏素材在计算机软件中的固定就是游戏画面的固定。❷

2. 将游戏画面径行认定为视听作品（类电作品）的解释路径反思

（1）《伯尔尼公约》不适用于国内网络游戏侵权民事纠纷

对于国际条约在我国民事法律关系上的适用范围和作用场域，我国法律有明确规定。《民法典》第 12 条规定："中华人民共和国领域内的民事活动，适用中华人民共和国法律。法律另有规定的，依照其规定。"由该规定可知，在我国缔结或者加入的国际条约中，如果某一条款的规定与我国民事法律的规定不同并且我国对该条款未予声明保留时，人民法院可以在具体的民事案件裁量中将国际条约规定作为法律适用依据，这也是前文所述的实质解释路径以《伯尔尼公约》为据将游戏动态画面认定为视

---

❶ 参见：广州知识产权法院（2015）粤知法著民初字第 16 号民事判决书。
❷ 欧丽华，陈中山. 游戏画面直播的著作权保护路径：以"梦幻西游"直播纠纷案为例 [J]. 中国版权，2020（2）：61－65.

听作品（类电作品）的理由之一。这意味着包括《伯尔尼公约》
在内的国际民事条约的适用范围应仅限于涉外民事案件，亦即至
少有一方当事人为外国人的著作权民事纠纷案件中。事实上，
《伯尔尼公约》本身对此已有明确规定，即第 5 条第 3 款："（作
品在）来源国给予的保护，依照来源国的法律确定。受本公约保
护的作者即使不属于来源国国民，仍在该国享有国民作者享有的
相同权利。"根据世界知识产权组织的解释，这一规定表明"作
品在来源国受到的保护，在作者是该国国民的情况下，完全由该
国法律确定，公约不提供任何保护"。❶ 我国立法主持者主编的
《中华人民共和国著作权法释义》也指出，《伯尔尼公约》旨在
协调缔约国著作权法，促使缔约国承认成员国成员的著作权并给
予保护。❷

    进一步而言，国际版权条约的作用，是解决因"地域性"
而产生的作品难以受到跨国保护的问题，因此其只对作品的跨国
保护规定最低标准，与缔约方如何保护本国作品并无关系。❸ 由
此意味着，作品在来源国受到的保护，在著作权人是该国国民的
情况下完全由该国法律确定，公约并不提供保护；就其他作者而
言，则要给予国民待遇。❹ 例如，中国的作者在中国享有的著作
权和受到的保护程度，完全由中国的著作权法所决定，公约对此

❶ 保护文学和艺术作品伯尔尼公约（1971 年巴黎文本）指南［M］. 刘波林，译.
北京：中国人民大学出版社，2002.
❷ 胡康生. 中华人民共和国著作权法释义［M］. 北京：法律出版社，2001.
❸ 王迁. 国际版权条约与《著作权法》关系：兼评费希尔公司诉上海东方教具公
司案［J］. 中国版权，2019（6）：37-40.
❹ 保护文学和艺术作品伯尔尼公约（1971 年巴黎文本）指南［M］. 刘波林，译.
北京：中国人民大学出版社，2002.

并不干预。因为一个国家对本国著作权怎样实行保护，是国家主权的体现，这也是《伯尔尼公约》支柱性原则之一——独立性原则的体现。❶ 因此，我国法院在审理仅仅涉及我国国民且不具有涉外因素的著作权民事纠纷时，我国著作权法是唯一的法律适用依据，不能也不应在判决中直接适用《伯尔尼公约》。那种把《伯尔尼公约》当作法律根据，甚至以《伯尔尼公约》否定我国法律规定的做法是完全错误的。❷

由是观之，在前文分析的所有网络游戏直播著作权侵权纠纷中，其当事人均为我国的民事主体，属于不具有涉外因素的国内著作权民事纠纷，不具备适用国际条约的前提条件，无适用《伯尔尼公约》的可能和空间。因此，上述那些将《伯尔尼公约》直接作为裁判依据，以《伯尔尼公约》的规定代替或者否定我国著作权法对于视听作品（类电作品）构成要件的规定，从而将游戏画面径行认定为视听作品（类电作品）的解释路径值得反思。

（2）《伯尔尼公约》允许成员国就固定性要求作出特别规定

在不具有涉外因素的网络游戏直播著作权民事纠纷中，无《伯尔尼公约》的适用空间，那种以《伯尔尼公约》的规定来解释我国著作权法，从而否定视听作品（类电作品）构成要件的解释路径也值得反思。《伯尔尼公约》第 2 条第 1 款规定了受保

---

❶ RICKETSON S, GINSBURG J C. International copyright and neighboring rights: the Berne Convention and beyond [M]. 2nd ed. Oxford: Oxford University Press, 2006: 305.

❷ 陈锦川.《伯尔尼公约》在审理著作权纠纷案件中的地位和作用 [J]. 中国版权，2019 (6)：35-36.

护的文学、艺术作品范围，同时该条第 2 款规定："本联盟各成员国的立法有权规定，所有作品或者任何特定种类的作品不受保护，除非它们已经采用某种物质形式固定下来。"对此，世界知识产权组织在《伯尔尼公约指南》中明确指出，这意味着成员国可以就所有作品普遍规定这种固定性要求，也可以就某一类或者数类作品规定这种要求。❶ 由此可知，《伯尔尼公约》把包括视听作品（类电作品）在内的某类作品是否应具有固定性要求的决定权留给了联盟成员国国内法。比较法上，一些国家的立法也针对视听作品（类电作品）的固定性作出了明确规定。例如《英国版权、设计及专利法案》第 5B 条（1）规定："本编所称'电影'是指能够通过任何手段再现运动图像的任何媒介上的录制品。"由于只有事先固定在载体上才能使作品得以"再现"，因此"再现"即是对固定性的要求。《美国版权法》第 102 条也规定，受版权保护的作品必须被"固定在"有形物体之上。对于固定性要求最为直接的是《日本著作权法》。该法第 2 条规定："本法所称的电影作品，包括采用类似电影效果的视觉或者视听觉效果的方法表现并且固定在某个载体上的作品。"世界知识产权组织出版的《著作权与邻接权法律术语汇编》对于视听作品的定义也要求具有固定性，即"同时引起听觉和视觉并包括一系列记录在适宜的物质上的相关图像和伴音，诸如电视制品或其他

---

❶ 保护文学和艺术作品伯尔尼公约（1971 年巴黎文本）指南［M］. 刘波林，译. 北京：中国人民大学出版社，2002.

任何固定在磁带、磁盘等媒介上带有声音的图像制品"。❶

　　由此可见，《伯尔尼公约》第 2 条第 1 款定义作品时虽未提及固定性要件，但该条第 2 款允许成员国就某类作品的固定性要件作出特别规定。于此背景下，《著作权法实施条例》将"摄制在一定介质上"作为视听作品（类电作品）的构成要件，同时《著作权法（2010）》在规定摄制权时也要求"将作品固定在载体上"，故不难得出：我国立法者将固定性作为视听作品（类电作品）的构成要件并非对于《伯尔尼公约》的误读或者忽视，这一做法是公约所允许因而是符合公约要求的。依此而言，在认定视听作品（类电作品）的构成要件时，固定性要求就不是一个无足轻重、可有可无的要件，而是应当得到遵守的法律规范应有之义。正因如此，持实质主义解释立场的观点也认为，要求"摄制在一定介质上"虽然可能背离了《著作权法（2010）》的立法本意，但在该定义被修改之前，还是应当从解释论的角度对其进行阐释。❷ 对于该观点认为"摄制在一定介质上"可能背离《著作权法（2010）》立法本意的认识笔者虽持保留意见，但对于"在该定义被修改之前，还是应当从解释论的角度对其进行阐释"的认识笔者深表赞同。因此，那种认为《伯尔尼公约》对于视听作品（类电作品）的固定性没有要求，我国著作权法中的视听作品（类电作品）也不应有固定性要求的解释路径值得

❶ 世界知识产权组织. 著作权与邻接权法律术语汇编［M］. 刘波林，译. 北京：北京大学出版社，2007.
❷ 万勇. 功能主义解释论视野下的"电影作品"：兼评凤凰网案二审判决［J］. 现代法学，2018，40（5）：101.

反思。

（3）以抽象理论和法律原则代替构成要件架空具体规范

在法律制定时，无论如何使其与时俱进，在发展日新月异的技术革新时代，都难免出现疏漏不周，必然会滞后于技术发展。对于与技术发展关系最为密切的著作权法而言尤为如此，因此要求法律时时刻刻保持与技术发展"同频共振"，既不现实也无必要。这就需要法官在审理案件时穷尽法律解释方法对法条含义予以诠释，对法律漏洞予以填补，而不是动辄以技术发展为由否定法律的具体规定，甚至随意修改法律。对此，即使在具有法官造法传统的美国司法实践中，法官也认为，将版权扩展至新媒体的任务应属于国会，因为国会可以塑造微妙的法律。❶ 就激励理论而言，《著作权法（2010）》和《著作权法（2020）》第 1 条将"保护文学、艺术和科学作品作者的著作权"置于立法目的之首，可以说是激励理论的最直接体现。但这一立法目的条款并不具有直接作为裁判规范的功能，而在于宣示著作权法的价值追求和立法旨趣。其真正实现需要借助著作权法分则中的具体规范作为手段和载体，可以说整个著作权法的规定都体现了激励作者创作的目的，因此激励理论可以用来补强判决说理，而不能取代具体的法律规定。"司法毕竟是依法裁判，实用主义必须找到法律依托，必须以符合法律的路径满足现实需求，转化为法律逻辑，

---

❶ DECHERNEY P. Copyright dupes：piracy and new media in Edison v. Lubin（1903）[J]. Film History：An International Journal，2007，19（2）：109-124.

表达为法言法语，不能赤裸裸地以事理代法。"❶ 就诚实信用、公平正义等法律原则而言，基于其概念本身的高度概括性、内涵与外延的不确定性以及适用上的开放性，这些原则属于典型的不确定概念，须在个案中依价值判断予以具体化。在法律有具体规定时，不能绕开具体规定直接适用法律原则；即使在法律有漏洞的情形下，法律原则亦应通过价值补充在特定案件中对其含义予以具体化才能得以适用，而不能笼统地以法律原则作为"口号"代替法律的具体规定。不能将未经具体化的不确定概念作为裁判依据，就如同不能在司法裁判中动辄以所谓利益平衡作为法律适用依据一样，因为法律本身就是利益平衡的体现，"如果绕开特定行为的构成要件，径行用国家政策和利益平衡为行为定性，将导致法律规范被架空，体现出的并非是法律思维。"❷

（4）扩大解释构成要件涵摄范围有违法条文义

事实上，在视听作品（类电作品）的固定性要求无可回避的前提之下，司法实践中相当一部分法院在案件裁判时还是恪守了这一要求，只是在解释固定性要求的具体含义时不当扩大了其涵摄范围。例如在前述引用的"《梦幻西游》案"中，法院将构成游戏连续动态画面的各种文字、声音、图像、动画等游戏素材在计算机软件中的存储解释为游戏画面的固定，从而认为游戏画

❶ 此为孔祥俊教授于 2020 年 8 月 17 日在山东大学法学学科复办四十周年高端讲坛"知识产权法的形式主义与实质主义"在线上讲座中的内容。参见：胡鹏月. 孔祥俊教授讲述知识产权法的形式主义与实质主义 [EB/OL]. （2020－08－22）[2023－12－13]. https：//mp. weixin. qq. com/s/dpZbtfCwz0U4qkR3za4yoA.

❷ 王迁. 提供 IPTV 回看服务的法律定性：兼评"乐视诉杭州电信案"[J]. 中国版权，2020（2）：28.

面符合"摄制在一定介质上"的要求。但此种解释路径似乎有些勉强：首先，事先存储在计算机软件中的游戏素材不同于游戏画面本身，这一区分在学界已形成共识，正因此才有对游戏画面的拆分式保护与整体保护两种做法，因此对于游戏素材的固定无法等同于游戏画面的固定。其次，虽然游戏软件代码和游戏资源可以被认为"固定"在了软件载体之上，但游戏连续动态画面是在运行过程中才生成，不同玩家操作生成的游戏画面千差万别，这样使得游戏画面本身既不"确定"也不"固定"。这些认识在司法实践中也得到了体现。例如在"《王者荣耀》案"中，法院指出："一般而言，电影或类电作品的连续活动画面事先已经形成并且固定在有形物质载体上……显然，《王者荣耀》游戏整体画面具有与传统类电作品不一样的特点及表现形式。"❶ 在"《守望先锋》案"中，上海市浦东新区人民法院也认为，"摄制在一定介质上"是指将连续的影像（并非静态的影像素材）固定在物质载体上。❷ 由此而言，那种将游戏素材的固定等同为游戏画面的固定，认为游戏画面符合固定性要件从而属于视听作品（类电作品）的解释路径值得反思。

3. 游戏画面与视听作品（类电作品）之差别

第一，创作手法不同。现行立法语境下的视听作品（类电作品）首先要求"摄制在一定介质上"。从创作手法来看，游戏画面显然并没有被事先"摄制"在一定的介质上，而是由玩家或

---

❶ 参见：广州知识产权法院（2020）粤 73 民终 574–589 号民事判决书。

❷ 参见：上海市上海市浦东新区人民法院（2017）沪 0115 民初 77945 号民事判决书。

用户直接操作计算机调用既有游戏资源而临时呈现出的连续动态画面。虽有学者认为，《伯尔尼公约》对电影作品和以类似摄制电影的方法表现的作品的定义"并不考虑制作它的'工艺方法'，无论在哪种情况下屏幕上所显示的都应当受到同样的保护"，❶ 而且其他国家立法也鲜有对电影作品强调制作方式的，例如英国、荷兰、法国等国的著作权法都强调电影作品的构成与其制作方式无关。但不容忽视的是，我国现行立法并未采用《伯尔尼公约》对于视听作品（类电作品）的定义，而是明确将"摄制在一定介质上"作为视听作品（类电作品）的首要条件，那种直接以《伯尔尼公约》和其他国家立法的规定对我国立法作出扩张性解释的观点并不符合现行立法规定的文义。因此，在现行立法框架下，游戏画面并不符合视听作品（类电作品）的创作方法要求。

第二，传播方式不同。"借助适当装置放映或者以其他方式传播"这一要件暗含了视听作品（类电作品）的传播方式是单向式、被动式和叙事（剧情）式的，这一特点与游戏画面的互动性、操作性和规则性形成明显反差。具体而言：首先，视听作品（类电作品）的传播方式是将画面信息从传播源单向传递给观众，不需要观众配合，甚至即使没有观众也不影响视听作品（类电作品）的播放；而游戏画面则必须在玩家的操作下才能呈现于电脑屏幕上，是玩家运行计算机程序调用游戏资源的结果，如果没有玩家参与则无法呈现出丰富多变的动态游戏画面。从这

---

❶ 保护文学和艺术作品伯尔尼公约（1971 年巴黎文本）指南 ［M］. 刘波林，译. 北京：中国人民大学出版社，2002 .

一意义上讲，两者的区分可以总结为"无玩家，无游戏"，但"无观众，有视听作品（类电作品）"。正如"《奇迹 MU》案"中法院所认定的，"网络游戏与传统类电影在表现形式上存在区别，即网络游戏的连续活动画面是随着游戏玩家的操作进行的，具有双向互动性，而且不同操作会呈现不同的画面，而传统类电影作品的连续活动画面是固定单向的，不因观众的不同而发生变化"。❶ 其次，视听作品（类电作品）是按照既定不变的顺序展示的"活动图像"，即播放的内容是确定和固定的，无论播放多少次画面都是一样的，因此视听作品（类电作品）画面是被动播放的结果；而游戏画面是游戏玩家操作的结果，不同玩家操控同一款游戏，甚至同一玩家操控同一款游戏的不同场次都会得到不同的画面，因此游戏画面是主动操作的结果。最后，视听作品（类电作品）画面不但具有丰富的情节，而且是一个完整的故事表达，吸引观众的也更多是由画面信息所传递的故事情节；而游戏画面的呈现不是以故事展现为目的，而是以完成游戏任务为目的，能否完成游戏任务则要受到游戏规则的制约，因此一款游戏吸引玩家的更多是游戏规则而不是情节。

第三，就观众体验而言，视听作品（类电作品）的观众是以第三人视角，观赏故事情节，从他人的故事中获得情感上的满足或者产生思考，其受众体验在于通过"看"获得乐趣。而游戏画面给用户带来的体验是沉浸式的，游戏用户对游戏的体验不仅包括画面和音乐的欣赏，还包括角色扮演、好友互动、组队比

---

❶ 参见：上海知识产权法院（2016）沪 73 民终第 190 号民事判决书。

赛等各个方面的体验。在游戏所建构的虚拟世界中，游戏用户可以全方位体验现实生活中无法体验到的事物，并得到行为、心理、情感上的宣泄和满足。正因存在上述差别，虽然目前越来越多的裁判将游戏画面直接认定为视听作品（类电作品），但司法实践中仍有不少法官认为，"电影及类电作品虽然和游戏作品存在一定相关性，但二者之间也具有巨大的差别，游戏作品是否适用类电类别保护在实践中存在着很大困境"❶。

第四，权利归属和权利限制不同。首先，视听作品（类电作品）的创作者人数众多，一般有编剧、导演、摄影作者、词作者、曲作者等，为了权利行使的便利和保护投资者利益，法律强制规定制片人享有著作权，但同时赋予其他作者署名权和获得报酬权；游戏作品的权利主体比较简单，游戏开发者通过法人作品或特殊职务作品机制直接取得游戏软件和游戏元素的著作权，并无适用视听作品（类电作品）产权机制的需要。其次，由于法律强制规定视听作品（类电作品）的著作权归制片人（制作者）享有，因此其他作者、表演者对于视听作品（类电作品）整体不再享有权利，但游戏画面基于互动性和操作性的特性，除了游戏开发者，游戏玩家也应享有相应的权利，当前已有将玩家作为

---

❶ 此系广州互联网法院邓丹云庭长 2020 年 5 月 29 日在"《著作权法修正案（草案）》与游戏作品类别问题沙龙"上的发言。邓庭长还认为："视听作品的类别划分虽然在国际上有例可循，但在分类角度上与其他七大类别不属于同一范畴，在范围上有交叉性，也没有做出详细的规定，因而网络游戏并不属于视听作品，二者之间在权利归属、性质以及表达方式等方面都存在显著差异。"参见：网易游戏法律研究中心. 《著作权法修正案（草案）》与游戏作品类别问题，来听听大咖怎么说！[EB/OL].（2020-06-02）[2023-12-12]. https：//mp. weixin. qq. com/s/bGnbj50whZk9DtY8Jg0sfQ.

游戏画面的合作作者、演绎作者、表演者、录像制作者等观点。❶ 最后，播放视听作品（类电作品）不存在合理使用的问题，但当前对于直播游戏画面是否属于合理使用却存在很大的争议。❷

第五，很多学者在论证游戏画面应属于视听作品（类电作品）时，都将美国的"Stern Elecs v. Kaufmank 案"作为论据，提出游戏画面在美国作为视听作品是可以在版权局获得登记的，并且此种做法获得法院认可。此处有几个关键点需要注意。首先，这个案件发生在 20 世纪 80 年代初，那时的游戏画面相对简单，❸ 主要体现的是游戏规则。但当前已经进入了第四代网络游戏时代，并且第五代网络游戏时代呼之欲出，50 多年前的游戏与今天的网络游戏有着天壤之别。其次，美国版权法中的视听作品与我国的视听作品（类电作品）有着不同的含义。美国版权法同时规定了视听作品和电影作品，而视听作品的范围更为广

---

❶ 甚至还有观点认为，玩家的交互性操作使得网络游戏本身并不构成作品，其仅仅是一种创作工具，因此玩家的交互性操作属于一种创作行为，参见：(2015) 浦民三（知）初字第 529 号民事判决书。

❷ 认为构成合理使用的参见：谢琳. 网络游戏直播的著作权合理使用研究 [J]. 知识产权，2017 (1)：32 - 40；否定构成合理使用的参见：李扬. 网络游戏直播中的著作权问题 [J]. 知识产权，2017 (1)：14 - 24；认为不应一概而论，应具体情况具体分析的参见：崔国斌. 认真对待游戏著作权 [J]. 知识产权，2016 (2)：3 - 18，2.

❸ 1991 年，美国的 Sierra 公司才架设了世界上第一个专门用于网络游戏的服务平台 (The Sierra Network，后改名为 Imagi Nation Network)，这个平台还停留在运行棋牌游戏，直到 1996 年网络游戏才不再依托于单一的服务商和服务平台而存在，而是直接接入互联网。参见：互动百科. 网络游戏发展史 [EB/OL]. [2023 - 12 - 12]. http：//www. baike. com/wiki/% E7% BD% 91% E7% BB% 9C% E6% B8% B8% E6% 88% 8F% E5% 8F% 91% E5% B1% 95% E5% 8F% B2.

泛，不仅包括电影，还包括幻灯片一类的作品。❶ 因此，简单地拿美国版权法上的视听作品与我国的视听作品（类电作品）进行比较，是严重忽视网络游戏发展变化的客观现实的。

（四）视听作品（类电作品）的保护规则可以类推适用于游戏画面

1. 形式解释论下类推适用方法的提出

或许是意识到了当前一些裁判采用实质主义解释方法对法律规范的安定性、完整性和权威性所带来的负面影响，司法实践中出现了另一种较为绝对化的形式主义解释路径，即严守视听作品（类电作品）的法律文义，认为游戏画面无法与视听作品（类电作品）的构成要件精准对应，从而拒绝采用著作权模式保护游戏画面。如在"腾讯诉上海挚娜网络科技有限公司等游戏直播侵权案"中，法院主张，网络游戏整体上不属于《著作权法（2010）》第 3 条列明的任何一种作品类型，也没有法律、行政法规将其明确为某种"其他类型作品"，在作品法定的既有立法背景下，法院无权在上述规定之外创设新的作品类型，因此网络游戏整体不能作为著作权法意义上的作品受到保护。❷ 实际上，坚持形式主义解释标准，并不意味着在解释法条文义时采取一种绝对僵化的解释方法，形式主义解释只是要求法官不能简单地通过绕开、裁剪甚至修改法律的具体规定架空实定法规范，从而损害法律的权

❶ 李明德. 美国知识产权法［M］. 2 版. 北京：法律出版社，2014.

❷ 参见：长沙市中级人民法院（2017）湘 01 民初 4883 号民事判决书。

威性，破坏法律的稳定性，降低法律的预期性。妥当的做法是在坚持形式主义解释路径下，充分穷尽各种法律解释方法。就游戏画面的著作权保护而言，基于游戏画面与视听作品（类电作品）在形式上的差异和实质上的类似，采取类推方法将视听作品（类电作品）的规则适用于游戏画面是可供选择的合理保护路径。

进一步而言：一方面，不将游戏画面直接认定为视听作品（类电作品），这是对形式主义解释方法的坚守，因为游戏画面从形式上并不符合视听作品（类电作品）的构成要件；另一方面，由于游戏画面在"由一系列有伴音或者无伴音的画面组成"这一视听作品（类电作品）的核心要件上与视听作品（类电作品）类似，采取类推方法将视听作品（类电作品）的保护规则适用于游戏画面，既维护了法律规范的完整性、稳定性和权威性，也使游戏画面在著作权法体系下得到了保护，可以说是一种较为妥当的合理选择。实际上，在"《梦幻西游》案"中类推适用已经呼之欲出了，因为判决已经指出："涉案游戏画面客观上存在与一般类电作品的差异，但这不构成排斥对其进行著作权法保护的充分理由，适用类电作品的相应规则对涉案游戏画面进行保护，既符合著作权法立法目的，也能适应游戏产业迅速发展的知识产权保护需求，具有现实必要。"如果说"适用类电作品的相应规则进行保护"的论述还存在"直接适用（认定为类电作品）"和"类推适用"两种选择可能性的话，那么判决书在该段论述之前的"应可类推适用与游戏画面特点最为接近的作品类型的相应规则进行判定"的表述则直接点出了"类推适用"这一具体方法，使得案件采用类推适用方法进行裁决似乎是自然的逻辑结果。但是该案判决最终并未采取类推适用方法，作为一种有别于狭义法律解释方法的法律漏洞填补方法，类推适用有其特有的适用条件和适用机理，适用该种法律解释方法需要更加充分的说理和论证。下文将就此展开分析。

　　2. 类推方法在游戏画面著作权保护中的具体适用

　　所谓类推适用，系指将法律明文之规定，适用到该法律规定所未直接加以规定，但其规范上之重要特征与该规定所明文规定者相同之案型。❶ 类推适用一般应遵循以下步骤。第一步，认定涵摄失败。类推适用首先应观察法律文字，研判是否可以通过狭义解释将待决案件纳入制定法的规定中去。此过程即所谓涵摄。如果涵摄失败，方可进一步考虑超出制定法文义的界限进行类推适用。第二步，判断类推适用的可行性。此一过程仍需分步进行：其一是对规范的可类推性进行判断，因为某些法律规范因其自身特点而不具有进行类推的可能性，因此应予排除；其二是对案件事实的可类推性进行判断，判断重点是规范事实构成与案件具体事实之间的相似性。❷ 以下将此原理运用于游戏画面的著作权保护。

　　（1）游戏画面类推适用视听作品（类电作品）规则的前提：涵摄失败

　　涵摄失败是指在法律规定的可能文义范围内无法包含案件事实。前文已经分析，游戏画面在创作手法、传播方式、观众体

---

❶　黄茂荣. 法学方法与现代民法［M］. 增订七版. 台北：植根出版社，2020.

❷　钱炜江. 论民事司法中的类推适用［J］. 法制与社会发展，2016，22（5）：60－71.

验、权利归属和限制等方面与视听作品（类电作品）存在较大差异，视听作品（类电作品）构成要件的可能文义范围无法将游戏画面纳入其中，属于涵摄失败的情形。

（2）游戏画面类推适用视听作品（类电作品）规则的可行性

这一可行性判断可从规范和事实两个维度观察。

其一，对规范的可类推性进行判断。之所以要进行这一判断，是因为某些法律规范因其自身特点不具有进行类推的可能性。类推适用规则产生的根据之一是普遍性原则，即法律规则应当普遍适用于所有类似的情形，因为类推者和被类推者具有同质性，同属于某些具有普遍性规范的调整范畴之内。❶ 由此意味着，类推适用之前提是所涉及的法律规范须能够被加以普遍化，而非仅仅能适用于个别案件。"类推适用原则上不适用于例外规定。例外规定都是基于特殊的法政策考量而确立的，因此例外规定原则上不可以适用类推，否则会不适当地扩大其适用范围。❷就视听作品（类电作品）规则而言，法律采用"类"字即表明该规则并非属于例外规定，而是对具有同质性的事物具有普遍适用性，因此可以将其适用于所有在实质上具有同质性的情形。

其二，对案件事实的可类推性进行判断。类推规则的另一个根据是平等对待原则，通过将既有的法律规定类推适用于具有类

---

❶ FETERIS E T. Fundamentals of legal argumentation: a survey of theories on the justification of judicial Decisions [M]. Dordrecht: Kluwer Academic Publishers, 1999.

❷ 例如，《民法典》第 359 条中规定："住宅建设用地使用期间届满的，自动续期。"这一规定就属于例外规定，不能类推适用于其他用益物权。参见：王利明. 法学方法论 [M]. 北京：中国人民大学出版社，2012.

似性的案件，可以使得类似案件得到类似的结论，从而符合平等
对待原则的要求，即所谓"相同之案型，应为相同处理"。❶ 唯
有如此，法官方能用"立法者所欲"对抗"立法者所言"，即超
出法律表面文义的规定进行类推适用。由此要求规范的事实构成
与案件事实之间存在足够的相似性以至于能够类推适用，其判断
重点是规范事实构成与案件具体事实之间的相似性问题。就游戏
画面而言，其与视听作品（类电作品）虽在形式上有诸多差异
以至难以被直接认定为视听作品（类电作品），但其符合视听作
品（类电作品）最为实质和核心的特征——"由一系列有伴音
或者无伴音的连续动态画面组成"，这也正是当下诸多判决将游
戏画面径行直接认定为视听作品（类电作品）最为直接和本质
的原因。❷ 基于游戏画面与视听作品（类电作品）在呈现方式上
的实质相似，可以将游戏画面认定为视听作品（类电作品）的
"类似事物"，从而得到与视听作品（类电作品）的"相同对
待"，即适用视听作品（类电作品）的保护规则。

3. 游戏画面类推适用视听作品（类电作品）规则之效果
评价

值得关注的是，我国司法实践中已有将视听作品（类电作
品）规则类推适用于游戏画面的判例。在 2019 年杭州市中级人
民法院审理的"上海恺英网络科技有限公司等与苏州仙峰网络科

---

❶ 黄茂荣. 法学方法与现代民法 [M]. 增订七版. 台北：植根出版社，2020.
❷ 对于游戏画面在呈现方式上（"系列有伴音或者无伴音的连续动态画面"）与类
电作品的相似性，前文所列诸多判决已有详细分析，此处不再赘述。

技股份有限公司游戏著作权及不正当竞争纠纷案"中,杭州市中级人民法院指出:虽然我国著作权法或其他法律、行政法规中均未将游戏或角色扮演类电子游戏明确地类型化为一种作品,但从可行性及必要性上分析,可以类推适用法律对角色扮演类游戏进行保护,同时考虑到对角色扮演类电子游戏在其在独创性表达上(包括创作过程中的选择与安排、创作完成后呈现出的形态)与视听作品(类电作品)相近,因此可以类推适用视听作品(类电作品)的规则进行保护。❶ 在该案中,首先,法院坚持了形式主义解释立场,在游戏画面不属于法定作品类型、不符合视听作品(类电作品)构成要件的情形下,并未仅凭其具有独创性和可复制性(《著作权法 2020》将"可复制性"改为"能以一定形式表现")就将其径行认定为视听作品(类电作品)。其次,法院在认为游戏画面不符合视听作品(类电作品)构成要件的情形下,并未简单拒绝为其提供著作权保护,而是在认定游戏画面与视听作品(类电作品)具有实质相似性的基础上,通过类推将视听作品(类电作品)的规则适用于游戏画面,既达到了保护效果,又尊重了法条文义。

这一尝试对于此类案件的妥当解决具有一定的参考价值。因为采用类推方法将视听作品(类电作品)规则适用于游戏画面,而不是将游戏画面径行认定为视听作品(类电作品)具有以下重要意义。其一,尊重法律的文义并保持法律文本的完整性,维护了法律的安定性。诚如前文所述,游戏画面在形式上并不符合

---

❶ 参见:杭州市中级人民法院 (2018) 浙 01 民初 3728 号民事判决书。

视听作品（类电作品）的要求，那些以国际条约和抽象原则代替具体法律规定或者不当扩大法律文义涵摄范围的做法均破坏了法律文本的完整性，难谓妥当。其二，在结果上达到了视听作品（类电作品）的保护效果。虽然类推适用并未将游戏画面直接认定为视听作品（类电作品），但通过将视听作品（类电作品）的规则适用于游戏画面，使得游戏画面在权利内容、权利归属、权利行使、权利限制等方面受到与视听作品（类电作品）相同的对待，在保护结果上完全达到视听作品（类电作品）的效果。其三，将视听作品（类电作品）的规则适用于游戏画面并未额外拓展游戏画面权利人的利益范围，亦未额外增加社会公众的负担，保持了既有利益的平衡状态。"司法最好在事实上不拓展著作权人的现有利益范围，仅保证现有利益不因新的传播手段受到减损。"❶ 因使用游戏画面产生的市场或者利益应当属于游戏画面权利人的控制范围，未经许可使用游戏画面属于侵权行为。❷因此采取类推方法保护游戏画面只是在法技术层面对保护路径的调整和优化，并未为权利人拓展出新的利益范围，亦未增加公众的额外负担或者打破网络游戏直播市场的既有利益平衡。正如"《梦幻西游》案"判决所指出的，适用与游戏画面特点最为接近的作品类型的相应规则进行判定，既不违反作品类型法定的原

---

❶ 李琛. 文本与诠释的互动：回顾《著作权法》三十年的新视角［J］. 知识产权，2020（8）：20.

❷ 焦和平. 网络游戏在线直播的著作权合理使用研究［J］. 法律科学（西北政法大学学报），2019，37（5）：71–81.

则，又能有效适应加强著作权保护的形势发展需要。❶

"司法与立法的一个重大界分，就是司法的解释必须以立法文本为对象。如果完全摆脱文本这一解释对象，解释就不存在了。"❷ 因此，以遵守法条文义为解释原则的形式主义解释路径应为司法裁判所坚持。但是，坚持形式主义解释标准，并不意味着在解释法条文义时采取一种绝对僵化的解释方法，而是应充分穷尽各种法律解释方法。将游戏画面直接认定为视听作品（类电作品）的实质主义解释方法，虽然"从结果上看并没有产生不好的影响，甚至是符合社会发展的趋势，但是我们不能从结果去倒推这种行为的正当性"。❸ 因此，在坚持形式主义解释立场的基础上采用类推方法将视听作品（类电作品）的规则适用于游戏画面，是一种有效和妥当地解决实际问题的合理路径。最后需要说明的是，网络游戏类型众多，游戏画面亦各有千秋，视听作品（类电作品）的规则并非能够毫无差别地适用于所有游戏画面，应根据游戏的具体类型进行具体分析。依此而言，以类推适用的方法保护网络游戏画面与其说是最优选择，不如说是权宜之计，这一问题的最终解决仍有赖于《著作权法实施条例》修改时对于《著作权法（2020）》中"视听作品"含义的进一步明确。

---

❶ 欧丽华，陈中山. 游戏画面直播的著作权保护路径：以"梦幻西游"直播纠纷案为例 [J]. 中国版权，2020（2）：61–65.

❷ 李琛. 文本与诠释的互动：回顾《著作权法》三十年的新视角 [J]. 知识产权，2020（8）：17.

❸ 方新军. 权利保护的形式主义解释方法及其意义 [J]. 中国法律评论，2020（3）：69.

（五）直播画面可以直接认定为视听作品（类电作品）

相比于游戏画面而言，直播画面的类型归属相对比较清晰。如前文所述，直播画面有三种类型，第一种类型和第二种类型要么是完全复制游戏画面，要么是在游戏画面基础添加的内容过于简单而缺乏应有的独创性，因而都不具有作品属性，也就无从谈起具体的作品类型问题。同时，此两种类型的直播是由观众或玩家在看游戏或玩游戏之余顺便实施的，没有人员、资金和设备的投入，由此所形成的直播画面也不属于录像制品。就第三种类型而言，无论是由赛事组织方或被许可方组织实施的大型电子竞技游戏比赛直播，还是未经许可提取其他直播平台的游戏画面，自行添加其他内容所形成的直播画面，笔者认为可以构成视听作品（类电作品），至少可以构成录像制品。理由在于，这些直播画面不仅包含游戏画面，还包含观众、灯光、音效、舞美、场地布置、现场解说等元素，几乎与一台电视节目或晚会没有太大的差异，符合视听作品（类电作品）的要求。即使这些添加的内容过于简单而导致直播画面不具独创性，但由于是大型专业直播平台实施的，投入了一定的人员、技术、设备和资金，也可以作为录像制品受到邻接权保护。❶

---

❶ 王国柱. 网络直播案件中录像制品的认定：兼论录像制品制度的不可替代性 [J]. 河南财经政法大学学报，2017，32（4）：16-21.

第三章

权利主体问题：网络游戏直播画面的著作权归属

一、网络游戏直播画面的著作权归属争议

网络游戏在线直播画面的著作权由谁享有是游戏直播市场中各利益攸关方最为关心的问题，因为谁享有游戏直播画面的著作权，意味着谁就掌握了游戏在线直播画面的控制权，也就进而能够从游戏直播市场的收益中分得"一杯羹"。但网络游戏直播内容的复合性决定了在确定其著作权归属上比一般作品要更为复杂：一方面，网络游戏直播画面是在网络游戏运行画面基础上形成的，因此首先会涉及由游戏玩家操作计算机所形成的网络游戏运行画面本身（游戏画面）的著作权应该由谁享有的问题；另一方面，网络游戏直播并非仅针对游戏画面

的直播，而是在游戏运行画面基础上增加了主播的精彩解说、与观众的激情互动等内容，故而会涉及由此所形成的网络游戏直播画面（直播画面）的著作权应该由谁享有的问题。如此一来，就在游戏开发者（运营者）、游戏直播平台、游戏玩家以及游戏主播之间，针对游戏运行/直播画面的著作权归属展开了法律博弈甚至不惜诉诸公堂，而当前的学界研究和司法实务中的判决对这些问题的认识也是分歧严重、争议颇大。

　　例如，在游戏画面的著作权应归属于游戏开发者还是游戏玩家的争论中，一些学者和法院判决认为应当归属于游戏开发者。代表性观点如：①游戏运行画面不具有独立的作品属性，其属于游戏程序的组成部分，著作权自然应归属于游戏开发者；❶ ②游戏运行画面虽具有独立的作品属性，但该画面系游戏软件自身运行的结果，故而是游戏开发者而不是游戏玩家创设了游戏画面，著作权自应归属于游戏开发者；❷ ③虽然游戏运行画面是在游戏玩家的操作下逐步呈现的，但这些画面都在游戏开发者的游戏程序预设范围之内，游戏玩家实质上并无个人创作空间，游戏运行画面的著作权应归属于游戏开发者；❸ ④游戏玩家的操作是一种追求效率的技巧性、实用性、功能性行为，其玩游戏的目的也是娱乐或者竞技而并非创作，由于主观上缺乏创作目的，游戏运行

---

❶　参见：四川省成都市成都高新技术产业开发区人民法院（2016）川 0191 民初第 2719 号民事判决书。

❷　李扬. 网络游戏直播中的著作权问题 [J]. 知识产权，2017（1）：14 - 24.

❸　王迁，袁锋. 论网络游戏整体画面的作品定性 [J]. 中国版权，2016（4）：19 - 24.

画面的著作权应归属于游戏开发者。❶

与此同时，也有一些学者和法院判决主张游戏运行画面的著作权（邻接权）应归属于游戏玩家。代表性观点如：①网络游戏本质上只是一种创作工具，游戏玩家的交互性操作是一种创作行为，游戏运行画面的著作权应由游戏玩家单独享有；❷ ②游戏玩家操作游戏的行为虽然可以视为创作，但该创作行为利用了游戏开发者在游戏程序中预设的游戏资源，故游戏运行画面可以视为游戏玩家的演绎作品从而游戏玩家对其享有著作权，❸ 或者游戏玩家可以据此与游戏开发者作为合作作者共享著作权；❹ ③游戏玩家的操作游戏行为在一定条件下可以构成表演，于此情形下玩家对游戏运行画面可以享有表演者权；❺ ④游戏玩家的操作游戏行为不能构成演绎性创作或者表演时，玩家操作游戏的行为系一种传播游戏作品的行为，玩家应享有录像制作者权。❻

除上述争议外，对于直播画面的著作权应该归谁享有在当前也存在不少分歧：有观点认为应归属于游戏运行画面的权利人，

---

❶ 欧修平，孙明飞，吴东亮. 庖解中国网络游戏直播第一案：权利属性及责任归属 ［EB/OL］.（2015 – 10 – 09）［2023 – 12 – 12］. http：// www. zhichanli. com / article/16303.

❷ 赵银雀，余晖. 电子竞技游戏动态画面的可版权性研究 ［J］. 知识产权，2017（1）：41 – 45.

❸ 冯晓青. 网络游戏直播画面的作品属性及其相关著作权问题研究 ［J］. 知识产权，2017（1）：3 – 13.

❹ NICHOLS W J. Painting through pixels：the case for copyright in videogame play ［J］. The Columbia Journal of Law & the Arts，2006 – 2007，30：101，104.

❺ 夏佳明. 电子游戏直播中知识产权保护研究 ［J］. 电子知识产权，2016（2）：19 – 25.

❻ 崔国斌. 认真对待游戏著作权 ［J］. 知识产权，2016（2）：3 – 18.

也有观点认为应归属于组织游戏直播的赛事组织者，还有观点认为应归属于游戏直播平台，更有观点认为游戏主播对游戏直播画面应享有权利。❶ 上述研究现状与司法实践的梳理表明，对于如何确定网络游戏直播画面的著作权归属问题在理论与实务中远未形成共识。于此背景下，对网络游戏在线直播画面的著作权归属这一基础性问题仍有进一步深入研究的必要。如前所述，网络游戏在线直播画面是一种具有复合性的作品。首先，游戏直播画面系在游戏运行画面基础上形成，由于二者的形成过程、独创性要素以及涉及主体均不同，因此应首先区分游戏直播画面与游戏运行画面，并分别就其著作权归属进行界定。其次，就游戏运行画面的著作权归属而言，应根据游戏运行画面本身属于著作权法上的作品还是邻接权客体而分别认定。在作品模式下也不应一概而论，应以游戏是否为玩家❷提供了表达空间以及玩家是否从事了创作行为两个因素为标准将游戏划分为三种类型予以认定；在邻接权客体模式下，应从表演者权和录像制作者权视角分别进行分析。最后，就游戏直播画面的著作权归属而言，由于在游戏运行画面基础上所增加的主播解说一般属于具有独创性的口述作品，因此对游戏直播画面的著作权归属应根据直播平台的经营模式及其与游戏主播的不同法律关系，分别从"签约模式""合作分成模式""平台服务模式"三种类型进行具体分析。由此可见，网

---

❶　此几种观点的详细理由见后文相关部分的论述。

❷　玩家与主播有联系也有区别：在玩家自己解说自己操作游戏的过程时，玩家同时也是主播；当玩家操作游戏的过程由其他主播解说时，则玩家与主播分别指代不同的人。本书单独使用"主播"表述时特指第二种情形。

络游戏直播画面在作品结构上的复合性决定了对其著作权归属不应进行"一刀切"式的分析并简单地得出"或有或无"或者"非此即彼"的结论，而应区分不同情形予以类型化分析。因为当抽象概念及逻辑体系不足以阐释某种定义或现象时，首先会用的补助思考形式是类型。❶ 以下将以类型化为视角研究网络游戏直播画面的著作权归属问题。

二、游戏画面的著作权归属：游戏开发者抑或游戏玩家？

（一）作品模式下游戏画面的著作权归属

讨论这一问题的前提是游戏（运行）画面构成独立于游戏程序中预设内容的作品。当前虽有观点否认游戏画面具有独立的作品属性（要么认为应将游戏画面中的不同元素进行拆分予以分别保护；要么认为游戏画面不构成作品，应适用不正当竞争法保护），但难以否认的是，游戏运行后临时呈现的连续动态整体画面带给观众的综合性视听效果是那些单个、分散、静态的游戏预设素材所远不能实现的，因而游戏画面的独立作品属性已得到多数学者和司法实践判决的认同。当前对于游戏画面权利归属的争论，主要集中于其著作权应由游戏开发者享有还是由游戏玩家享有。引发此争议基于以下主要原因。

第一，从游戏运行画面生成过程的外观来看，如美国游戏设

---

❶ 拉伦茨. 法学方法论［M］. 陈爱娥，译. 北京：商务印书馆，2003.

计专家杰里米·吉布森（Jeremy Gibson）所言："游戏离开玩家则不存在，只有通过玩家行动，游戏才能从一系列内嵌要素转变成一种体验。"❶ 进而言之，网络游戏开发者在设计游戏时并没有预设连续的运行画面，在游戏玩家介入游戏之前，连续的动态运行画面是不存在的（以碎片化的游戏素材存储于游戏程序中），是游戏玩家运用游戏引擎调动游戏素材所进行的一系列连续操作，才使游戏动态连续运行画面在计算机终端屏幕上显示出来为观众所感知。正如"《奇迹 MU》"案一审判决书所描述的，"随着玩家的操作，游戏人物在游戏场景中不断展开游戏剧情……并随着玩家的不断操作而出现画面的连续变动……"❷

第二，游戏玩家操作游戏时的个性化表现是游戏直播平台据以吸引观众、获取流量并提升其商业价值的重要因素。网络游戏直播和网络游戏本身的价值不同：游戏本身的价值或者说"卖点"体现为用户"玩得开心"，吸引用户的是隐藏在游戏规则里的玩法和游戏预设元素，这些内容在同一款特定的游戏中都基本相同；而游戏直播的价值或者说"卖点"体现为让观众"看得过瘾"，吸引观众观看直播的是游戏运行画面本身的整体视听效果以及游戏玩家高超的操作技巧、个人的"颜值"、与观众的互动等，这些内容即使在同一款游戏中也会因游戏玩家不同而差异巨大，因此游戏玩家独具个性的操作和表现对于提升直播效果具有重要作用。

❶ GIBSON J. 游戏设计原型与开发：基于 Uity 与 C#从构思到实现［M］. 刘晓晗，刘思嘉，文静，等译. 北京：电子工业出版社，2017.
❷ 参见：上海市浦东新区人民法院（2015）浦民三（知）初字第 529 号民事判决书。

正是基于游戏玩家在网络游戏直播中所扮演的重要角色，学界和司法实务中产生了关于游戏玩家能否就游戏运行画面享有权利的争论，由此形成了前述所总结的游戏玩家可以针对游戏运行画面独立享有著作权、游戏玩家可以与游戏开发者共同享有著作权、游戏玩家可以成为演绎权人、游戏玩家可以享有表演者权、游戏玩家可以享有录像制作者权以及游戏玩家对游戏运行画面不应享有任何权利等颇具争议的观点。在著作权法意义上，作品系作者对其思想、感情所进行的具有独创性的个性化表达。游戏玩家能否对某一特定游戏运行画面享有著作权应取决于两个因素。一是该游戏是否为玩家的操作留下了个性表达空间。只有那些为玩家预留了较大个性发挥空间的游戏，玩家才有可能创作出具有独创性的作品；相反，如果玩家在操作某类游戏时只有一种或仅几种选择，由此所形成的游戏运行画面将会因著作权法上的有限表达或者混合表达原理而被作为思想不适用著作权保护。独创性的判断主要要看是否有创作空间和创作自由。对于是否有创作空间和创作自由的考虑，需要根据作品类型、创作规律、诉争作品的特点、创作方法等各种因素进行判断；故不同类型的作品独创性的表现是不同的，因此对于独创性的判断通常要结合作品的类型，而非仅根据抽象的独创性概念。❶ 二是玩家操作游戏是否属于著作权法意义上的"创作"行为。某类游戏中玩家具有个性表达空间只是为玩家享有游戏运行画面的权利提供了一种可能，最终能否实际享有则取决于游戏玩家的具体操作行为是否属于著

---

❶ 李自柱. 作品类型开放条款的司法适用 [J]. 中国版权，2021 (3)：92.

作权意义上的创作行为，即是否产生了能够承载作者思想感情的独创性表达。随着近年来网络游戏产业的迅猛发展，实践中网络游戏有成千上万种，其类型也是五花八门、林林总总，不同的游戏类型为玩家所预留的个性表达空间差别很大，因此不宜"一刀切"式地对玩家的操作行为进行"非此即彼"或"全有全无"的定性，而应根据游戏的具体特点进行类型化分析。实践中游戏的分类方法很多，笔者以游戏是否具有个性表达空间以及玩家是否实施了创作行为为标准将当前的网络游戏分为以下三类，分别探讨各种类型下游戏运行画面的著作权归属问题。

1. 游戏有个性表达空间，玩家有具体创作行为

"玩游戏不像写小说或者作画，更像用遥控器更换电视频道。玩家不能控制连续图像在屏幕上的显示方式，也不能改变预先设计好的图像在屏幕上的展示顺序，他所能做的仅仅是在游戏开发者预设的范围内有限地选择图像的顺序。因为游戏开发人员早已为他写好了句子，画好了画，他仅仅只需从储存设备中选取一个句子或一幅画。"❶ 这是 20 世纪 80 年代初发生在美国的"Midway Mfg. v. Artic Int'l, Inc. 案"中法官对于游戏玩家地位和作用的描述，极其形象地反映了在早期的游戏中玩家几乎无个性表达空间，由此导致游戏玩家对于游戏运行画面的影响也极其有限。但随着科技发展和网络游戏产业不断升级，今天越来越多的游戏为玩家提供了高度的个性表达空间。此种类型主要以建设、绘画类

---

❶ *Midway Mfg. v. Artic Int'l, Inc.*, 704 F. 2d 1009, 1012 (7th Cir. 1983).

游戏为典型。其特点是：一方面，游戏开发者在游戏程序中只提供基础的素材，几乎所有的游戏道具、场景、玩法、游戏规则均由玩家创设；另一方面，游戏玩家玩游戏的目的，也不是竞技比赛或者纯粹性的娱乐，更多的是出于美学、思想或者情感表达的考虑。由此可见，在此类游戏中，游戏开发者为玩家提供了极高的创作自由和极大的个性表达空间，玩家可以根据自己对游戏的理解将自己的思想感情或者美学观念借助游戏进行表达，由此所形成的游戏运行画面也必然具有较高的独创性，此时的游戏操作行为可以构成著作权法意义上的"创作"。以广州网易计算机系统有限公司开发的《我的世界》游戏为例，该款游戏为玩家提供了高度的自由表达空间，具体表现为两种类型：第一种是玩家可以利用游戏中既有的预设素材进行自主筛选、搭配，搭建出一个"世界"，尽管每个游戏玩家依据的游戏资源是相同的，但不同玩家最后搭建出来的"世界"则完全不同，此时玩家的游戏操作行为应属于著作权法上的创作；第二种是玩家可以自己创作游戏素材，例如利用第三方软件进行制图，创造出新的人物皮肤、材质包，经过加工后将其导入游戏，使原本略显粗糙的游戏画面呈现出真实性光影的质感，此时玩家游戏操作行为的创作特征显然更为明显。❶ 在著作权归属上，有观点认为此类游戏运行画面的著作权应完全归属于玩家，理由是"玩家对画面的直播行

---

❶ 孙明飞，苏梦云. 从《我的世界》看游戏玩家创作的世界［EB/OL］.（2018 - 03 -
29）［2023 - 12 - 12］. https：//mp. weixin. qq. com/s/v8lidWEwnzfo9u9vqURwyA.

为属于对自己创作作品的使用，不受游戏开发商的控制"。❶

笔者以为，应以类型化思维对此类游戏画面的著作权归属分别予以界定。对于上述第一种玩家利用游戏既有素材所创作的游戏运行画面而言，此系玩家在游戏开发者提供的既有作品素材基础之上进行的再创作，应属于演绎作品，游戏玩家仅对于演绎行为的结果享有著作权，同时游戏玩家行使权利时不得侵犯游戏开发者针对既有游戏素材所享有的著作权，而第三人使用游戏运行画面则要取得游戏玩家和游戏开发者的双重许可。这一认识也得到美国法院生效判决的支持。在"Micro Star v. Formgen, Inc. 案"中，游戏开发者鼓励作为用户的玩家为游戏"Duke Nukem 3D"创作新的过关级别，对于玩家利用游戏开发者既有素材所创作的新内容，法院认定此类创作结果为演绎作品。❷

对于上述第二种由游戏玩家利用"完全自创素材"所形成的游戏运行画面而言，此系由玩家利用第三方软件创作的作品，并未利用游戏开发者的预设素材，因此不属于演绎作品，应当由游戏玩家单独享有完全的权利。上述两种情形下游戏玩家对游戏运行画面所享有的权利在游戏产业的行业实践中也得到认可。仍以《我的世界》游戏为例，根据游戏开发者在《用户协议》中对操作游戏所形成的知识产权归属的约定，针对上述第一种类型即"用户根据包括但不限于《我的世界》游戏、网易提供的游戏素材等网易授权的任何内容所制作的素材/内容"，其知识产权

---

❶ 刘彤. 网络游戏画面的著作权归属及合理使用问题 [EB/OL]. [2023-12-12]. http://www.sohu.com/a/244964779_744164.

❷ *Micro Star v. Formgen, Inc.*, 154 F. 3d 1107, 1113 (1998).

及所有权均归网易公司与用户共有；针对上述第二种类型即"用户利用第三方软件独立制作的游戏素材"，用户享有一切知识产权。需要说明的是，针对上述第一类情形，如果游戏开发者在用户协议中约定与用户共享游戏画面的权利，则游戏用户与游戏开发者可以成为游戏画面的合作作者；但如果没有此种约定，游戏玩家不能与游戏开发者成为合作作者，二者应为原作者与演绎作者的关系。

2. 游戏有个性表达空间，玩家无具体创作行为

此种类型主要以竞技类游戏为典型，例如目前流行的"DOTA系列"《英雄联盟》《王者荣耀》等网络竞技比赛类游戏，其特点是游戏开发者设计游戏是为了以效率和实用为目的的竞技比赛，所有参与游戏的玩家操作游戏也均以竞技取胜为目标。就此类游戏而言，当前有不少观点认为其不存在玩家的个性表达空间。代表性论述如："在网络游戏中，任何一种玩法和游戏画面都是游戏开发人员预先设计和安排好的，只要引发特定的触发条件，无论谁来操作，电脑屏幕上所显示的视听效果都是一样的。"❶

仅从理论上而言，确实从"只要引发特定的触发条件"这一前提可以推导出"无论谁来操作，电脑屏幕上所显示的视听效果都是一样的"这一结论，但这可能只是一种理论上的理想状态。在网络游戏竞技比赛实践中，针对同一款游戏，不同玩家不

---

❶ 王迁，袁锋. 论网络游戏整体画面的作品定性 [J]. 中国版权，2016（4）：24.

可能在整个游戏过程中的每一步操作都完全相同，甚至同一玩家针对同一款游戏不同场次的操作也不可能完全相同。正如体育比赛中同一运动员参加的同一项比赛在不同场次中不可能出现完全相同的两个赛事过程一样，网络竞技游戏中也没有过程完全相同的两场电竞游戏赛事，更不存在完全复制先前比赛过程的情形。❶ 在我国首例电竞游戏赛事直播著作权纠纷案"斗鱼案"中，一审法院也指出，"电子竞技游戏比赛本身并无剧本之类的事先设计，比赛过程具有随机性和不可复制性，比赛结果具有不确定性"❷。由此可见，竞技类游戏为不同玩家留下了较大的个性表达空间，水平最差的玩家和水平最高的玩家操作同一款游戏所形成的游戏运行画面在观赏效果上存在巨大差别，这也正是电竞游戏的魅力所在。也正因如此，观众选择在哪家直播平台观看哪个场次的游戏比赛直播，往往与该场游戏赛事由哪位玩家操作具有很大的关系，这也导致了那些竞技水平高的优秀玩家成为各大电竞赛事组织者和直播平台竞相争夺的对象，而游戏玩家违约"跳槽"、直播平台采取各种手段"挖角"事件近年来也频频发生，有的甚至引发法律纠纷而对簿公堂。❸

正是基于竞技类游戏为玩家提供了较大的个性表达空间，当前学界有不少观点将玩家操作游戏的行为认定为创作。例如有观点将游戏程序视为创作"工具"，并以此提出网络竞技游戏运行

---

❶ BURK D L. Owning e‐sports：proprietary rights in professional computer gaming［J］. University of Pennsylvania Law Review，2013，161（6）：1535‐1578.

❷ 参见：上海市浦东新区人民法院（2015）浦民三（知）初字第191号民事判决书。

❸ 参见：湖北省武汉市中级人民法院（2017）鄂01民终4950号民事判决书。

画面是玩家借用这些"工具"所创作出来的"作品"，所以玩家对该画面应单独享有著作权。然而，对于竞技类网络游戏而言，玩家虽然有较大的个性表达空间，但游戏玩家（电竞选手）操作游戏的行为仍然难以构成著作权法上的"创作"。理由主要有二：

其一，虽然创作系一种事实行为，并不要求作者主观上具有明确的创作目的，但作品毕竟是用来表达一定思想和情感的。《日本著作权法》第 2 条第 1 款第 1 项和《韩国著作权法》第 2 条第 1 款甚至明确将"思想或者感情"的独创性表达作为作品的构成要素规定在作品的法定构成要件之中。❶ 显而易见的是，作为电竞赛事选手的玩家操作游戏并非为了表达某种思想或者感情，而是为了展示自己高超的操作技巧以赢得比赛，并以此获取更高的人气和关注度从而提升自己的"身价"。由于主观上缺乏创作出具有美感和观赏性作品的目的，竞技类游戏中玩家操作游戏的行为难以构成"创作"，由此所形成的游戏运行画面也因无法承载一定的思想或者感情而难以构成著作权法意义上的"作品"。

其二，虽然竞技类游戏为玩家提供了个性表达空间，而那些具有较高关注度的游戏赛事画面也体现了玩家个人独特的操作技艺，但此纯系玩家在游戏过程中的策略性选择和技巧性操作，本质上是一种为追求实用和效率的技艺和方法的展示，并非著作权法意义上的创作。这就如同体育比赛中精彩的体操动作、娴熟的篮球手法、完美的足球攻防一样尽管令人叹为观止，但并非具有

---

❶ 十二国著作权法［M］. 十二国著作权法翻译组，译. 北京：清华大学出版社，2011.

独创性的表达。美国法院在著名的"NBA v. Motorola 案"中也认为，尽管篮球运动员在运动场上可能有无数种打法的选择，其结果也无法预测且不能重复，但受限于努力追求取胜的结果这种实用和效率的考虑而不是艺术美感的展示，这种展示篮球技艺行为并没有独创性表达。❶

同时应予说明的是，此处强调竞技类游戏中玩家的行为类似于体育比赛中运动员的技巧性动作因而难以构成创作，与玩家操作游戏所形成的游戏运行画面是否构成作品属于两个完全不同的问题。进而言之，即使玩家的行为不属于创作，但仍然不影响游戏运行画面具有独立的作品属性；游戏玩家的行为不属于创作，仅意味着玩家不能针对游戏运行画面享有著作权，而具有独立作品属性的游戏运行画面的著作权仍归属于游戏开发者。

3. 游戏无个性表达空间，玩家无具体创作行为

此种类型主要以棋牌类和剧情类游戏为典型。棋牌游戏是棋盘游戏和牌类游戏的统称，常见的种类有"斗地主""三打一""拱猪""麻将""黑白棋""围棋""象棋""围棋""五子棋"等，另外还包括一些休闲类小游戏，像"泡泡龙""连连看""跳一跳"等。棋牌游戏分为单机游戏和网络游戏：前者不需要联网，仅需要一台移动设备就能独立运行，可实现人机对战或多人对战；后者以互联网为传输媒介，可实现手机与手机、手机与电脑的游戏互通。可见，棋牌游戏实际上就是把线下游戏搬到线

---

❶ *National Basketball Association v. Motorola, Inc.*, 105 F. 3d 841, 846 (2d Cir. 1997).

上，游戏目的实现的方法由代码规则和美术构成，游戏规则相对比较简单。剧情类游戏的特点是游戏开发者将预设好的故事情节向游戏玩家逐步展现，由此形成的游戏运行画面主要表现为游戏内容向玩家单向输出，玩家观看游戏的过程是对游戏内容的被动接受。对该类游戏的操作类似于播放电影，所形成的游戏画面主要取决于游戏本身的预设。可见，在上述棋牌类和剧情类游戏中，玩家需要按照游戏开发者总体设定的路线和任务情节完成通关，其个人的表达空间有限，几乎无创作新作品的可能。正如"《梦幻西游》案"中一审法院所认定的，"即便因网络游戏操作不同而产生出不同的连续游戏画面，也均系由游戏开发商的既定程序预先设置好，具有有限的可能性，玩家不可能超出游戏开发者的预设对画面作出修改。不同玩家只要选择相同的角色……以相同的路线、进程完成相同的任务，就可以得出基本相似的一系列画面"❶，由此所形成的游戏运行画面的著作权应属于游戏开发者。

（二）邻接权客体模式下游戏画面的著作权归属

1. 游戏玩家能否对游戏画面享有表演者权？

在前述后两种类型游戏中玩家的操作行为难以构成创作的情形下，一些学者开始寻求邻接权保护，代表性观点如"当游戏玩家的行为不构成演绎性创作、达不到著作权法对创作作品要求的

---

❶ 参见：广州知识产权法院（2015）粤知法著民初字第 16 号民事判决书。

独创性时，在一定条件下可以构成表演行为"。还有观点直接引用少数韩国学者的意见认为，可以给予部分游戏玩家提供表演者权的邻接权保护。❶ 持此类意见的理由主要有以下两个方面。

其一，独创性的高低是划分著作权和邻接权的标准，因此对那些独创性未达到作品要求的智力成果可以归入邻接权客体。游戏玩家操作游戏的行为对于游戏运行画面的形成具有一定的智力投入，这一智力投入虽未达到作品应有的独创性高度，但具备邻接权保护的条件，可以构成著作权法上的表演，从而可以使游戏玩家享有表演者权。

其二，玩家的操作行为对网络游戏的传播具有重要意义，而邻接权的设立正是为了保护传播者，因此游戏玩家理应受到表演者权的保护。另有观点认为，网络游戏分为"电竞赛事直播"（由赛事主办方负责组织，有职业的参赛选手以及专业的解说员共同参与的即时直播）和"个人游戏直播"（由视频平台上的主播玩家自主发起，将其操作游戏的过程通过互联网设备向公众进行同步传播，有时还会伴有解说、评论以及与观众互动的行为）：对于前者，以追求游戏胜利作为根本目的的电竞选手已经超出了自娱自乐的范畴，将其游戏操作认定为非表演行为不存在疑议；对于后者，以吸引观众观看直播作为根本目的的主播玩家会尽可能地"秀"出精彩的游戏操作，理论界对其是否享有表演者地位尚未形成一致的看法。反对者认为，主播玩家的游戏操作未向外界传递出文学或者美学价值，更类似于足球比赛中的运动员而

---

❶ 孙磊，曹丽萍. 网络游戏知识产权司法保护［M］. 北京：中国法制出版社，2017.

非钢琴演奏家。支持者则认为主播玩家的游戏操作不同于传统体育赛事中的竞技行为，具有供他人观赏的目的，与皮影表演如出一辙，还能够促进游戏作品的传播，游戏开发商与玩家之间的法律关系相当于剧本的作者与表演者，而且美国司法实践中已经出现将游戏操作认定为表演行为的真实案例。❶

还有学者还提出了四种标准用于判断游戏操作是否属于表演行为。

第一种是基于"娱乐性标准"来判断，认为主播玩家的游戏操作构成表演行为。有观点指出，只要行为具有观赏性和娱乐性，就属于著作权法上的表演行为。一些评论家据此主张网络游戏是玩家展示自我的舞台，主播玩家的游戏操作带有表演的性质。著作权法领域也有学者持赞成的态度。例如，有观点认为游戏直播的可看性并非源于游戏设计者制定的舞台布景和赛事规则，而是这一造景和规则之下游戏操作者带来的表演。滥用"娱乐性标准"显然会降低表演行为的保护门槛。这些脱离著作权法基本原理的分析辞藻就好比是将作品喻为作者的儿子一般，所得结论在法律上难以具有信服力。

第二种是基于"受控行为标准"来判断，认为主播玩家的游戏操作属于机械表演。著作权法遵循"以受控行为定义专有权利"的基本原理，每一项专有权利都能够控制特定的作品使用方式。根据《著作权法》第 10 条第 1 款第 9 项的规定，我国的表演权可以规制两种行为，分别是"公开表演作品"的"舞台表

---

❶ 李昊."主客观统一标准"下再议游戏直播中主播玩家的表演者地位［J］.西部法学评论，2023（2）：67.

演"，以及"用各种手段公开播送作品表演"的"机械表演"。
一些学者认为主播玩家的游戏操作属于机械表演：一方面，主播
玩家呈现的表演结果即游戏整体画面是通过运行计算机程序得到
的，不存在个性化表达的空间；另一方面，与通过自身的语言、
动作和表情或者借用乐器等舞台表演方式不同，主播玩家的游戏
操作更类似于机械播放音乐或文字作品。由于机械表演未产生新
的视听效果，国内外立法都未赋予实施机械表演的主体表演者
权。这意味着游戏操作是否构成机械表演，与主播玩家表演者地
位的认定毫无关联。更为关键的是，"受控行为标准"会限缩表
演行为的保护范围。我国表演权控制的舞台表演和机械表演未穷
尽所有公开状态下的表演行为，后者才是表演者权保护的客体。
因此，主播玩家的游戏操作是否属于著作权法上的表演行为，不
能基于表演权的受控行为来判断，而是要看其是否属于表演者权
保护的行为。

　　第三种是基于"创造性标准"来判断，认为主播玩家的游
戏操作构成表演行为。作为邻接权保护的客体，表演行为以一种
非创作和非复制的方式来再现作品，具有创造性。通过主播玩家
的游戏操作，游戏设计者预设的游戏资源可以在游戏画面中以动
态方式得到展现。有观点认为，经游戏操作产生的画面内容虽未
达到演绎作品的独创性程度，但是足以构成对游戏作品的表演。
表演行为理应满足邻接权客体的保护要求。但是，具有独创性只
是用于判断邻接权客体的标准之一。因此，即便游戏操作可以产
生具有独创性的画面内容，也不足以证明主播玩家的游戏操作是
一种表演行为。

第四种是基于"主客观统一标准"来判断，认为主播玩家的游戏操作是或不是表演行为的观点皆有。"主客观统一标准"是指表演行为需要同时满足主观要件和客观要件才能成立。表演行为的主观要件通常是指表演主体的个性化表达，而客观要件通常是指表演对象或者表演行为呈现的内容。主播玩家的游戏操作是否兼具表演行为的主观要件与客观要件，理论界存在"全有"和"全无"两种观点。支持者认为游戏整体画面是主播玩家通过游戏操作对游戏软件进行个性化表演的视觉效果；反对者则认为游戏整体画面不具有可表演性，游戏操作难以彰显主播玩家的个性。❶

根据知识产权法定原则，每一项邻接权的权利主体、权利客体及权利内容都有其特定的法定构成要件，能否受到邻接权保护要看其是否符合特定种类邻接权的法定构成要件，而不能简单地认为只要未达到作品要求的独创性高度就可以退而求其次，当然地适用邻接权保护。

就竞技类游戏中游戏玩家的操作行为而言：首先，表演者能够享有表演者权应建立在其实施了著作权法意义上的"表演"基础之上。根据著作权法原理，表演有"舞台表演"和"机械表演"两种形式，前者是指自然人以其动作、声音、表情等再现作品的"活表演"行为，后者是指那些利用技术设备将录制在

---

❶ 李昊. "主客观统一标准"下再议游戏直播中主播玩家的表演者地位 [J]. 西部法学评论，2023（2）：70.

录音录像制品中对作品的表演向公众播放的行为。[●] 在世界知识
产权组织制定的《保护表演者、录音制品制作者和广播组织的国
际公约》（以下简称《罗马公约》）中，"舞台表演"所要求的
"活表演"在第 3 条被例示性地规定为"表演、歌唱、演说、朗
诵、演奏或以其他方式表演文学艺术作品"的行为。以此为据分
析玩家的操作游戏行为可以看出，竞技类游戏运行画面的形成并
非游戏玩家以其本人自身的动作、声音、表情等"表演"作品
的结果，而是玩家利用计算机操作游戏程序的结果；同样，吸引
观众观看游戏直播的也并非游戏玩家本人自身的动作、声音或者
表情，而是其在游戏运行画面中所扮演的某一特定游戏角色的动
作、声音或者表情，因此玩家操作游戏的行为不符合"舞台表
演"的构成条件。这一认识在美国法院也得到认可，在著名的
"Allen v. Academic Games League of America，Inc. 案"中，美国
联邦第九巡回上诉法院法官认为，著作权法上的表演限于演奏音
乐或播放唱片，玩家进行游戏操作的行为不属于著作权法上的表
演，[●]这一结论同样适用于竞技类玩家操作游戏行为的认定。[●]

　　值得注意的是，还有学者认为竞技类游戏玩家的操作游戏行
为可以构成"机械表演"，代表性观点如"用户（玩家）公开展
示游戏作品中音乐或者文字作品录音等作品片段，应该属于著作

● 焦和平. "机械表演权"的法源澄清与立法完善：兼论我国《著作权法》第三次
　修改［J］. 知识产权，2014（4）：23.

● *Allen v. Academic Games League of America*，*Inc.*，89 F. 3d 614，616（9th Cir.
　1996）.

● JOO J. Public video gaming as copyright infringement［J］. AIPLA Quarterly Journal，
　2011，39（4）：563.

权法意义上的'利用各种手段公开播送作品的表演'"。❶ 姑且不论游戏玩家操作游戏的行为是否属于"利用各种手段公开播送作品的表演"从而能否构成所谓的"机械表演",问题在于即使构成所谓的"机械表演",游戏玩家也不能因此而享有表演者权。因为当前无论是国际条约还是我国现行立法,都未曾赋予"机械表演者"(利用各种手段公开播送作品的表演的人)就其"机械表演"(播放录制品中的表演)行为享有所谓的"机械表演者权"。进而言之,"机械表演"属于著作权人的表演权所规制的行为(未经著作权人许可擅自播放作品的表演侵犯著作权人的表演权),但却不是表演者权所应规制的行为,更不是表演者权的权利内容;亦即,表演者可以因其"活表演"而享有表演者权,却不能基于"机械表演"而享有表演者权。以此观之,竞技类游戏中玩家的操作行为是否构成"机械表演"似无讨论的实践价值,因为无论是否构成"机械表演"都与表演者权无关。也正因此,一些认为玩家享有表演者权的观点也承认:"将不具备演绎性创作条件的玩家玩游戏行为视为著作权法中表演者表演意义上的表演行为,需要扩张对表演者概念的规定,因为在我国著作权法关于表演者权的规定中,表演者的内涵较为狭窄,难以涵盖网络游戏直播画面的玩家操作游戏的行为。"❷

其次,即使竞技类游戏中游戏玩家的操作游戏行为构成所谓的"活表演",玩家也难以对其操作游戏所形成的游戏运行画面

---

❶ 关于机械表演问题,后文将专门论述。

❷ 冯晓青. 网络游戏直播画面的作品属性及其相关著作权问题研究 [J]. 知识产权,2017(1):11.

主张表演者权。按照目前学界的主流观点和司法实践的已有判例，具有独创性的游戏运行画面在具体的作品类型上应归入类电影作品，其著作权应归属于制作者（《著作权法（2020）》将"制片者"改为"制作者"），由此意味着表演者在类电作品中并不享有独立的财产性权利（除了署名权和依照合同约定的获得报酬权）。这一权利归属和分配规则在司法实践中也得以适用。在北京知识产权法院 2014 年作出终审判决的"高健诉梅赛德斯·奔驰（中国）汽车销售有限公司侵犯表演者权纠纷案"中，法院指出，原告作为演员将自己的表演融入以类似摄制电影的方法创作的作品中，该作品的著作权应归制片人享有，原告作为演员不能再单独行使财产性权利。❶ 基于以上分析笔者以为，即使将竞技类游戏中游戏玩家操作游戏的行为认定为"表演"（无论是舞台表演还是机械表演），玩家也难以针对游戏运行画面享有表演者权，故游戏运行画面的著作权仍归属于游戏开发者。

2. 游戏玩家能否对游戏运行画面享有录像制作者权？

在游戏玩家的操作游戏行为难以构成著作权法意义上的"表演"而无法主张表演者权的情形下，一些学者提出游戏玩家的操作游戏行为属于录制行为从而可以享有录像制作者权。如前文所述，在知识产权法定原则下，认定某一民事主体享有录像制作者权应以其具备法定的录制者身份并制作了法定的录像制品为条

❶　参见：张玲玲. 表演者不能单独主张表演者权中的财产性权利：评"高健诉梅赛德斯·奔驰（中国）汽车销售有限公司侵犯表演者权纠纷"案［N］. 中国知识产权报，2014－12－26（11）.

件。根据《著作权法实施条例》第 5 条的规定，录像制作者是指"录像制品的首次制作人"，该条同时将录像制品界定为"电影作品和以类似摄制电影的方法创作的作品以外的任何有伴音或者无伴音的连续相关形象、图像的录制品"。据此可以得出如下两点：

其一，录像制品的制作一般是对表演者表演文学艺术作品活动的记载，❶ 故录像制品的制作过程中首先应当有表演者。也正基于此，《著作权法》规定录音录像制作者制作录音录像制品"应当同表演者订立合同，并支付报酬"。可见，有表演者表演文学艺术作品的活动是录像制品制作形成的前提条件。但正如前文所述，游戏玩家操作游戏的行为并非著作权法意义上的"表演"，玩家自身也不能成为表演者，在缺乏表演者和表演活动的情形下，玩家操作游戏所形成的游戏运行画面难以构成著作权法上的录像制品。

其二，录像制作者系"制作"录像制品的人，"制作"系具有一定技术含量的活动。《著作权法实施条例》将录像制品界定为"电影作品和以类似摄制电影的方法创作的作品以外的任何有伴音或者无伴音的连续相关形象、图像的录制品"，也表明了录像制品的"制作"应当与电影作品的制作手法基本相同，两者的区别仅在于有无独创性或者独创性的高低。而电影作品的制作首先要求"摄制在一定介质上"，游戏运行画面显然没有被事先"摄制"在一定的介质上，而是由玩家通过游戏操作行为调用计

---

❶ 录像制品还可以是对作品表演之外的其他人类活动或者大自然场景进行录制所形成的画面，但在网络游戏中不存在此种情形，因此这里仅讨论因表演作品所形成的录像制品。

算程序中的游戏资源所形成的连续动态画面，故不符合"摄制"的要求。虽有学者认为《伯尔尼公约》对电影作品的定义"并不考虑制作它的'工艺方法'"，❶ 但需要正视的是，我国现行立法并未采用《伯尔尼公约》对于电影作品的定义，而是明确将"摄制在一定介质上"作为电影作品的首要条件。

特别值得注意的是，在备受社会关注的"北京天盈九州网络技术有限公司与北京新浪互联信息服务有限公司等著作权及不正当竞争纠纷案"中，北京知识产权法院在 2018 年 3 月 30 日作出的终审判决中再次强调了电影作品应符合"摄制在一定介质上"要求。❷ 综合以上分析，游戏玩家操作游戏的行为难以构成著作权法意义上的录制，游戏玩家不属于录像制作者，不能针对游戏运行画面享有录像制作者权，游戏运行画面的著作权仍归属于游戏开发者。

三、直播画面的著作权归属：游戏直播平台抑或游戏主播？

实践中网络游戏直播一般有三种类型：一是仅针对游戏运行画面进行的直播；二是在游戏运行画面基础上添加简单元素的直播；三是借助专业的大型直播平台实施的网络游戏直播。不同类型网络游戏直播画面的著作权归属根据其是否构成演绎作品而有所不同。

---

❶ 保护文学和艺术作品伯尔尼公约（1971 年巴黎文本）指南［M］. 刘波林，译.
北京：中国人民大学出版社，2002.
❷ 参见：北京知识产权法院（2015）京知民终字第 1818 号民事判决书。

（一）游戏直播画面不构成演绎作品时的著作权归属

1. 仅针对游戏运行画面进行的直播

此种类型的网络游戏直播是指由游戏玩家本人实施的针对自己操作游戏所形成的游戏运行画面的直播，具体又可分为两种情形：①很多网络游戏本身具备直播功能，此种情形下玩家在操作游戏的同时启用游戏直播功能，使其玩游戏过程形成的游戏运行画面得以向社会公众直播；②在网络游戏本身不具备直播功能情形下，游戏玩家借助专门的直播软件将其操作游戏所形成的画面向社会公众直播。此两种情形下的直播都系仅对游戏运行画面进行客观忠实的展示，游戏直播画面实质上就是对游戏运行画面的复制和再现，不可能具有独创性，因此也难以形成著作权法上的演绎作品。值得注意的是，有观点虽然也认同此两种情形下所形成的游戏直播画面只是游戏用户（玩家）利用游戏程序或第三方程序自动记录了游戏画面，没有其个人的独创性贡献，但同时又提出此时游戏用户（玩家）只能依据所谓的"录像制品"录制者的身份主张对自己录制的游戏画面享有一定的控制权。可以看出，这一观点虽否定此类游戏直播画面具有作品属性，但却认为其可以构成录像制品，从而使得游戏玩家可以据此主张录制者权利。笔者以为，此种类型的直播完全系对游戏运行画面的复制，而且此种复制是由机器（直播软件）自动完成的，与公安机关在公共场所安装的监控摄像头自动拍摄所获得的画面或者汽车上的行车记录仪所自动拍摄的画面没有本质区别，而且这些游戏直播设备（直播软件）一般都是在网上免费下载的，因此也不需要专门的投资。在知识产权法定原则下，此类游戏直播画面既不能构成演绎作品，也不符合录像制品的法定构成要件，其著作权仍然属于游戏运行画面的权利人。

2. 在游戏运行画面基础上添加简单元素的直播

此种类型的游戏直播仍然是由游戏玩家实施的，其与第一种直播的不同之处在于，游戏玩家并非纯粹直播游戏运行画面，而是在直播游戏运行画面的同时增加了一些简单元素，例如在游戏界面小窗口嵌入自己的头像，或者对游戏进行简单介绍或与观众进行互动。由于此种直播具有游戏玩家自行添加的内容，因此有不少观点认为其可以构成演绎作品。笔者以为，虽然游戏玩家在游戏运行画面的基础上增加了一些内容，但这些内容要么系对游戏过程的简单客观描述，要么是一些与游戏无关的推销玩家自己开设的网店所售卖的商品，或者是与观众的简单互动（例如打招呼之类），这些内容均缺乏基本的独创性因而难以形成演绎作品。还有观点认为，为了保护计算机软件著作权的价值以及促进网络游戏直播新兴行业的健康发展，虽然此类网络游戏直播音、视频数据产品独创性不足，不能构成作品，但是仍然可以作为与"作品"相对应的"录音、录像制品"受到邻接权的保护。❶

实践中也有类似的判决。例如在"广州爱拍网络科技有限公司诉酷溜网（北京）信息技术有限公司著作权纠纷案"中，针

❶ 周高见，田小军，陈谦. 网络游戏直播的版权法律保护探讨 [J]. 中国版权，2016（1）：54.

对玩家将其操作游戏形成的画面添加简单解说进行直播所形成的视频画面，北京知识产权法院认为："涉案视频仅仅是对游戏画面的机械录制，虽然游戏的过程会体现游戏玩家的思路和技巧，但因所录制的画面、配音内容简单，该等画面和配音的组织、编排本身无须付出独创性的智力活动，难以构成著作权法意义上的作品……虽然涉案视频不构成作品，但该等视频作为录像制品，同样受著作权法的保护。"❶ 笔者以为，不应简单地从二元思维出发，将那些不具有与作品同样程度独创性的成果当然地归入到录像制品中，在知识产权法定原则下，仍应以立法规定的法定构成要件作为认定某一成果是否属于作品或者邻接权客体的认定标准。在此种类型的直播画面未形成演绎作品的情形下，游戏玩家的解说及其与观众的互动内容因缺乏必要的资金或技术投入，难以形成录像制品，其著作权仍应归属于游戏运行画面的权利人。

（二）游戏直播画面构成演绎作品时的著作权归属

第三种类型的网络游戏直播借助专业的大型直播平台实施，实践中发生的游戏直播法律纠纷也多为此种类型。其特点是在直播平台上所传播的游戏直播画面，除了游戏运行画面，还配有专业主播的解说、比赛现场的舞台设计和观众场景、主播的个人形象和表情及其与观众互动所形成弹幕文字等。可以看出，与前两种直播类型相比，此类直播所形成的直播画面在游戏运行画面的基础上所增加的内容已不仅仅是对游戏过程的简单介绍或者与游

---

❶ 参见：北京知识产权法院（2015）京知民终字第 601 号民事判决书。

戏无关的内容，而是一些极具个性特色并具有一定独创性的表达，其中最为核心的是专业主播对游戏过程的精彩解说。此类解说在多数情形下可以构成口述作品。这一认识也得到司法实践的认可。在 2017 年发生的"鱼趣公司诉炫魔公司、脉淼公司、朱浩侵害著作权及不正当竞争纠纷案"（以下简称"主播朱浩跳槽案"）中，湖北省武汉市中级人民法院也认为，"游戏解说为口头表达，……在技术层面上符合口述作品之形式要求"。❶ 由于主播的解说是在游戏运行画面的基础上形成的，并与游戏运行画面结合在一起构成具有独创性的游戏直播画面，因此属于在已有作品基础上产生的演绎作品。在各大直播平台播出的游戏运行画面基本相同的情形下，不同的主播解说对于直播平台的关注度提升至关重要，"网络用户选择在何家网站观看游戏比赛直播，往往与该直播由哪位主播进行解说具有较大的关联。"❷

　　主播解说的这一独特作用在"斗鱼案"中体现得最为明显。该案审理法院查明，被告利用技术截取了原告享有权利的游戏运行画面，然后自己聘请专业主播进行解说并在自己的平台进行直播，仅在 2015 年 1 月 15 日原告办理证据保全公证过程中的不足 1 小时时间内，被告的直播平台就其中一场比赛同时提供了两个不同主播的直播，吸引的观众人数分别高达 11.7 万人和 1.4 万人，而原告在自己的直播平台上同时播出的该场比赛吸引的观众人数不足 2900 人。❸ 不难看出，该案中原告和被告直播的游戏运

---

❶　参见：湖北省武汉市中级人民法院（2017）鄂 01 民终 4950 号民事判决书。
❷　参见：上海市浦东新区人民法院（2015）浦民三（知）初字第 191 号民事判决书。
❸　参见：上海市浦东新区人民法院（2015）浦民三（知）初字第 191 号民事判决书。

行画面完全相同（都是原告享有权利的 DOT 2 游戏赛事画面），仅仅因为主播的不同（被告利用了原告的游戏运行画面但自己聘请了专业主播），两个直播平台的观战人数却相差如此之大，这也充分表明了主播在游戏直播中的独特价值。也正因如此，那些最受欢迎的主播也都身价不菲，❶ 并成为各大专业直播平台互相竞争的优势资源，而直播平台之间为争夺当红主播甚至不惜以不正当竞争手段进行"挖角大战"而引发诉讼。❷ 以上分析表明，在游戏直播画面形成演绎作品的过程中，游戏主播的个人贡献起到了关键性作用。由于此类直播都是通过专业平台进行的，那么作为演绎作品的游戏直播画面的著作权应该归属于直播平台还是游戏主播，抑或二者共有？对此不应一概而论，仍应遵循类型化思维以直播平台与游戏主播在实践中的三种法律关系进行具体分析。

1. "合作分成模式"下游戏直播画面的著作权归属

此种直播经营模式下直播平台与游戏主播互不隶属，双方的权利义务按照彼此签订的合作协议执行。主要的合作模式就是直播平台"出资"（包括平台、资金、设备、技术等）、游戏主播"出人"，双方对于收益按照约定的比例分成，因此称为"合作分成模式"。这一直播模式下主播的解说如具有独创性，由此所形成的游戏直播画面则构成演绎作品，对于其著作权归属须根据

---

❶ 据统计，2018 年位于收入前十位的主播中，第一名杨丰智收入高达 1 亿多元，第十名董小飒也过了千万（为 1200 万元）。参见：2018 全国十大主播收入排行，第一年收入过亿［EB/OL］.（2018 – 08 – 17）［2023 – 12 – 12］. https：//www.phb123.com/yule/star/27067.html.

❷ 参见：湖北省武汉市中级人民法院（2017）鄂 01 民终 4950 号民事判决书。

我国现行立法确立的以下四种主要标准确定。一是创作标准，即作品的著作权属于直接从事创作的自然人。根据《著作权法（2020）》第 11 条的规定，著作权归属于作者（法律另有规定的除外），创作作品的自然人是作者。二是约定标准，即当事人之间对于著作权的归属有合同约定的应优先适用约定。例如《著作权法（2020）》第 18 条第 2 款规定的特殊职务作品、第 19 条规定的委托作品等。三是责任标准，即作品的著作权不属于实际进行创作的人，而是由最终承担作品责任的主体享有，例如《著作权法（2020）》第 11 条第 3 款规定的法人作品、第 17 条第 1 款规定的电影作品和电视剧作品，《最高人民法院关于审理著作权民事纠纷案件适用法律若干问题的解释》第 13 条规定的报告（讲话）类作品、第 14 条规定的人物传记类作品等。四是投资标准，即作品的著作权由对作品创作进行了实际投资的人享有。此原则一般适用于那些单个自然人所不能完成而需要巨额投资和团队协作才能完成的作品。例如《著作权法（2020）》第 17 条规定的视听作品，此类作品的著作权并不归属于实际进行创作的编剧、导演等，而是归属于实际投资人即视听作品的制作者。就"合作分成模式"下游戏直播画面的著作权归属而言，实践中直播平台与主播一般都会在合作协议中进行约定，根据著作权法确定的权利归属原则，应当按照双方的约定确定具体的权利归属；在双方没有明确约定或者约定不明的情形下，游戏直播画面的著作权应适用创作原则，即应归属于口述作品的创作者（游戏主播），但这并不影响直播平台依照约定使用游戏直播画面以及由此产生的收益分配权。

2. "签约模式"下游戏直播画面的著作权归属

此种情形下一般多为大型网络竞技游戏赛事直播,其直播画面包含游戏运行画面、专业主播的现场激情解说、与观众的热烈互动等内容,属于在游戏运行画面基础上形成的演绎作品。正如"斗鱼案"中法院所认定的,"原告向网络用户提供的直播内容不仅仅为软件截取的单纯的比赛画面,还包括了原告对比赛的解说内容、拍摄的直播间等相关画面以及字幕、音效等……上述节目可以被复制在一定的载体上,根据其解说内容、拍摄的画面等组成元素及其组合等方面的独创性有无等情况,有可能构成作品,从而受到著作权法的保护"[1]。此类直播耗资巨大,往往需要专业团队进行策划、运营、宣传、推广、管理等系列工作,一般由游戏赛事组织者或者经授权的大型专业直播平台组织实施。例如在"斗鱼案"中,作为专业直播平台的原告需要负责赛事的执行及管理工作(包括选手管理、赛事宣传、场地租赁及搭建布置、设备租赁及购置、主持人聘请、赛事举行、后勤保障以及节目拍摄、制作、直播和点播等),并承担执行费用等。此类直播的组织工作不亚于一场大型文艺晚会,仅仅依靠主播个人难以实施,因此实践中主播与直播平台的合作多采用"签约模式":双方签订劳动合同,主播成为直播平台聘用的工作人员,接受平台的日常管理和工作安排,直播平台对主播的直播内容具有直接的控制权,主播所进行的解说属于履行《劳动合同法》的职务

---

❶ 参见:上海市浦东新区人民法院(2015)浦民三(知)初字第 191 号民事判决书。

行为。同时，直播平台对主播会进行多种形式的推广，包括平台推荐、官方微博和微信推送、合作媒体网站宣传、商业活动安排等，以增加其知名度，提高其商业价值。对于此类游戏直播画面的著作权归属，实践中直播平台与主播的劳动合同中一般都会约定著作权归直播平台享有。例如，在上述"主播朱浩跳槽案"中，被告朱浩与原告鱼趣公司在劳动合同中就明确约定："协议游戏解说视频、协议游戏解说音频的各项权利、权益（包括但不限于著作权等知识产权）自产生之日起即属于原告鱼趣公司独家所有。"❶ 如果双方的劳动合同未作约定或者约定不明确，在游戏直播画面构成视听作品（类电作品）的情形下，直播平台也可以基于类似于制作者的身份享有著作权。

3. "平台服务模式"下游戏直播画面的著作权归属

此种直播经营模式的特点为，直播平台仅提供互联网技术服务，任何主播均可通过注册利用该直播平台从事网络游戏直播行为，主播拥有直播权限并自主决定直播内容，直播平台不事先审核游戏主播传播的直播内容，也不主动对游戏主播所直播的内容进行任何加工、修改、整理和编辑等。对于由此类直播所形成的画面，因游戏运行画面的截取、制作、解说及与观众的互动画面都是由主播所实施，直播平台既不提供任何资金，也不在内容上提供任何协作，仅提供平台技术服务，甚至主播还要"自行准备直播所需的音频、视频设备及其他相关设施，并确保视频图像、

---

❶ 参见：湖北省武汉市中级人民法院（2017）鄂 01 民终 4950 号民事判决书。

音频及图文稳定、清晰"❶。根据现行立法，此类由主播个人行为所形成的游戏直播画面，如同微博用户利用网络服务提供者提供的微博平台所创作的微博内容的著作权属于微博用户一样，此类游戏直播画面的著作权亦应归属于主播。但值得注意的是，实践中有的直播平台通过格式条款直接约定此类直播画面的著作权属于平台提供者，例如《熊猫直播主播入驻协议》第1条第6款约定："贵方（主播）在我方平台进行网络直播期间产生的所有成果（包括但不限于解说视频、音频，及与本协议事项相关的任何文字、视频、音频等，以下统称'主播成果'）的全部知识产权（包括但不限于著作权、商标权等知识产权以及相关的一切衍生权利）、所有权及相关权益，由我方享有。"笔者以为，主播作为游戏直播画面的著作权人可以将其享有的著作权许可或者转让给他人，但这以主播对游戏直播画面享有原始著作权为前提，《熊猫直播主播入驻协议》直接将游戏直播画面的原始著作权归属于直播平台，属于我国原《合同法》第40规定的"利用格式条款排除对方权利"的情形，应属于无效的约定。可以作为镜鉴的是，2017年9月"新浪微博"在其《微博用户服务使用协议》中曾经约定"未经平台事先书面许可，用户不得自行授权任何第三方使用微博内容"，在该内容引发社会广泛质疑后，"新浪微博"迅速作出回应称"用户对自己的原创作品毫无争议地拥有

---

❶ 虎牙平台主播开播协议 [EB/OL]. (2022-11-8) [2023-12-13]. https：//blog. huya. com/product/116.

著作权"，并修改了限制用户使用微博内容的相关条款。❶

　　综上所述，网络游戏直播画面的著作权由谁享有是包括游戏开发者、游戏玩家、游戏直播平台、游戏主播等各利益攸关方最为关心的问题。上述研究表明，基于网络游戏直播画面作品结构的复合性，对这一问题的回答应采取类型化的分析方法。首先，应区分游戏直播画面与游戏运行画面，并分别就二者的著作权归属进行界定。其次，就游戏运行画面的著作权归属而言，只有在游戏为玩家提供了个性表达空间并且玩家实际从事了创作行为的情形下，游戏玩家才有可能享有游戏运行画面的著作权，除此之外其他情形下游戏运行画面的著作权属于游戏开发者。即使游戏运行画面属于录像制品，玩家亦难以主张表演者权和录像制作者权。最后，就游戏直播画面的著作权归属而言，应根据直播平台与游戏主播的不同法律关系分别界定：在"合作分成模式"模式下，应根据合作协议的约定确定著作权归属，协议无约定或者约定不明时著作权应归属于主播；在"签约模式"下，游戏直播画面的著作权应归属于直播平台；在"平台服务模式"下，游戏直播画面的著作权应归属于游戏主播。

第四章

权利内容问题：网络游戏直播行为的著作权规制模式

一、网络游戏直播行为的著作权规制模式争议

　　网络游戏直播行为属于"非交互式"的网络传播行为，即"公众不能在其个人选定的时间和地点获得作品"的传播模式。这里有必要先就"交互式"网络传播行为和"非交互式"网络传播行为作简要分析。当作品上传到网络上后，根据网络用户获取作品的方式，网络传播行为可以分为"交互式"传播和"非交互式"传播：前者是指用户可以随意选择作品的内容、获取作品的时间和地点；后者则为用户不能随意选择获取作品的时间、地点和内容，而只能在传播者预先安排的特定时间获取

特定的作品内容。"非交互式"网络传播行为主要有两种表现形式：一种是网络定时播放行为，即网络内容服务提供者按照预先发布的节目表在特定的时间通过信息网络播放节目；另一种是网络同步直播行为，即网络内容提供者将传统广播电视媒体正在播出的广播电视节目或者其他网络平台正在播放的节目在网络上同时播放。在这两种播放模式中，网络用户都只能在传播者预定的时间在线观看当时播放的节目内容，没有个人选择的余地。由于网络上音、视频作品的容量一般都十分庞大，下载作品常常需要数分钟甚至数小时，传统的下载后观看的作品获取模式受到网络效率和时间的限制。在此背景下，无须下载便可在线观看大容量作品的"非交互式"网络传播模式越来越受到用户欢迎。在《著作权法（2020）》实施之前，对于如何规制此种"非交互式"网络传播行为，也就是此种行为应当适用著作权的何种具体权项来进行规制，在理论与实务中一直都存在巨大争议。

　　在《著作权法（2020）》实施之前，司法实践对于如何规制"非交互式"网络传播行为充满争议，同案不同判的现象时有发生。有法院认为"非交互式"网络传播行为侵犯"信息网络传播权"，也有法院认为侵犯"放映权"，还有法院认为侵犯"应当由著作权人享有的其他权利"。[1]例如，在"宁波成功多媒体通信有限公司诉北京时越网络技术有限公司著作权纠纷案"中，原告享有电视剧《奋斗》在大陆地区的独家信息网络传播权，原

---

[1]　焦和平. 论我国《著作权法》上"信息网络传播权"的完善：以"非交互式"网络传播行为侵权认定为视角［J］. 法律科学（西北政法大学学报），2009，27（6）：143 – 150.

告发现被告经营的"悠视网"正在播放电视剧《奋斗》的第 6 集，该网站同时显示《奋斗》第 9 集将于当日 16：54 播放、第 10 集将于当日 17：37 播放等节目预告信息。原告遂以侵犯信息网络传播权为由将被告诉至北京市海淀区人民法院。一审法院认为，被告定时播放电视剧的行为侵犯了原告的信息网络传播权。❶ 被告不服提起上诉，上诉理由为："定时播放行为并不能使公众在其个人选定的时间获得《奋斗》电视剧的全部或任意一集，因此原审判决将此认定为信息网络传播权的范畴，与法律规定存在冲突。"对此二审法院认为，即使被告网站的播放方式系定时定集播放，被告未经许可的在线播放行为亦侵犯了原告的信息网络传播权。❷

值得注意的是，被告的同一行为在时隔不久后的另一起案件中则得到了法院截然不同的评价。在"安乐影片有限公司诉北京时越网络技术有限公司著作权纠纷案"中，原告享有电影《霍元甲》的信息网络传播权，原告发现被告经营的网站提供电影《霍元甲》在线播放服务，网站上显示的播放时间为 07：18、08：58、10：37、12：16、13：56、15：35、17：15、18：54。原告以侵犯著作权为由将被告诉至北京市第二中级人民法院。经过审理，法院并未直接认定被告的行为侵犯信息网络传播权，而是认定被告向公众提供影片《霍元甲》的定时在线播放服务的行为侵犯了原告对该影片享有的著作权中的"通过有线和无线方式按照事先安排之时间表向公众传播、提供作品的定时在线播放

---

❶ 参见：北京市海淀区人民法院（2008）海民初字第 4015 号民事判决书。
❷ 参见：北京市第一中级人民法院（2008）一中民终字第 5314 号民事判决书。

的权利"，依法应承担停止侵害、赔偿损失的民事责任。❶

　　上述两起案件中涉及的"网络定时播放行为"都属于"非交互式"网络传播行为。这两起案件的被告为同一主体，并且被诉行为的性质几乎完全相同，但两个法院却作出了不同的定性。被告的行为在第一起案件中被认定为侵犯了"信息网络传播权"，在第二起案件中被认定为侵犯了"著作权中的通过有线和无线方式按照事先安排之时间表向公众传播、提供作品的定时在线播放的权利"，即所谓的"应当由著作权人享有的其他权利"（以下简称"其他权利"）。从"信息网络传播权"到"其他权利"的变化，反映了司法实践对"非交互式"网络传播行为性质认识上的困惑。

　　在《著作权法（2020）》实施之前，学界对于如何规制"非交互式"网络传播行为亦存在分歧。首先是在能否适用信息网络传播权问题上的分歧。例如，在上述"宁波成功多媒体通信有限公司诉北京时越网络技术有限公司著作权纠纷案"判决作出后受到了学界的一些质疑和批评，有观点认为，由于该案网络用户不能单方选择时间和地点获得作品，就只能认定被告并未侵犯原告的信息网络传播权，因而被告主张其行为不属于信息网络传播权范畴的观点有一定的道理，法院对该案的侵权认定值得商榷。❷更有观点直接指出，定时在线播放服务根本不符合我国《著作权法》上"信息网络传播权"的规定，该案判决认定被告侵犯原

---

❶　参见：北京市第二中级人民法院（2008）二中民初字第 10396 号民事判决书。

❷　胡燕来. 完善法制破解信息网络传播权难题［N］. 中国知识产权报，2008 - 08 - 04（2）.

告信息网络传播权无疑是对信息网络传播权的曲解。❶ 虽然审理第二起案件的法院在该案的侵权行为认定中表现出了一定的谨慎和智慧，但该案判决在法律适用上仍被学者认为其依据显然已经超出了《著作权法》的相关规定。❷ 有学者指出，如果传播行为并未采用"交互式"传播手段，则即使通过网络向公众传播作品，也不构成"网络传播行为"。❸ 上述观点都认为"非交互式"网络传播行为不能适用信息网络传播权进行规制。但相反的意见提出，"定时播放"的所谓"定时"，并没有改变传播的性质，属于网络传播权条例调整的范围。❹

其次是在"非交互式"网络传播行为能否适用广播权进行规制这一问题上的分歧。例如有观点认为，"非交互式"网络传播行为完全符合《著作权法（2010）》第 10 条关于广播权的规定，即便不把其视为该条所规定的"以无线或者有线方式"的传播，也可视为是该条所规定的"以其他传送符号、声音、图像的类似工具"的传播，而广播权的规定中并不要求"使公众可以在其个人选定的时间和地点获得作品"这一要件，因此可以适用广播权的规定。❺ 另有观点虽然对将"非交互式"网络传播行

---

❶ 汪涌，史学清. 网络侵权案例研究［M］. 北京：中国民主法制出版社，2009.

❷ 汪涌，史学清. 网络侵权案例研究［M］. 北京：中国民主法制出版社，2009.

❸ 王迁. 论"网络传播行为"的界定及其侵权认定［J］. 法学，2006（5）：61－72.

❹ 蒋志培. 版权保护的新视野：互联网的机遇和挑战［M］//汪涌，史学清. 网络侵权案例研究. 北京：中国民主法制出版社，2009.

❺ 刘军华. 论"通过计算机网络定时播放作品"行为的权利属性与侵权之法律适用：兼论传播权立法之完善［J］. 东方法学，2009（1）：131－136. 还有类似的观点认为，"非交互式"网络传播行为非常接近于广播权中的"以有线传播或转播的方式向公众传播作品"，因此可以归属于广播权的调整范围。参见：杨晖，马宁. IPTV，想说爱你不容易：上海文广被诉 IPTV 侵权案引发的思考［J］. 中国版权，2008（2）：41－43.

为直接归入广播权调整范围的观点持否定态度，但认为在法律适用上，由于该行为与广播权所控制的行为属于相同性质的行为，依照"同等事物，相同对待"的法理原则，对"非交互式"网络传播行为应类推适用广播权的规定加以调整。❶ 反对观点则提出，《著作权法（2010）》上的广播权规制的行为有两种：一种是直接广播行为，即直接公开广播或者传播作品的行为；另一种是间接广播行为，即将已经广播的作品向公众传播或转播。直接广播行为只适用于无线传播方式，间接广播行为适用于有线传播方式、扩音器或者其他传送符号、声音、图像的类似工具传播方式。虽然互联网所使用的光纤和电缆传输与有线电视使用的电缆传输并无本质区别，都属于有线传播方式，但根据上述规定，有线传播方式只适用于间接广播行为，而"非交互式"网络传播行为属于网络服务商利用互联网这种有线方式对作品的直接播放，因而不符合广播权的规定。另外，即使网络传播行为可以视为"以其他传送符号、声音、图像的类似工具"的传播形式，但广播权的含义也将其限定于间接广播，仍然不符合广播权的构成要件。❷ 还有学者认为完全可以考虑一下"非交互式"网络传播行为是否侵犯著作权人的放映权。❸

《著作权法（2020）》对《著作权法（2010）》的最大修改

---

❶ 刘军华. 论"通过计算机网络定时播放作品"行为的权利属性与侵权之法律适用：兼论传播权立法之完善［J］. 东方法学，2009（1）：136.

❷ 焦和平. 论我国《著作权法》上"信息网络传播权"的完善：以"非交互式"网络传播行为侵权认定为视角［J］. 法律科学（西北政法大学学报），2009，27（6）：145.

❸ 孙雷. 邻接权研究［M］. 北京：中国民主法制出版社，2009.

之一是对广播权的重新界定。《著作权法（2020）》第 10 条第 1
款第 11 项的规定，"广播权，即以有线或者无线方式公开传播或
者转播作品，以及通过扩音器或者其他传送符号、声音、图像的
类似工具向公众传播广播的作品的权利，但不包括本款第十二项
规定的权利"。与《著作权法（2010）》的规定（广播权，即以
无线方式公开广播或者传播作品，以有线传播或者转播的方式向
公众传播广播的作品，以及通过扩音器或者其他传送符号、声
音、图像的类似工具向公众传播广播的作品的权利）相比，《著
作权法（2020）》对广播权的规定有两处重要改变：一是将"无
线方式"扩展为"有线或者无线方式"；二是将"公开广播或者
传播作品"扩展为"公开传播或者转播作品"。由此可见，《著
作权法（2020）》规定的广播权规制的行为有两类：一是"以有
线或者无线方式公开传播或者转播作品"；二是"通过扩音器或
者其他传送符号、声音、图像的类似工具向公众传播广播的作
品"。这一修改的最大改变是通过"以有线或者无线方式公开传
播或者转播作品"这一规定，将广播权的规制范围延伸到对
"非交互式"网络传播行为的规制。

　　单纯从规制"非交互式"网络传播行为的角度而言，此种
方案的确可以解决前述存在的问题。但此种立法方案仍然有值得
商榷之处："非交互式"网络传播行为与广播行为存在一些明显
的差异，在行为性质上，其与网络传播行为更近而与广播行为更
远，正如有学者指出的，在涉及定时网络播放影视行为的定性

上，其实网络播放更靠近于网络传播行为，是一种网络传播的形式。❶ 因此，将同为网络传播行为的"非交互式"网络传播行为纳入广播权的调整范围不但是"舍近求远"，而且从逻辑美学上讲也稍有欠缺。

同时，因《著作权法（2020）》修改决定的施行时间为2021年6月1日，此前网络游戏直播著作权纠纷仍适用2001年或2010年修改的《著作权法》，特别是最高人民法院、最高人民检察院于2023年1月18日发布的《关于办理侵犯知识产权刑事案件适用法律若干问题的解释（征求意见稿）》第10条仅将"交互式"网络传播行为纳入信息网络传播权规制的行为，即"通过互联网等有线或者无线的方式提供，使公众可以在其选定的时间和地点获得作品、录音录像制品的，应当认定为《刑法》第217条规定的'通过信息网络向公众传播'"，使得"非交互式"网络传播行为在刑法与著作权法上的规制出现了不一致。具体而言，在《著作权法（2020）》中，"非交互式"网络传播行为属于广播权的规制范围，而在《刑法》中，"通过信息网络向公众传播"仅指"通过互联网等有线或者无线的方式提供，使公众可以在其选定的时间和地点获得作品、录音录像制品"的"交互式"传播行为，使得"非交互式"网络传播行为并不属于《刑法》中的"通过信息网络向公众传播"行为。基于此，分析2021年6月1日之前"非交互式"网络传播行为的规制模式仍具有理论意义和实践价值。

---

❶ 蒋志培. 版权保护的新视野：互联网的机遇和挑战［M］//汪涌，史学清. 网络侵权案例研究. 北京：中国民主法制出版社，2009.

二、网络游戏直播行为与信息网络传播权

网络游戏直播行为属于网络直播行为的一种，该行为的特点是观众不能在自己选定的时间观看游戏直播，而只能在直播组织者安排的时间进行观看，是一种典型的"非交互式"网络传播行为，由此就涉及包括游戏直播行为在内的"非交互式"网络传播行为的定性问题。随着网络游戏直播产业的发展和网络直播技术的变革，未经许可将他人正在直播的网络游戏通过技术手段在自己网络平台上进行同步直播成为一些网络平台的盈利模式。例如在"斗鱼案"中，原告上海耀宇文化传媒有限公司取得"DOTA 2"游戏在中国大陆地区的赛事组织权和独家视频转播权，并通过自己经营的电竞游戏直播网站"火猫 TV"对"DOTA 2"游戏赛事向网络用户进行全程和实时的直播；被告广州斗鱼网络科技有限公司利用技术截取了涉案游戏"DOTA 2"的游戏视频画面，并在此基础上加入了自己组织的主播进行解说进行同步直播，使得如何规范此种"非交互式"网络直播行为成为著作权法中的重要问题。

（一）"非交互式"网络传播行为与信息网络传播权关系的争议

对于前述有学者主张的"定时播放的所谓定时，并没有改变传播的性质，属于网络传播权条例调整的范围"的观点，笔者认为，虽然其"定时播放并没有改变传播的性质"的认识具有一定的合理性，但即使如此，"非交互式"网络传播行为也难以构

成《著作权法（2010）》上的"信息网络传播行为"，从而无法适用"信息网络传播权"的规定。需要说明的是，《著作权法（2020）》关于信息网络传播权的规定与《著作权法（2010）》相同，没有实质变化，因此这里对《著作权法（2010）》信息网络传播权的分析，也适用于《著作权法（2020）》中的信息网络传播权。《著作权法（2010）》第 10 条第 1 款第 12 项规定："信息网络传播权，即以有线或无线方式向公众提供作品，使公众可以在其个人选定的时间和地点获得作品的权利"。根据该项规定，可以将"信息网络传播权"所规范的行为特征归纳为以下三个要素：一是传播媒介要素，即借助有线或无线信息网络；二是传播对象要素，即传播是针对不特定的社会公众；三是接收方式要素，即接收者可以在其个人选定的时间和地点获取作品，即接收方式的"交互性"。其中第三个要素被学者认为是信息网络传播权区别于其他专有权的本质性特征。❶

就"非交互式"网络传播行为而言，无论是网络定时播放还是网络同步直播，其都是通过信息网络向不特定的公众公开传播作品，即符合信息网络传播权的前两个要素，因此其"并没有改变传播的性质"；但就接收方式而言，由于网络用户只能按照传播者安排的时间被动获取作品而没有个人选择的余地，显然不符合第三个"交互性要素"。因此，"非交互式"网络传播行为不属于《著作权法（2010）》上"信息网络传播权"的调整范围。虽然"非交互式"网络传播行为不能为信息网络传播权所

---

❶ 梁志文. 信息网络传播权的谜思与界定 [J]. 电子知识产权, 2008 (4)：10 – 13.

囊括，但该行为如未经许可侵犯著作权人的利益却是不言而喻的。面对权利保护中法律适用的难题，有的法院援引了"其他权利"这一"兜底条款"作为法律适用依据，如前文所引的"安乐影片有限公司诉北京时越网络技术有限公司著作权纠纷案"。尽管这一做法暂时保护了权利人的利益，但这只是应对个案的一种权宜之计，不具有典型的示范意义，因为《著作权法（2010）》第10条第1款第17项规定的"应当由著作权人享有的其他权利"并非一项明确的专有权。法院援引该项条款作为法律适用依据本身也证明，"非交互式"网络传播行为难以纳入《著作权法（2010）》中任何一项具体的专有权的调整范围。

（二）"非交互式"网络传播行为不受信息网络传播权规制的缘由

同样属于通过互联网传播他人作品，"交互式"传播行为与"非交互式"传播行为所利用的传播媒介、造成的侵权后果完全相同，❶ 为何前者属于侵犯"信息网络传播权"的行为而后者却被排除在外？是立法者有意为之还是"有可能是对网络传播行为的多样性认识不足，导致了定义的外延过窄，从而发生了立法上

---

❶ 不同的仅仅是传播行为已经完成后的作品接收方式。笔者认为，法律设置专有权的目的是控制非法传播作品的行为，在判断公众以何种方式接收作品时，构成侵权的传播行为已经完成，因此将侵权行为已经成立后的作品接收方式作为权利的构成要素是值得质疑的。对此也有学者认为："保证公众在个人选定的时间和地点自由获得作品，……显然不属于网上作品版权人应有的权利或权利的组成要件。事实上，2001年《著作权法》其他15项权利并无同类的此等要求。"参见：乔生. 信息网络传播权研究［M］. 北京：法律出版社，2004.

的不周延"❶？对这一问题的回答要从信息网络传播权的立法背景和法律渊源中考察。我国的信息网络传播权是《著作权法》2001 年修改时增加的一项著作权新权项。根据《著作权法（2001）》的立法主持者介绍，2001 年修改之后的《著作权法》规定的信息网络传播权的定义，直接来自世界知识产权组织版权公约的表述。❷ 我国学者也认为，《著作权法（2001）》规定的信息网络传播权"来自 1996 年世界知识产权组织主持缔结的《世界知识产权组织版权条约》（WCT）第 8 条，而且在文字上几乎是逐字译自第 8 条的后半句"。❸ 由此看来，似乎其中的缘由可以归结于《世界知识产权组织版权条约》的规定，但问题真的如此吗？有必要对《世界知识产权组织版权条约》第 8 条的上下文含义与《著作权法（2001）》第 10 条第 1 款第 12 项规定的"信息网络传播权"的含义加以比较。

主要为解决国际互联网环境下应用数字技术而产生的版权保护新问题，由世界知识产权组织主持，有 120 多个国家代表参加的外交会议在 1996 年 12 月 20 日缔结了《世界知识产权组织版权条约》。❹《世界知识产权组织版权条约》一共由 25 条组成，其中第 8 条的标题为"向公众传播的权利"，具体内容为："……文学和艺术作品的作者应享有专有权，以授权将其作品以有线或无线方式向公众传播，包括将其作品向公众提供，使公众

---

❶ 刘军华. 论"通过计算机网络定时播放作品"行为的权利属性与侵权之法律适用：兼论传播权立法之完善［J］. 东方法学，2009（1）：134.

❷ 胡康生. 中华人民共和国著作权法释义［M］. 北京：法律出版社，2001.

❸ 王迁. 论"网络传播行为"的界定及其侵权认定［J］. 法学，2006（5）：62.

❹ 郑成思. 两个新的国际版权条约评介［J］. 外国法译评，1997（4）：72.

中的成员可以在其个人选定的地点和时间获得这些作品。"❶ 该条所表述的权利被我国学者称为"向公众传播权"。为了协调各成员国之间立法上的冲突和差异,《世界知识产权组织版权条约》并不要求各成员国设立专门的"向公众传播权",而是赋予各成员国根据其既有法律体系和传统自行选择法律保护模式的权利,❷ 只要能够将第 8 条的内容涵盖。这种做法被世界知识产权组织原助理总干事、版权及邻接权外交会议秘书米哈依·菲彻尔(Mihály Ficsor)称为"伞形解决方案"(umbrella solution)。❸

为了执行《世界知识产权组织版权条约》第 8 条的"向公众传播权",各国(地区)根据自己的法律传统和国情选择了不同的保护方式。美国在保留原有的权利划分体系基础上,通过扩大传统的发行权、表演权、展览权等权利的调整范围实现对网络环境下作者权利的保护。❹ 由于《世界知识产权组织版权条约》创设"向公众传播权"是欧盟的提议,❺ 因此欧盟在其 2001 年 5

---

❶ 该中文译文来自中国全国人民代表大会常务委员会 2007 年第 1 号公报,英文原文为: "…authors of literary and artistic works shall enjoy the exclusive right of authorizing any communication to the public of their works, by wire or wireless means, including the making available to the public of their works in such a way that members of the public may access these works from a place and at a time individually chosen by them."

❷ 成员国的这一自由选择权体现于《世界知识产权组织版权条约》第 14 条。该条第 1 款规定: "缔约各方承诺根据其法律制度采取必要的措施,以确保本条约的适用。"

❸ FICSOR M. The law of copyright and the internet: the 1996 WIPO Treaties, their interpretation and implementation [M]. Oxford: Oxford University Press, 2002.

❹ 17 U. S. C. §106: "Exclusive rights in copyrighted works".

❺ WIPO. Committees of Experts on a Possible Protocol to the Berne Convention: Proposals of the European Community and its Member States(BCP/CE/Ⅷ1 – INR/CE/Ⅵ/1 May 1996).

月 22 日通过的《关于协调信息社会中版权与相关权若干方面的
指令》（2001/29/EC）（以下简称《欧盟信息社会版权与相关权
指令》）中顺理成章地增设了"向公众传播权"。❶ 澳大利亚则在
2001 年 3 月 4 生效的《数字日程法》中增加了新型的"向公众
传播权"，在该权利项下又分为"向公众在线提供作品权"和
"电子传输权"。❷ 日本在 1997 年 6 月 10 日通过修订其著作权法
增加规定了"向公众传播权"（日文为"公众送信权"）。❸ 这些
国家（地区）执行《世界知识产权组织版权条约》的方案虽各
有不同，但都能规制包括"非交互式"网络传播行为在内的所
有网络传播行为。

上述《世界知识产权组织版权条约》第 8 条规定的内容表
明，"向公众传播权"是一项包括所有以有线或无线方式传播作
品的专有权，而"使公众中的成员可以在其个人选定的地点和时
间获得作品"只是"向公众传播权"的一种类型。换言之，《世
界知识产权组织版权条约》第 8 条规定的"向公众传播权"规
范的行为并非仅限于"交互式"网络传播行为，而是包括交互
式、非交互式和其他任何以有线或者无线方式传播作品的行为。
如澳大利亚学者所言，从字面上理解这一条款，向公众传播权包
含但不限于向公众提供作品供网上需求的权利。❹

---

❶ Directive 2001/29/EC, Article 3: "Right of communication to the public of works and
right of making available to the public other subject – matter".
❷ CHRISTIE A, DIAS E. The new right of communication in Australia [J]. Sydney Law
Review, 2005, 27 (2): 237 – 262.
❸ 李明德. 美国知识产权法 [M]. 北京：法律出版社，2003.
❹ CHRISTIE A, DIAS E. The new right of communication in Australia [J]. Sydney Law
Review, 2005, 27 (2): 237 – 262.

我国于 2001 年在对《著作权法》的修改中增设了"信息网络传播权"这一权利。我国的这一方式既不同于美国的扩大传统专有权模式，也不同于欧盟和我国台湾地区完全遵照《世界知识产权组织版权条约》第 8 条内容的模式。《著作权法（2001）》第 10 条第 1 款第 12 项规定："信息网络传播权，即以有线或无线方式向公众提供作品，使公众可以在其个人选定的时间和地点获得作品的权利"。通过细微的比较可以发现，该条对于"信息网络传播权"的规定与《世界知识产权组织版权条约》第 8 条的表述并不一样，不同之处在于少了"包括"二字，但就是这两个字的差异，使得我国的"信息网络传播权"与《世界知识产权组织版权条约》第 8 条的"向公众传播权"的含义大相径庭。从逻辑学的角度分析，《世界知识产权组织版权条约》第 8 条对"向公众传播权"的定义采用了内涵加部分外延的定义方法，"包括"的前面是定义的内涵——"文学和艺术作品的作者应享有专有权，以授权将其作品以有线或无线方式向公众传播"，"包括"的后面是定义的外延——"（包括）将其作品向公众提供，使公众中的成员可以在其个人选定的地点和时间获得这些作品"。从"包括"这一用语可以看出，"交互式"网络传播行为只是该定义外延的一部分。申言之，该定义"实际上是先以向公众传播权涵盖作品在网上的传播，然后再以非法律特征的方式描述交互式的数字化网络传播"。❶ 而我国的立法则去掉了"包括"这一词，直接截取该定义的内涵与部分外延组合在一起形成了

---

❶ 李明德. 网络环境中的版权保护 [J]. 环球法律评论, 2001（1）: 23.

《著作权法（2001）》特有的"信息网络传播权"。有学者认为，信息网络传播权的这一失误是对《世界知识产权组织版权条约》第 8 条的一种"生吞活剥"。❶

从以上分析可以看出，《世界知识产权组织版权条约》第 8 条规定的"向公众传播权"包括所有网络传播行为，"交互性"行为仅为其中的一种类型，《世界知识产权组织版权条约》将其专门列举只是为了强调这一行为，但并不排除其他网络传播行为。而我国的立法却将信息网络传播权的规范对象仅限于"交互性"网络传播行为，并将"交互性"视为区别于其他传播行为的本质特征。对此有学者指出，中国立法者将交互性作为信息网络传播权区别于其他权利的一个限定性条件，认为公众可以自由选定时间地点获取作品是信息网络的专属，从而忽视了《世界知识产权组织版权条约》第 8 条向公众传播权并不仅仅指的信息网络传播权一项的事实。❷ 由此可见，《著作权法（2001）》上的"信息网络传播权"不当缩小了《世界知识产权组织版权条约》第 8 条"向公众传播权"的调整范围，使得我国法律对网络环境下的版权保护大打折扣，造成了"非交互式"网络传播行为侵权认定的困境。

（三）立法论视角下"非交互式"网络传播行为的规制模式完善

客观而言，将包括网络游戏直播行为在内的"非交互式"

---

❶ 乔生. 信息网络传播权研究［M］. 北京：法律出版社，2004.
❷ 乔生. 信息网络传播权研究［M］. 北京：法律出版社，2004.

网络传播行为排除在信息网络传播权的调整范围之外有其特定的历史背景，而并非立法者有意为之。这一点从信息网络传播权立法的背景资料中可以得到印证。信息网络传播权的立法本意是针对所有"作品的网上传播行为"，❶但由于当时的网络技术主要表现为"点对点"的"交互式"传播方式，因此在当时的技术条件下，规制了"交互式"网络传播行为就规制了所有网络传播行为。而且当时我国还未加入《世界知识产权组织版权条约》，也谈不上违反国际条约的问题。但是在各种新型网络传播技术不断发展的今天，特别是我国已经加入《世界知识产权组织版权条约》的背景下，重新反思"信息网络传播权"立法并进行必要的修正，不仅是著作权保护和履行国际义务的需要，更是因应传播技术发展的主动应对。

在如何修改法律以解决"非交互式"网络传播行为的法律规制方式问题上，有观点曾认为，可以通过修改《著作权法（2010）》上广播权的定义，将"非交互式"网络传播行为纳入广播权的调整范围，即我国的广播权应进一步扩张，将任何有线或无线的广播作品的行为纳入其中，包括传统的广播、网络的广

---

❶ 在全国人民代表大会常务委员会主持《著作权法》修改的官员编著的《中华人民共和国著作权法释义》中这样介绍信息网络传播权的立法背景："规定信息网络传播权是时代发展的要求。随着计算机技术、数码技术和光纤技术的发展，特别是近十余年来国际互联网技术的迅速发展，全球信息高速公路的形成，作品的网上传播成为一个需要解决的法律问题。"参见：胡康生．中华人民共和国著作权法释义［M］．北京：法律出版社，2001．由此可见，信息网络传播权是为了解决作品的非法网上传播问题，而不是专门针对"交互式"的非法网上传播作品问题。

播以及其他任何有线无线方式的传播等。❶《著作权法（2020）》关于广播权的规定则体现了此种立法修改方案。单纯从规制"非交互式"网络传播行为的角度而言，此种方案的确可以解决前述存在的问题。但如前文所述，此种立法方案仍然有值得商榷之处：由于"非交互式"网络传播行为与广播行为存在一些明显上的差异，在行为性质上，"非交互式"网络传播行为与网络传播行为更近而与广播行为更远。正如有学者指出的，在涉及定时网络播放影视行为的定性上，其实网络播放更靠近于网络传播行为，是一种网络传播的形式。❷ 因此，把"非交互式"网络传播行为归入广播权的范畴，这样的做法不仅是走了弯路，从逻辑融贯的角度来看也存在缺陷。

基于以上分析，笔者认为，造成"非交互式"网络传播行为在《著作权法（2020）》实施前"无法可依"这一法律漏洞的根本原因在于，《著作权法（2001）》在对"信息网络传播权"定义时，以偏概全地将《世界知识产权组织版权条约》第8条强调的网络传播行为的一部分——"交互式"网络传播行为，作为该条规定的"向公众传播权"的全部内容予以照搬，规定为《著作权法（2001）》关于信息网络传播权的定义，从而导致了该定义对"非交互式"网络传播行为无法涵盖。因此，解决问题的思路还是要从问题产生的根源入手，笔者建议将《著作权法（2020）》中的广播权与信息网络传播权进行合并，在名称上可

---

❶ 杨静. 网络定时播放视频行为的司法认定探究［J］. 电子知识产权，2009（4）：35.

❷ 蒋志培. 版权保护的新视野：互联网的机遇和挑战［M］//汪涌，史学清. 网络侵权案例研究. 北京：中国民主法制出版社，2009.

以将其称为"远程传播权"，其定义可以表述如下："远程传播权，即以有线或无线方式向公众提供作品，包括将其作品向公众提供，使公众可以在其个人选定的时间和地点获得作品的权利。"

提出这一修改建议是出于以下考虑：

第一，这是世界大多数国家的做法。前文已述，世界各国（地区）根据自己的法律传统和立法现实采用了不同的模式以执行《世界知识产权组织版权条约》第 8 条规定，除了美国采用扩大原有专有权的调整范围而未增加"向公众传播权"外，其他多数国家或地区都通过增加新型传播权的模式充分履行了《世界知识产权组织版权条约》第 8 条规定的义务，虽然有些在名称上有所不同，但其内容都与"向公众传播权"保持一致。例如，《欧盟信息社会版权与相关权指令》第 3 条第 1 款增加了"向公众传播的权利"，其内容为："成员国应规定作者享有授权或禁止任何通过有线或无线的方式向公众传播其作品的专有权，包括将其作品向公众提供，使公众中的成员在其个人选定的地点和时间可获得这些作品"。日本也在 1997 年 6 月 10 日通过修订其著作权法增加规定了"向公众传播权"，其内容与上述表述一致。还有意大利、巴西、匈牙利等许多国家也都以《世界知识产权组织版权条约》第 8 条为蓝本，增加规定了"向公众传播权"。我国台湾地区也在 2003 年的所谓"著作权法"修改中增加规定了"公开传输权"，修改后的所谓"著作权法"第 26 条规定："著作人除本'法'另有规定外，专有公开传输之权利"；而根据该所谓"著作权法"第 3 条第 7 款的规定，"公开传输，指以有线电、无线电之网路或其他通信方法，藉声音或影像向公众提供或传达著作内容，包括使公众得于其各自选定之时间或地点，以上述方法接收著作内容"，其表述也严格依循了《世界知识产权组织版权条约》第 8 条的内容。

第二，已有学者指出：将版权传输统一规定为"一种广泛的权利对于适应未来技术发展而言也是合适的，灵活的、技术中立的权利可以包含现在还无法预见的行为"❶。修改后的"远程网络传播权"的外延不仅包括原定义下的"交互式"网络传播行为，还包括"不能在个人选定的时间获取作品"的网络定时播放行为以及随着技术发展可能出现的其他新的信息网络传播形式，具有开放性、适应性以及包容性。这样不但解决了本书提出的现存问题，而且为因应以后技术发展出现的新问题留下了适用空间，同时由于新的定义完全贯彻了《世界知识产权组织版权条约》第 8 条的原意，也达到了国际条约的要求，履行了我国应尽的国际法义务。

第三，与《著作权法（2020）》上"信息网络传播权"的定义相比，修改后的"远程传播权"的定义几乎完全保留了原定义的用语和措辞（差别只在于新定义中增加了"包括"二字），这样不但使公众对修改后的内容便于理解和接受，而且可保持《著作权法（2020）》上专有权类型划分标准的统一性。《著作权法（2020）》的其他 15 项专有权都是依据作品使用者或者传播者的行为特征进行划分的，因为法律规定专有权的目的在于规制他人非法使用或者传播作品的行为，但现有的"信息网络传播

---

❶ CHRISTIE A, DIAS E. The new right of communication in Australia ［J］. Sydney Law Review, 2005, 27（2）: 246.

权"却从作品接收者角度出发，以接收者获取作品的方式作为划分标准，使得"行为特征完全符合网络传播行为的实质和特征"❶的"非交互式"网络传播行为被排除在外。而新的定义则矫正了这一缺陷，使得符合网络传播行为实质特征的所有网络传播行为都能纳入远程传播权的调整范围。

三、网络游戏直播行为与发行权

对于未经许可通过信息网络传播他人作品的行为，理论上与司法实践中都有观点认为应当采用发行权模式予以规制。例如有论者提出，未经许可将作品置于网络供他人浏览和下载的行为，"实际上就是数字化和因特网环境下对作品的一种发行行为，此种行为如未经著作权人许可，即侵犯了著作权人的发行权"❷。还有论者主张，基于作品在网上传播而进行的数字化也是复制的一种，因此可以理解为作品的网络传播权是作品发行权的一种特殊形式，即发行权可以包含信息网络传播权。❸ 由此使得包括网络游戏直播行为在内的信息网络传播行为与发行权的关系问题，殊有专门讨论的必要和价值。

---

❶ 蒋志培. 版权保护的新视野：互联网的机遇和挑战 [M] //汪涌，史学清. 网络侵权案例研究. 北京：中国民主法制出版社，2009.
❷ 贲润. 评王蒙诉世纪互联通讯技术有限公司侵权著作权纠纷案 [N]. 中国知识产权报，2003 – 08 – 16.
❸ 毛旭. 信息网络传播权与发行权之比较 [J]. 图书馆，2006 (5)：52.

（一）发行权与信息网络传播权在规制网络游戏直播行为上的冲突

1. 比较法上发行权定义的两种模式

在数字技术和网络技术产生之前的传统复制技术下，作品复制的结果必然伴随着有形复制件的产生，而发行作品也就自然意味着向社会公众提供作品的有形载体，因此在这种技术背景下，即使不强调发行权所针对的客体必须是作品的"有形复制件"或者"有形载体"，也不会产生法律适用上的难题。但是随着数字技术和网络技术的出现，作品复制的方式不再仅限于通过有形物质媒介的机械复制，而是包括了作品在互联网传输过程中的一系列数字复制；复制的结果也不再必然伴随着有形复制件的产生，而是更多地表现为不依赖于有形载体存在的数字化形式的复制品；相应地，作品的传播也不再完全依赖于其有形载体在物理上的转移，而是可以通过互联网将数字化复制品直接提供给社会公众。

复制传播技术的这一革新对此前那种"发行作品必然意味着作品有形载体所有权转移"的认识提出了挑战，使得立法者就发行权如何适应新技术的发展面临以下两种选择：第一，将发行权的规范对象明确限定为传统上向公众提供作品有形载体的行为，同时为通过网络传播作品数字化复制品的行为另行设定新的权利；第二，扩展发行权的含义，使其不仅能够规制传统向公众提供作品有形载体的行为，而且还能够规制那些通过网络以无形方式向公众提供作品的行为。对此，各国或地区根据自己的立法传统作出了不同的选择，由此便形成了比较法上发行权定义的两种模式，即欧盟模式和美国模式。

（1）欧盟模式

《欧盟信息社会版权与相关权指令》中将发行权定义为"作者享有授权或禁止通过任何销售或其他方式向公众提供其作品原件和复制件的专有权"❶。从该规定来看，《欧盟信息社会版权与相关权指令》本身并未对发行权所针对的客体究竟是"有形复制件"还是所有形式的复制件作出限定，似乎未排除发行权在网络环境下适用的可能性。但是《欧盟信息社会版权与相关权指令》序言对此问题的专门说明则否定了这种可能性。对于指令第4条发行权中"复制件"的含义，《欧盟信息社会版权与相关权指令》序言指出："一方面，发行权控制对以有形物体承载的作品复制件的传播；另一方面，发行权穷竭原则不适用于作品的网上传播。"❷ 序言对这一问题的专门性说明表明，《欧盟信息社会版权与相关权指令》中规定的发行权不适用于作品的网上传播，而只适用于对作品有形复制件的传播。❸与此同时，《欧盟信息社

❶ Directive 2001/29/EC, Article 4: "Distribution right 1. Member States shall provide for authors, in respect of the original of their works or of copies thereof, the exclusive right to authorise or prohibit any form of distribution to the public by sale or otherwise. 2. The distribution right shall not be exhausted within the Community in respect of the original or copies of the work, except where the first sale or other transfer of ownership in the Community of that object is made by the rightholder or with his consent."

❷ Directive 2001/29/EC, Recitals paras. 28, 29.

❸ GERVAIS D J. Transmmissions of music on the internet: an analysis of the Copyright Laws of Canada, France, Germany, Japan, the United Kingdom, and the United States [J]. Vanderbilt Journal of Transnational Law, 2001, 34: 1363.

会版权与相关权指令》还在发行权之外规定了"向公众传播权"，专门用于规制作品的网络传播行为，由此形成了发行权专用于规制转移作品有形载体所有权的行为、向公众传播权专用于规制作品的网络传播行为的二分式立法模式，从而也清楚地划清了发行权与向公众传播权的界限。

欧盟的这一处理方式来源于《世界知识产权组织版权条约》的规定。根据《世界知识产权组织版权条约》第 6 条的规定，发行权是指"文学和艺术作品的作者应享有授权通过销售或其他所有权转让形式向公众提供其作品原件和复制品的专有权"。❶ 为了将该项权利的适用范围与其第 8 条规定的"向公众传播权"❷ 相区分，《世界知识产权组织版权条约》在其重要构成部分第 6 条的《议定声明》中专门强调，该条发行权中的"复制件"专指"可作为有形物投放流通的固定的复制件"。由此，通过《议定声明》对发行权中"复制件"含义作出限定和澄清，《世界知识产权组织版权条约》也划清了发行权与向公众传播权的界限，避免了权利冲突问题的产生。对此，曾经全程参与了缔结《世界知识产权组织版权条约》外交会议的欧盟代表团团长约格莱·因伯特博士评价道："（《议定声明》进行）这一澄清是必要的，因为曾经讨论过将《世界知识产权组织版权条约》下的发行权适

---

❶ WCT, Article 6："Right of Distribution （1）Authors of literary and artistic works shall enjoy the exclusive right of authorizing the making available to the public of the original and copies of their works through sale or other transfer of ownership."

❷ WCT, Article 8："Right of Communication to the Public".

用于数字传输的问题，但最终被专家委员会否定了"。❶

（2）美国模式

对这一问题采取相反立场的立法模式是美国的版权立法。根据美国版权法的规定，发行权是指"以销售或其他转让所有权的方式，或者以出租、租赁或出借的方式向公众发行版权作品的复制品（或录音制品）的权利"。❷经过比较可以发现，除了将出租权包含在发行权中，美国版权法的规定与《欧盟信息社会版权与相关权指令》和《世界知识产权组织版权条约》基本相同，唯其不同之处在于，美国版权法并未就发行权中"复制品"的含义作出任何限定，由此表明美国版权法对于发行权的处理作出了第二种选择，即通过扩展发行权的含义，使其不仅能够规制那些以传统方式向公众提供作品有形载体的行为，而且还能够规制网络环境下向公众提供作品数字化复制件的行为。在美国政府国家信息基础设施专门工作小组（知识产权工作组）1995 年向国会提交的《知识产权和国家信息基础设施》报告中，这一立场进一步得到说明。该报告认为"（通过网络）传输一份作品的复制件就是通过一些设备和程序将作品的复制件或录制品从被传输之处进行发行"，❸因此《美国版权法》第 106 条中所指的发行权，可以解释为包括（网络）传输，因为传输本身就是一种发行，

---

❶ 莱因伯特，莱温斯基. WIPO 因特网条约评注 [M]. 万勇，相靖，译. 北京：中国人民大学出版社，2008：116.

❷ 17 U. S. C. §106 "Exclusive rights in copyrighted works".

❸ LEHMAN B A. Intellectual Property and the National Information Infrastructure：the Report of The Working Group on Intellectual Property Rights [M]. Washington, D. C. Information Infrastructure Task Force，1995：214.

从理论和实践的角度来看将传输认定为发行都是合适的。这一认识在美国司法实践中也得到回应，例如在"Playboy Enterprises Inc. v. Frena 案"中，法院认为，作为网络服务商的被告提供的电子布告板被用户用来上传原告作品的行为侵犯了原告的发行权。[1] 在"New York Times Co. v. Tasini 案"中，法院认为，未经许可将作者的文章置于网络数据库中，使公众能够在线浏览或下载的行为构成了对作品的"发行"。[2]

2. 我国发行权规定引发的理论实践争议

上述比较法上的分析表明，欧盟模式虽然在立法中同时规定了发行权与网络传播权，但由于将发行权的适用客体明文限定为作品的"有形复制件"，从而将向公众提供作品数字化无形复制件的网络传播行为排除在发行权之外，使得发行权与网络传播权的界限分明，不存在交叉或重合的问题。美国模式对发行权所适用的客体不作任何限定，使其可以规制包括网络传播行为在内的所有向公众提供作品复制件的行为。在这种模式中，虽然发行权的适用延伸到网络环境，但由于在发行权之外不再另设专门的网络传播权，从而也不存在发行权与网络传播权冲突的问题。可以说，这两种立法模式是根据自己的法律传统和立法现状作出的选择，虽然差别较大，但都能解决传统发行权在现代网络环境下的适用问题，因此并无优劣高下之分。

就我国的发行权立法而言，无论是《著作权法（2001）》，

---

[1]　839 F. Supp. 1552（M. D. Fla. 1993）.
[2]　*New York Times Co. v. Tasini*, U. S. 483 at 504（2001）.

还是《著作权法（2010）》，乃至现行的《著作权法（2020）》，都将发行权定义为"以出售或者赠与方式向公众提供作品的原件或者复制件的权利"。可以发现，该定义与《世界知识产权组织版权条约》《欧盟信息社会版权与相关权指令》和美国版权法规定的发行权含义基本相同，❶但经过体系性比较可以发现，我国的发行权立法既不同于欧盟模式，也不同于美国模式，而是独具特色的第三种模式。具体表现在以下几个方面：第一，就现行的《著作权法（2020）》而言，除第10条第1款第6项规定之外，《著作权法（2020）》的其他条文以及现行《著作权法实施条例》都未就发行权所针对的"复制件"作出任何限定或说明，因此该立法模式有别于专门就发行权的客体作出"有形复制件"限定的欧盟模式。第二，《著作权法（2020）》在发行权之外又针对网络传播行为专门规定了信息网络传播权，因此此种立法又有别于不对"复制件"作出任何限定，并且不另外单独规定网络传播权而将发行权直接适用于网络环境的美国模式。我国这种发行权立法的独特模式，使得如何区别发行权与信息网络传播权，成为区分著作权法诸权能的一个难点，❷由此也引发了学界关于"发行权能否规制网络传播行为"以及"发行权一次用尽原则是否适用于网络环境"的争论。近年来与此有关的学术论文时有发表，甚至成为很多著作权法专著和教科书在论及发行权时

---

❶ 与美国版权法稍有不同的是，后者将出租行为也纳入发行权的规制范围，但这无碍于本书主题的分析。

❷ 董皓. 析邻接权人"通过信息网络向公众传播"的权利［J］. 云南大学学报（法学版），2007（6）：46.

必然会涉及的内容。

持肯定观点的学者认为，通过网络传播作品属于发行行为，应当受到发行权的规制。例如有论者提出，未经许可将作品置于网络供他人浏览和下载的行为，实际上就是数字化和因特网环境下对作品的一种发行行为，此种行为如未经著作权人许可，即侵犯了著作权人的发行权。❶还有论者主张，为了使作品在网上传播而进行的数字化也是复制的一种，因此可以理解为作品的网络传播权是作品发行权的一种特殊形式，即发行权可以包含信息网络传播权。❷持否定观点的学者则认为，发行权是对转移作品有形载体所有权行为的控制，网络传播不属于发行。例如有论者提出，网络传播并不能导致作品有形载体所有权的转移，因此通过网络向公众传播作品的行为不构成发行，当然也不受发行权的规制。❸

对于发行权能否适用于网络环境不仅在理论上存在上述认识分歧，而且在司法实践中也容易引起著作权人选择法律的困惑。在"华夏电影发行公司与华网汇通技术服务公司、湖南在线网络传播公司著作权纠纷案"中，原告华夏电影发行公司系有权从事境外电影发行业务的公司，其于 2003 年 8 月 6 日依法取得了美国电影《终结者 3》在中国大陆地区的"独家发行权"，被告华网汇通技术服务公司、湖南在线网络传播公司未经许可，在其开

---

❶ 贵润. 评王蒙诉世纪互连通讯技术有限公司侵权著作权纠纷案 [N]. 中国知识产权报, 2003 – 08 – 16.
❷ 毛旭. 信息网络传播权与发行权之比较 [J]. 图书馆, 2006 (5)：52.
❸ 王迁. 著作权法学 [M]. 北京：北京大学出版社, 2007.

办的网站有偿许可他人下载电影《终结者 3》，故此原告以侵犯发行权为由将二被告诉至北京市朝阳区人民法院。法院最终以"原告仅享有影院独家发行权，而被告通过网络擅自上载并传播该影片的行为并未落入该影院独家发行权的控制范围"为由驳回了原告的起诉。❶ 由此引发的思考是：聘有专业律师参与诉讼的原告为何对被告的网络传播行为以侵犯发行权作为请求权基础？如果原告取得的不是"影院独家发行权"而是"发行权"，法院将如何判决？如果仍然驳回原告的起诉，其法律依据何在？

在我国现行立法文本所规定的发行权定义下，这些问题不无困惑。另外，涉案作品《终结者 3》电影的发行权系从美国版权人处取得，由于美国的发行权本身就包括了网络传播的内容，因此在美国版权法下不可能在发行权之外再授权一项"信息网络传播权"，这恐怕也是原告以发行权作为起诉依据的缘由之一。此外，司法实践中发行权还被适用于其他不转移作品载体的传播行为，例如《著作权法（1990）》未规定"放映权"但规定了发行权，由于当时的《著作权法实施条例》在解释"发行"含义时未强调"有形复制件"，❷因此就有法院以发行权追究非法放映他人作品行为的责任。例如在"时代华纳娱乐有限公司诉北京文达娱乐有限公司著作权侵权案"中，法院就认定被告未经许可"放映"原告作品的行为为著作权法上的"发行"行为。❸

---

❶ 参见：北京市朝阳区人民法院（2004）朝民初字第 1151 号民事判决书。

❷ 1991 年《著作权法实施条例》第 5 条第 5 项规定："发行，指为满足公众的合理需求，通过出售、出租等方式向公众提供一定数量的作品复制件。"

❸ 参见：北京市第一中级人民法院（1995）一中知初字第 13 号民事判决书。转引自：李琛. 知识产权法关键词 [M]. 北京：法律出版社，2006.

　　综上所述，就立法文本的语言表述本身而言，《著作权法（2020）》规定的发行权与信息网络传播权存在规范上的冲突。从发行权定义的表述来看，其所规制的"发行"行为有两个核心构成要素：一是"向公众提供作品的原件或者复制件"；二是这种提供应当以"出售或者赠与"的方式进行。仔细分析可以发现，通过网络向公众提供作品的行为完全符合发行权该两项核心要素的要求。首先，就"向公众提供作品的原件或者复制件"这一要素而言，互联网的开放性和共享性使得通过网络提供的作品可以为社会公众中的任何成员获得，因此通过网络传播作品属于"向公众提供"不存在疑问。其次，一般而言，网络用户获取作品有两种途径：一是随意浏览下载，即免费获得；二是需要支付一定费用才能获得。从法律角度分析，前者是一种赠与行为，后者则是一种出售行为，由于这两种方式最终都导致了作品复制件所有权的转移，因此符合"发行"行为的第二项构成要件。由此可见，通过网络向公众提供作品的行为完全符合我国发行权所规制的"发行"行为的要求，可以受到发行权的规制，从而形成发行权与信息网络传播权在适用范围上的冲突。❶

　　值得注意的是，我国一些学者在论及我国的发行权时，认为我国发行权所针对的也是作品的"有形复制件"，甚至将此当作立法中已经确定的"事实"。这种认识在我国并没有制定法上的依据，也不符立法文本的文义。因为在我国现行的著作权法律体系中，无论是《著作权法（2020）》，还是现行《著作权法实施

---

❶　对此问题更详细的分析参见：焦和平，马治国. 信息网络传播权与发行权的冲突与协调 [J]. 法学杂志，2010，31（9）：61-63.

条例》，乃至相关的司法解释和条例规章中，没有任何一个规范性文件有此规定；相反，将网络传播定性为"发行"行为的法律规定倒随处可见。❶认为我国发行权所针对的客体系作品"有形复制件"的观点也不符合知识产权法定主义原则。正如学者所言，著作权的特点之一在于它的法定性，这种法定性体现在两个方面：一是作为一项权利，其权利范围的大小由法律规定；二是著作权中的每项具体权利的边界也为法律所明确限定。❷依此分析，发行权针对的是转移作品有形载体行为，还是包括了所有转移作品复制件所有权的行为，都应以制定法的法律文本为依据，在现行立法并未明文规定发行权的客体为作品"有形复制件"的情况下，认定我国发行权所针对的也是作品的"有形复制件"缺乏依据。实际上，这种认识是根据《世界知识产权组织版权条约》和欧盟的规定推导出来的。但正如前文所述，对《世界知识产权组织版权条约》和欧盟立法可以持有此种认识是源于其立法的明文规定，而我国立法并未有此规定，况且《世界知识产权

---

❶ 例如在刑法领域，最高人民法院、最高人民检察院于 2004 年联合发布的《关于办理侵犯知识产权刑事案件具体应用法律若干问题的解释》中规定："通过信息网络向公众传播他人文字作品、音乐、电影、电视、录像作品、计算机软件及其他作品的行为，应当视为刑法第二百一十七条规定的'复制发行'。"最高人民法院、最高人民检察院在 2005 年 10 月 13 日发布的《关于办理侵犯著作权刑事案件中涉及录音录像制品有关问题的批复》中再次规定："未经录音录像制作者许可，通过信息网络传播其制作的录音录像制品的行为，应当视为刑法第二百一十七条第（三）项规定的'复制发行'。"在行政法领域，原国家新闻出版总署和原信息产业部 2002 年出台的《互联网出版管理暂行规定》中规定：互联网出版是指"互联网信息服务提供者将自己创作或他人创作的作品……登载在互联网上或者通过互联网发送到用户端，供公众浏览、阅读、使用或者下载的在线传播行为"。由此可见，在我国立法中，出版指的就是"复制、发行"。

❷ 陈锦川. 信息网络传播行为的法律认定 [J]. 人民司法，2012（5）：98.

组织版权条约》和欧盟立法的相关内容在未转化为我国制定法的情况下也不能直接作为我国的法律适用依据。由此可见，在我国现行立法中，发行权与信息网络传播权的规范冲突是客观存在的，而我国很多学者在这一问题上不惜花费笔墨进行大量讨论本身也反映了这一点。否则，如果立法规定得很清楚就没有争论和讨论的必要。

（二）《著作权法（2020）》中发行权规定存在的问题

1. 作品原件唯一性与"向公众提供"存在现实矛盾

根据《著作权法（2020）》的规定，发行权是"以出售或者赠与方式向公众提供作品原件或者复制件的权利"，可见其规制的行为包括两类：第一类是向公众提供作品原件的行为，第二类是向公众提供作品复制件的行为。对于向公众提供作品的复制件自然不存在问题，但是能否向社会公众提供作品的原件则不无疑问。因为作品的"原件"只有一份即具有唯一性，这就意味着在现实生活中作品原件只能提供给一个人，而不能提供给"社会公众"。因为在《现代汉语词典》中"公众"是指"社会上大多数的人"，❶ 在法律上"公众"一般也是指"不特定的多数人"，所谓"三人为众"即为此理。尽管发行权中的"向公众提供"仅是指一种使不特定的公众获得作品原件或复制件的可能性，而不要求公众已经实际获得，但是在现实生活中即使是这种可能性

---

❶ 中国社会科学院语言研究所词典编辑室. 现代汉语词典 [M]. 7 版. 北京：商务印书馆，2016：454.

对作品原件而言也是"不可能的"。显而易见的是,只有向社会投放一定数量的作品,才能满足不特定公众的合理需求,这是"发行"概念的应有之义。

事实上,"一定数量"作为发行概念的基本要求曾在我国著作权立法中得到明文确认。根据 1991 年《著作权法实施条例》的规定,发行是指"为满足公众的合理需求,通过出售、出租等方式向公众提供一定数量的作品复制件"。❶从该规定可以看出,作品的"发行"之意是指将一定数量的作品复制件在市场上流通的行为。❷由此可见,"满足合理需求"和"提供一定数量"是构成"发行"所必不可少的要素。实际上,作品原件的唯一性决定了其根本无法满足此两项要求。因此,将"向社会公众提供作品原件"作为发行权定义的内容就存在无法实现的现实困境。也正因如此,1991 年《著作权法实施条例》在解释"发行"的含义时并未将"作品原件"包括在内,而是仅指向公众提供一定数量的"作品复制件"的行为。值得注意的是,《世界版权公约》第 6 条规定:"本公约所用'出版'一词,系指以有形形式复制,并向公众发行的能够阅读或可看到的作品复制品。"该规定也将"发行"定位为提供作品"复制件"的行为。

在这一问题上,我国很多学者也持同样的态度。譬如,吴汉

---

❶ 1991 年《著作权法实施条例》第 5 条第 5 项规定:"发行,指为满足公众的合理需求,通过出售、出租等方式向公众提供一定数量的作品复制件"。

❷ 费安玲. 著作权权利体系之研究:以原始性利益人为主线的理论探讨 [M]. 武汉:华中科技大学出版社,2011.

东教授认为，在一般情况下，发行的标的物指的是作品的复制件。❶冯晓青教授提出，一般情况下，发行权涉及的是作品一定数量的复制件，而不是作品的原件。❷王迁教授主张，向公众提供作品原件的情况是极为罕见的，毕竟原件只有一份。❸费安玲教授也认为，发行的标的物是作品的复制件，作品原件通常不被发行。❹更有学者直接将著作权法的这一规定归结为"立法技术上的漏洞"，并建议将"原件"取消。❺有必要提及的是，在英国版权法和判例中承认作品原件的发行，也就是说承认作品在发行时可以是作品的原件，但英国的这一做法基于英国法律对于作品原件是否具有唯一性与大陆法系存在不同的认识。在大陆法系国家中，仅承认作品原件一定具有唯一性，也就是说，不可能存在同一个美术作品会有两个以上的原件，因为任何一个美术作品的创作者不可能创造出完全相同无任何差异的两个以上的美术作品，所以每一个美术作品均是一个作品原件。但是英国法律承认由一个作品模子制作出来的若干复制品，在法律上被视为作品原件，所以人们可以通过出售或赠与方式发行作品原件。

---

❶　吴汉东. 无形财产权基本问题研究［M］. 3 版. 北京：中国人民大学出版社，2013.

❷　冯晓青. 著作权法［M］. 北京：法律出版社，2010.

❸　王迁. 著作权法学［M］. 北京：北京大学出版社，2007.

❹　费安玲. 著作权权利体系之研究：以原始性利益人为主线的理论探讨［M］. 武汉：华中科技大学出版社，2011.

❺　赵海燕，田玉中. 著作权热点难点问题研究：兼论著作权法的修订［M］. 北京：法律出版社，2014.

2. 所有权转移方式既未穷尽，又显累赘

发行权所控制的"发行"行为的一个重要特征是必须导致作品复制件所有权的转移。前文已述，《世界知识产权组织版权条约》和欧盟的发行权立法强调作品有形复制件所有权的转移，而美国的发行权立法则既包括作品有形复制件所有权的转移，又包括作品数字化复制件在互联网上的传输，但是都要求转移所有权，并且在立法条文中也都使用了"所有权转让"这样的语言表述。《著作权法（2020）》在定义发行权时并没有使用"所有权转移"或者"所有权转让"这样的语言表述，而是规定以"出售或者赠与"方式向公众提供作品原件或者复制件，即采取了列举式的立法技术来表达所有权转让的意思。如此规定存在的问题是，虽然"出售"和"赠与"是导致所有权转移的两种最主要方式，但并不是所有权转移的所有方式，除此之外，尚有互易、散放等方式，也就是说，通过列举出售和赠与两种所有权转移方式并不能准确和完整地表达所有权转移的意思。对此郑成思教授也认为，发行有许多不同形式，例如散发、出借、出售、出口等。❶正是注意到了现行立法的这一问题，国家版权局 2012 年3 月 31 日向社会公布的《中华人民共和国著作权法修改草案》（以下简称《著作权法修改草案》❷）对此作了修改，将现行立法中的"出售或者赠与"之间的"或者"改为顿号，并且在"出

---

❶ 郑成思. 知识产权法［M］. 2 版. 北京：法律出版社，2003.

❷ 后文为叙述方便，有时也称其为"《著作权法修改草案》第一稿"或"草案第一稿"。

售、赠与"之后加上了"或者其他转让所有权的方式"的表述。这一修改表明立法者也认为，出售和赠与并不能穷尽所有所有权转移方式，因此为了避免挂一漏万而采取了"列举＋概括"式定义的规定，但这一修改使得立法语言更加烦琐累赘，缺乏应有的简洁和明确。

（三）立法论视角下发行权规定的完善

1. 既往修改建议方案评析

我国针对《著作权法（2001）》的修改工作自 2011 年 7 月 13 日开始启动。在 2012 年 3 月 31 日国家版权局公布的《著作权法修改草案》中，发行权的定义被规定为"以出售、赠与或者其他转让所有权的方式向公众提供作品的原件或者复制件的权利"。2014 年 6 月原国务院法制办公室发布的《中华人民共和国著作权法（修订草案送审稿）》［以下简称《著作权法（修订草案送审稿）》或"草案送审稿"］中，关于发行权的定义仍然沿用的是 2012 年 3 月 31 日国家版权局公布的《著作权法修改草案》的表述方式。

对于该修改方案，笔者认为：第一，由于《著作权法修改草案》对发行权中"发行"行为所针对的客体是否为作品的"有形复制件"仍然没有作出明确规定，但同时又在其他条文中仍然保留了信息网络传播权的规定，因此前文所分析的发行权与信息网络传播权之间所存在的规范冲突问题仍然没有得到解决；第二，《著作权法修改草案》仍然将作品的"原件"作为发行权所针对的客体之一，由此造成前文所提出的作品原件的唯一性与向公众提供之间所存在的现实矛盾问题也没有得到解决；第三，尽管《著作权法修改草案》对发行权作出了部分修改，即在"出售、赠与"之后加上了"或者其他转让所有权的方式"，意在通过这一概括式的兜底性规定穷尽全部的所有权转移方式，但正文如前文所分析的那样，"所有权转移方式"与"出售、赠与"意思有重复和叠加，因为"出售、赠与"完全可以被"所有权转移方式"所吸收，而没有必要在列举"出售、赠与"两种所有权转移方式后，又加上"其他所有权转移方式"的表述，这样会造成在发行权的立法上存在意思重复、语言累赘和不够简洁明确的问题。

值得注意的是，在 2020 年全国人民代表大会常务委员会审议的三次《中华人民共和国著作权法修正案（草案）》以及最后于 2020 年 11 月 11 日通过的《关于修改〈中华人民共和国著作权法〉的决定》中，关于发行权定义的上述修改被删除，因此《著作权法（2020）》仍然保留了《著作权法（2001）》的规定，即"发行权，即以出售或者赠与方式向公众提供作品的原件或者复制件的权利"。

2. 发行权的完善建议及理由说明

基于以上分析，笔者认为发行权的规定需要进一步完善，为此提出如下修改建议："发行权，即以转移所有权的方式向公众提供作品有形载体的权利。"对此修改建议的理由和依据，作以下几点说明。

第一，该定义可在制定法上明确划清发行权与信息网络传播权的界限，使二者所存在的冲突问题得以化解。正如前文所述，由于现行立法未明确将发行权的客体限定为"有形复制件"，使其在文义上可以适用于网络环境，从而与专为网络传播行为所设定的信息网络传播权存在规范冲突。在该定义中，发行权所针对的客体被明确限定为作品的"有形载体"，使发行行为与网络传播行为得以明显区分，从而形成发行权专事"网下"转移作品有形载体所有权行为，信息网络传播权专事"网上"传播作品数字化复制品行为的二分局面。这样一来，发行权与信息网络传播权的区分就有了明确的制定法上的依据，而不再需要借用《世界知识产权组织版权条约》和欧盟立法的规定来解释和推导我国的立法文义，同时也可以结束理论上多年以来一直就"发行权是否适用于网络传播行为"以及"发行权一次用尽原则是否适用于网络环境"的纷争；同样，在司法实践中，无论是原告起诉还是被告抗辩抑或是法院裁判都有了明确的制定法依据。

第二，该定义可使我国在发行权的立法模式上从独特的"第三种模式"转为欧盟模式，从而与国际立法保持协调和一致。如前所述，我国的发行权立法模式既不同于以专门条文明确限定作品"有形物体"的欧盟立法，也不同于对作品不作任何限定而将其适用于网络环境的美国立法，而是既不作任何限定使其可以适用于网络环境但又在发行权之外专门设定信息网络传播权的"第三种模式"，其引发的问题前文已经详细分析。本书提出的修改建议将发行权的客体明确限定为"有形载体"，可使我国的发行权立法模式与国际立法保持一致。需要说明的是，本书建议的发行权定义并没有使用"有形复制件"这一表述，而是采用了"有形载体"的表述。本书认为，二者在本质上是一样的。在比较法上，《世界知识产权组织版权条约》和欧盟立法采用的是"有形物体"，联合国教科文组织采用的是"实体复制品"，❶《德国著作权法》采用的是"有形的作品附着物"，这几种立法例都将发行权的客体定位在作品的"有形载体"或"附着物"上，因此本书认为直接使用"有形载体"比"有形复制件"更加准确、清楚和简洁，也与采用欧盟模式的立法例保持了一致。

第三，在发行权所针对的客体上，该定义不再出现"作品原件"的表述，从而可避免作品原件唯一性与"向公众提供"之间所引发的现实矛盾问题。前文已述，作品原件只有一个，但显然仅存一份的原件无法满足"发行"所要求的"满足公众的合理需求"这一要求。该发行权定义将"作品的原件或者复制件"改为"作品的有形载体"，即包括了所有提供作品有形载体的行为，从而可避免原件唯一性与"向公众提供"之间的现实矛盾。

第四，该定义在作品有形载体的所有权转移方式上以"抽象概括式"规定取代了现行立法中的"列举式"规定，以及《著作权法修改草案》中的"列举式＋概括式"规定，这样的做法不但穷尽了所有的作品有形载体的所有权转移方式，从而避免了列举式的挂一漏万弊端，又避免了《著作权法修改草案》中的重复式规定的烦琐和累赘，使得立法语言更加简洁、准确和清楚。

---

❶ 联合国教科文组织. 版权法导论 [M]. 张雨泽，译. 北京：知识产权出版社，2009.

四、网络游戏直播行为与广播权

（一）网络游戏直播行为与《著作权法（2010）》中的广播权

1. "非交互式"网络传播行为在《著作权法（2010）》广播权下的定性分歧

在《著作权法（2010）》规定的广播权视角下，对"非交互式"网络传播行为如何规制一直是充满争议的问题。有观点认为，"非交互式"网络传播行为完全符合《著作权法（2010）》第 10 条关于广播权的规定，即便不把其视为该条所规定的"以无线或者有线方式"的传播，也可视为该条所规定的"以其他传送符号、声音、图像的类似工具"的传播，而广播权的规定中并不要求"使公众可以在其个人选定的时间和地点获得作品"这一要件，因此可以适用广播权的规定。❶另有观点虽然对将"非交互式"网络传播行为直接纳入广播权调整范围的观点持否定态度，但认为在法律适用上，由于该行为与广播权所规制的行为属于相同性质的行为，依照"同等事物，相同对待"的法理

---

❶ 刘军华. 论"通过计算机网络定时播放作品"行为的权利属性与侵权之法律适用：兼论传播权立法之完善 [J]. 东方法学，2009（1）：132. 还有类似的观点认为，"非交互式"网络传播行为非常接近于广播权中的"以有线传播或转播的方式向公众传播作品"，因此可以归属于广播权的调整范围。参见：杨晖，马宁. IPTV，想说爱你不容易：上海文广被诉 IPTV 侵权案引发的思考 [J]. 中国版权，2008（2）：41 - 43.

原则，对"非交互式"网络传播行为应类推适用广播权的规定加以调整。❶

反对观点则提出，《著作权法（2010）》第 10 条第 1 款第 11 项规定："广播权，即以无线方式公开广播或者传播作品，以有线传播或者转播的方式向公众传播广播的作品，以及通过扩音器或者其他传送符号、声音、图像的类似工具向公众传播广播的作品的权利。"从上述规定可以看出，《著作权法（2010）》中的广播权规范的行为有两种：一种是直接广播行为，即直接公开广播或者传播作品的行为；另一种是间接广播行为，即将已经广播的作品向公众传播或转播。直接广播行为只适用于无线传播方式，间接广播行为适用于有线传播方式、扩音器或者其他传送符号、声音、图像的类似工具传播方式。虽然互联网所使用的光纤和电缆传输与有线电视使用的电缆传输并无本质区别，都属于有线传播方式，但根据上述规定，有线传播方式属于间接广播行为，而"非交互式"网络传播行为属于网络服务商利用互联网这种有线方式对作品的直接播放，因而不符合广播权的规定。另外，即使网络传播行为可以视为"以其他传送符号、声音、图像的类似工具"的传播形式，但广播权的含义也将其限定于间接广播，仍然不符合广播权的构成要件。❷

对于认为"非交互式"网络传播行为可以类推适用广播权

---

❶ 刘军华. 论"通过计算机网络定时播放作品"行为的权利属性与侵权之法律适用：兼论传播权立法之完善［J］. 东方法学，2009（1）：131–136.

❷ 焦和平. 论我国《著作权法》上"信息网络传播权"的完善：以"非交互式"网络传播行为侵权认定为视角［J］. 法律科学（西北政法大学学报），2009，27（6）：143–150.

规定的观点，反对者提出，类推的基础在于被类推规范和系争事实二者的构成要件在与法律评价有关的重要观点上彼此相类，❶ 而"非交互式"网络传播行为与广播行为至少存在以下两个方面的差别：一是传播媒介不同，前者的传播媒介是互联网，后者的传播媒介主要是无线电台、电视台；二是传播的信息不同，前者传播的是数字化信息，后者传播的是无线电波信息。正因此，有学者指出，"在涉及定时网络播放影视行为的定性上，其实网络播放更靠近于网络传播行为，是一种网络传播的形式"。❷ 基于"非交互式"网络传播行为与广播行为的上述不同，并且在我国《著作权法》明确将"直接以有线方式广播或传播作品"的行为排除在广播权调整范围之外的情况下，适用类推方法过于勉强。另外，即使"非交互式"网络传播行为与广播行为属于同一性质的行为，著作权法定原则要求著作权的各项专有权利必须由法律明确规定，作为成文法系国家，我国法院适用类推方法将广播权作为"非交互式"网络传播行为的请求权基础缺乏正当性。正是由于这一原因，司法实践中至今尚未有以广播权作为法律适用依据的案例。

2.《著作权法（2010）》广播权规制"非交互式"网络传播行为面临的难题

《著作权法（2010）》中的广播权专为"广播技术"创设，

---

❶ 龙卫球. 民法总论 [M]. 2 版. 北京：中国法制出版社，2002.
❷ 蒋志培. 版权保护的新视野：互联网的机遇和挑战 [M] // 汪涌，史学清. 网络侵权案例研究. 北京：中国民主法制出版社，2009.

用于规制以"广播"方式传播作品的行为，但即使如此，仍有一些利用广播技术传播作品的行为无法被广播权涵盖。根据《著作权法（2010）》对广播权的规定，可以看出，广播权所规制的"有线传播"仅限于以有线方式对已经广播的作品所进行的"间接（二手）传播"，而不包括"直接（第一手）传播"即有线直接广播。由此引发出的问题是：在有线电视已经普及的当下，如果某有线电视台未经许可直接播放他人作品被起诉，对该行为应该如何定性？实践中有法院认为侵犯放映权，❶ 也有法院认为侵犯广播权，❷ 还有法院认为侵犯"电视播映权"，❸ 理论上也有学者认为侵犯机械表演权❹。很显然，从文义解释的角度分析，该种"有线直接广播"并不属于广播权所规制的"有线广播"行为，也很难纳入"放映权"或"机械表演权"的规制范围，由此造成专为规制"广播"行为而设的广播权却难以规制这种行为的难题。不仅如此，广播权还难以规制对有线直接传播的作品的无线传播、有线转播和扩音器转播等转播行为。

从历史解释的视角分析，《著作权法（2010）》广播权的这一规制难题可以追溯到《伯尔尼公约》，因为前者直接来源于后者第 11 条之二。《伯尔尼公约》第 11 条之二中规定，广播权是指："文学和艺术作品的作者，享有授权进行下列使用的专有权：

❶ 参见：云南省昆明市中级人民法院（2008）昆知民初字第 110 号民事判决书。
❷ 中影寰亚音像制品有限公司诉湖南教育电视台侵犯著作财产权纠纷案［EB/OL］.［2023 - 12 - 13］. https：//m. 110. com/cpws/21263915. html.
❸ 参见：福建省厦门市中级人民法院（2008）厦民初字第 306 号民事判决书。
❹ 万勇. 中国著作权法的表演权［J］. 电子知识产权，2007（6）：14 - 18；姚红. 中华人民共和国著作权法释解［M］. 北京：群众出版社，2001.

（1）广播或以其他任何无线传播信号、声音或图像的方式向公众传播其作品；（2）由原广播组织之外的其他组织以任何有线方式或转播方式向公众传播该作品的广播节目；（3）以扬声器或其他任何类似设备传送信号、声音或图像的方式向公众传播该作品的广播节目。"可以看出，《伯尔尼公约》中广播权规制的第（2）种行为是"由原广播组织之外的其他组织以任何有线方式或转播方式向公众传播该作品的广播节目"，该规定将"有线"传播（转播）的"间接性"表述得更为清楚。据此有观点认为广播权的上述规制难题源于《伯尔尼公约》而不是《著作权法（2010）》，而且这似乎是一个国际性问题而并非我国独有。但事实情况是，由于《伯尔尼公约》中的广播权确立于有线电视技术诞生之前，在有线电视技术产生后确实也面临无法规制"有线直接广播"的难题，但此问题在1996年世界知识产权组织制定的《世界知识产权组织版权条约》中通过"向公众传播权"已经得以解决，因此这一问题在国际条约中已经不复存在。遗憾的是，2001年我国修改《著作权法》时《世界知识产权组织版权条约》就已经制定并颁布，而且有线电视当时在我国也已经出现并在城市大量普及，但2001年修改后的《著作权法》既未参照国际条约制定向公众传播权，也未回应技术发展扩张《伯尔尼公约》中广播权的适用范围，❶ 而是仍然照搬已经被《世界知识

---

❶ 实际上，当时已有学者提出将广播权定义为"以有线或者无线方式公开传播作品，以及通过放音机、电视机等技术手段与机械设备营利性公开传播作品的权利"，该定义正好可以将"有线直接广播"涵盖于内。参见：沈仁干. 关于修改现行著作权法的思考［M］//唐广良. 知识产权研究：第八卷. 北京：中国方正出版社，1999.

产权组织版权条约》所发展了的《伯尔尼公约》第 11 条之二的规定，而《著作权法（2010）》又延续了《著作权法（2001）》的规定，由此造成了广播权的上述规制难题。

3. 三网融合下规制网络游戏直播行为面临的新挑战

三网融合技术的发展又加剧了这一规范难题。三网融合也称"三网合一"，是指电信传输网、广播电视传输网、计算机互联网在向宽带通信网、数字电视网、下一代互联网演进过程中，其技术功能趋于一致，业务范围趋于相同，最终实现网络互联互通、各种资源共享的新型信息传播技术。在三网融合下，一台高清电视机除了收看传统的电视节目，还可以登录网站浏览、下载歌曲影视；一台电脑除了上网浏览、下载歌曲影视，还能收看传统电视节目；一部手机除了打电话、发短信，还可以收看电视节目、无线上网……也就是说，用户可以通过电视、电脑、手机任何一个终端获取本来只能通过其他终端才能获得的信息，此时电视兼容电脑，电脑涵盖电视，电信网、广电网、互联网彼此互相兼容。2010 年 1 月 13 日，国务院常务会议提出了推进三网融合的阶段性目标，即 2010—2012 年重点开展广电和电信业务双向进入试点，2013—2015 年总结推广试点经验，全面实现三网融合发展。2010 年试点阶段工作开展后，国务院办公厅先后确定了两批 54 个三网融合试点地区，随着试点阶段各项工作顺利完成，基本具备了在全国范围内推广三网融合的技术条件、网络基础和市场空间。在这种背景下，2015 年 9 月 4 日，国务院办公厅发布《三网融合推广方案》，要求在全国范围内加快推进三网融合建设。❶ 这标志着三网融合工作进入实质性的全面推广阶段，成为我国信息传播领域和社会经济发展的大趋势。

在为人们的生活和工作带来巨大便利的同时，三网融合也对《著作权法（2010）》中的广播权和信息网络传播权提出了新的挑战。以最能体现三网融合技术的互联网电视机为例，用户通过互联网电视机不仅可以收看一般的电视节目，还可以上网随意点播和定时收看网络影视大片，而这些电视节目和网络内容的传播都是通过一个传播终端——互联网电视机进行的。这就使得通过互联网电视机的作品传播行为变得异常复杂：既有无线传播，也有有线传播；无线传播中既有传统的无线电波传播，也有现代的Wi－Fi无线网络传播；有线传播中既有传统的有线电视传播，也有以互联网宽带进行的有线网络传播；这些无线或有线传播既可以通过交互式进行，也可以通过单向式进行。那么这些纷繁复杂的作品传播行为在立法上如何定性？《著作权法（2010）》规定的广播权和信息网络传播权是典型的技术主义立法路径的产物，即"根据特定传播媒介设定特定权利"。在此立法路径下，广播权专为"广播技术"创设，仅用于规制以"广播"传播作品的行为；信息网络传播权专为"网络技术"创设，仅用于规制以"信息网络"传播作品的行为。但如前所述，在三网融合下，广播和网络已经可以互联互通，上述各种传播行为都可以跨广播和网络进行，在这种背景下对作品的传播基于"广播"或"网络"所作的区分已经没有实际意义，由此便产生了《著作权

---

❶ 国务院办公厅. 关于印发三网融合推广方案的通知 [EB/OL]. [2023 - 12 - 13]. http：//www. gov. cn/zhengce/content/2015 - 09/04/content_10135. htm.

法（2010）》规定的广播权与信息网络传播权在三网融合的技术背景下如何修改乃至重构的问题。

前文已述，在三网融合下，用户可以通过电视、电脑、手机任何一个终端获得本来只能通过其他终端才能获得的信息，此时电视兼容电脑，电脑涵盖电视，电信网、广电网、宽带网彼此互相兼容。早期出现的"互联网电视机"就是三网融合技术在电视这一传播终端的典型表现。互联网电视机是网络技术与电视技术结合的产物，其在整合电视与网络两大传播媒介过程中，既保留了电视形象直观、生动灵活的表现特点，又具有互联网按需获取的交互式特征，是综合两种传播媒介优势而产生的一种新的传播形式。在功能上，互联网电视机既可以作为一般电视机接收电视节目，又可以成为电脑终端获取互联网上的内容。❶ 这样，通过互联网电视机传播作品的行为就打破了三网融合前广播与网络原有的壁垒，形成"一个传播终端、六类传播行为、三种法律定性"的复杂局面。

"一个传播终端"是指所有传播行为最终都经由互联网电视机这一终端进行，所有被传播的作品也都由互联网电视机这一终端接收。"六类传播行为"是指用户通过互联网电视机这一传播终端获取作品时涉及六种类型的传播行为，具体如下。①有线直接广播。由于互联网电视机本身仍然具备普通电视机的功能（否则就成为一个徒具电视机形状的电脑显示器了），而接收有线电

---

❶ 现在的技术已经发展到甚至无需专门的互联网电视机，任何普通的电视机加上一个智能机都可进行。例如，精伦电子股份有限公司推出的"精伦 H2 云影音智能机"，在连接任何一款普通的电视机和网线后，就可以达到互联网电视机的效果。

视节目仍然是普通电视机的基本功能，此时电视台通过有线电视播放作品在《著作权法（2010）》上属于"有线直接广播"行为。②无线广播。传统的无线电视也包括卫星电视，目前我国各省级广播电台、电视台都有自己的卫星广播和卫星电视。就卫星广播而言，它是广播组织借助卫星所进行的传播，其传送的信号主要是无线电波，因此卫星广播可以包含在无线广播之中。❶ 通过电视机收看由无线电波或者卫星传送的无线电视节目也是传统电视机的基本功能，此时广播电视组织通过无线电波和卫星播放作品在《著作权法（2010）》上属于"无线广播"行为。③有线交互式网络传播。这种传播行为有两个特点：一是这里的"有线"是指有线网络，而不是传统的有线电视；二是这种传播方式是交互式的，即通过连接网线的互联网电视机，用户可以在自己选定的时间和地点获取作品，这在《著作权法（2010）》上属于"有线交互式网络传播"行为。④有线单向式网络传播。这种传播行为也有两个特点：一是通过有线网络进行；二是这种传播方式是单向式的，即用户通过互联网电视只能在传播者安排的时间获取特定的作品，这就是前文论及的在司法实践中广泛争议的一种网络传播，其在《著作权法（2010）》上属于"有线单向式网络传播"行为。⑤无线交互式网络传播。互联网电视机不但可以连接网线进行"有线上网"，还可以通过内置的无线上网卡实现"无线上网"，这种具备无线上网功能的互联网电视机成为当时

---

❶ 胡开忠，陈娜，相靖. 广播组织权保护研究 ［M］. 武汉：华中科技大学出版社，2011.

乃至现在电视机市场的主流产品。❶ 这种传播行为的特点一是通过无线网络进行，二是采用交互式，在《著作权法（2010）》上属于"无线交互式网络传播"行为。⑥无线单向式网络传播。这种传播行为与上述第⑤种行为的不同在于，其采用单向式方式通过无线上网在特定的时间传播作品，在《著作权法（2010）》上属于"无线单向式网络传播"行为。

对互联网电视机这"一个传播终端"上发生所有的传播行为进行细化和区分具有三个方面的意义：第一，这种区分不是从理论上或者逻辑上推导得出的，而是现实中实际存在的，从著作权法角度对其进行区分和梳理是进一步进行法律定性的基础；第二，通过这一细化和区分可以反映出三网融合下广播和网络传播的多样性和复杂性，以引起立法者对三网融合下广播权与信息网络传播权面临的新问题予以足够重视；第三，由于这六类传播行为在法律上各自具有不同的意义，因此必须逐个区分，分别定性。在《著作权法（2010）》框架下，上述通过互联网电视机的六类传播行为具有以下三种法律定性，相应也会导致三种不同的法律后果。第一种法律定性是既不符合《著作权法（2010）》中"广播权"的规定，也不符合"信息网络传播权"的规定，由此导致的法律后果是"无法可依"❷。这一定性涉及上述第①类

---

❶ 据专注于智慧家庭领域大数据的奥维云网统计，2022 年中国彩电市场人工智能电视销量占比达 70.5%。参见：陈慧娟. 智能电视如何更便捷 [EB/OL]. (2023 - 03 - 21) [2023 - 12 - 09]. http://www.news.cn/tech/2023 - 03/21/c_1129448935.htm.

❷ 当然从解释论上仍可以适用"其他权利"这一兜底条款，但这毕竟是一种权宜之计。

"有线直接广播"、第④类"有线单向式网络传播"和第⑥类
"无线单向式网络传播"三类行为。这三类行为正是广播权和信
息网络传播权面临的规制难题，前文第一部分对此已经详细分
析，此处不再赘述。第二种法律定性是符合《著作权法
（2010）》中"广播权"的规定，因此导致的法律后果是落入
"广播权"的规制范围。上述第②类"无线广播"行为即属于此
种情形，因为广播权所规制的"无线广播"行为正是通过无线
电波采取"单向式"方式进行的作品广播或者传播。第三种法
律定性是符合《著作权法（2010）》中"信息网络传播权"的规
定，其法律后果是落入"信息网络传播权"的规制范围。上述
第③类"有线交互式网络传播"、第⑤类"无线交互式网络传
播"即属于此种情形，因为信息网络传播权规制的正是"以有
线或无线方式向公众提供作品，使公众可以在其个人选定的时间
和地点获得作品"的"交互式"信息网络传播行为。

　　上述三网融合下出现的"一个传播终端、六类传播行为、三
种法律定性"的复杂局面对《著作权法（2010）》的挑战表现在
以下三个方面。第一，增加了法律适用的难度，使法院审理案件
和著作权人维权更加困难。例如对于未经许可通过互联网电视非
法传播他人作品的行为，权利人要根据侵权人传播作品时所利用
的传播技术（有线还是无线、广播还是网络）以及所采取的传
播方式（交互式还是单向式）来判断属于上述六类行为的哪一
类，从而选择正确的"诉因"作为请求权基础进行起诉。这样
的判断即使对于法律专业人士而言也是比较困难的，更何况不具
备专业知识的著作权人，因此增加了权利人维权的难度。对于法

院而言，同样要根据传播技术和传播方式认定侵权人侵权行为的性质。前文已述，仅仅一个"单向式"网络传播行为就曾引起法院对其定性的多种分歧，更遑论六类传播行为的分别定性了。因此这种复杂的"法律游戏"不但徒增了法院审理案件的难度，而且在目前网络侵权泛滥的背景下极不利于著作权的保护。第二，增加了作品的授权难度，使得作品合法使用人利用作品更加困难，从而不利于文化产品的传播。目前要通过广播或者网络合法地传播他人作品，除了要取得一系列行政许可，作品的传播者还必须获得著作权人的授权。为了能够获得合法有效的授权，广播电视组织和网络内容提供者必须仔细甄别各类传播行为，并一一取得授权，以免其获得的授权不完整或者不准确而面临被诉侵权的风险。这种复杂的授权成本和可能的法律风险增加了作品利用的难度，有可能会间接地"逼迫"作品使用人放弃合法授权转而采取非法方式使用作品，从而不利于作品的保护，不利于作品的合法传播，与著作权法"鼓励作品传播，促进社会文化发展与繁荣"立法宗旨不相协调。第三，不利于作品的国际交流和著作权的国际贸易。当前强力推动文化产业发展繁荣已经成为我国的重要发展战略，其中就包括"走出去"战略和"引进来"战略，前者是指将我国的优秀作品推向海外，后者是指将国外的优秀作品引进我国。从法律视角上，无论是"走出去"还是"引进来"，实质上都是著作权国际贸易。而著作权贸易的对象就是著作权的各项具体"权利"，因此权利的类型、权利的名称以及权利的内容的简洁性、互通性就成为影响著作权国际贸易的重要因素。前文已述，在三网融合下要想获得我国作品的合法授权，要根据传播媒介和传播方式区分不同的权利类型，会涉及"六类传播行为、三种法律定性"，但很多国家没有如此繁杂的权利类型，甚至一些国家立法中就没有规定"信息网络传播权"或者"广播权"，因此上述法律适用的复杂局面既不利于我国作品向国外输出，也不利于国外作品向我国引进。

4. "广播"与"网络传播"规范模式的比较法观察

有观点认为，国外很多国家早就启动了三网融合业务，它们也并没有为此而改变自己国家的法律，所以我国也不必为此改变什么，以不变应万变。❶ 这些观点以国外面对三网融合时的做法作为"《著作权法》无须改变"的理由。那么国外是如何规制"广播"和"网络传播"的？它们的立法和我国的立法一样吗？它们为什么面对三网融合而没有改变自己的法律呢？回答这些问题需要从比较法上对"广播"与"网络传播"的主要立法例进行考察。

（1）国际条约

《著作权法（2010）》关于广播权的规定直接来源于《伯尔尼公约》第11条之二，因此首先应对《伯尔尼公约》的相关规定进行考察。广播权在《伯尔尼公约》1928年罗马修订文本中被首次规定，那时的无线电传播技术才出现不久，有线传播也仅限于将无线广播信号通过有线电缆传送给特定区域的受众，尚未出现有线电视技术，更没有数字和互联网技术，因此当时广播权

---

❶ 庄佳麟. "三网融合"下的广播权与信息网络传播权［J］. 法制与社会，2011（14）：63.

仅包含了无线电传播和有线转播。但随着有线电视技术的出现和发展,特别是 20 世纪后期互联网技术的发展,《伯尔尼公约》已经不能适应新的情况。由此世界知识产权组织认为:"由于新技术的发展导致不同于传统方式的传播方式的出现,因而有必要补充、澄清某些《伯尔尼公约》中的权利义务,以扩展向公众传播的权利,全面覆盖向公众传播的作品种类和传播方式。"❶ 在这种背景下,《世界知识产权组织版权条约》应运而生。

《世界知识产权组织版权条约》对《伯尔尼公约》的发展以应对新技术挑战的条款主要体现为第 8 条的 "向公众传播权",其内容为:"文学和艺术作品的作者享有专有权,以授权将其作品以有线或无线方式向公众传播,包括将其作品向公众提供,使公众中的成员在其个人选定的地点和时间可获得这些作品。"关于该 "向公众传播权" 的涵盖范围,《〈世界知识产权组织版权条约〉草案说明》的解释是:"'以有线或无线方式向公众传播'是指通过发行以外的各种方法和形式向公众提供作品,它既可以通过模拟技术,也可以通过数字技术,既可以基于电磁波,也可以借助光缆传输得以实现。"❷ 其中的 "模拟技术" "电磁波" "光缆" 就包括了无线电广播和有线直接广播,而 "数字技术"

---

❶ WIPO. Basic proposal for the substantive provisions of the treaty on certain questions concerning the protection of literary and artistic works to be considered by The Diplomatic Conference: CRNR/DC/4, Aug1996 [EB/OL]. note 10. 14 [2023 - 12 - 13]. https: //www. wipo. int/edocs/mdocs/diplconf/en/crnr_dc/crnr_dc_4. pdf.

❷ WIPO. Basic proposal for the substantive provisions of the treaty on certain questions concerning the protection of literary and artistic works to be considered by The Diplomatic Conference: CRNR/DC/4, Aug1996 [EB/OL]. note 10. 16 [2023 - 12 - 13]. https: //www. wipo. int/edocs/mdocs/diplconf/en/crnr_dc/crnr_dc_4. pdf.

则对应的是数字互联网技术。这样，《世界知识产权组织版权条约》第 8 条规定的向公众传播权就包括了以无线、有线和互动方式传播作品的权利。❶ 从以上分析可以看出，《世界知识产权组织版权条约》通过制定"向公众传播权"弥补了《伯尔尼公约》的不足。在该权利下，不但《著作权法（2010）》规定的广播权和信息网络传播权所规制的行为可以被涵盖，而且不能为广播权所规制的"有线直接广播"、不能为信息网络传播权所规制的"单向式网络传播"也被涵盖于内。这样就使得所有通过广播和信息网络传播作品的行为都属于向公众传播权的规制范围，而无论其采取的是单向式还是交互式，利用的是有线还是无线，或者广播还是网络。

（2）欧盟法

欧盟于 2001 年 5 月 22 日在其通过的《欧盟信息社会版权与相关权指令》中也依照《世界知识产权组织版权条约》规定了"向公众传播权"，其内容为："作者享有授权或禁止任何通过有线或无线方式向公众传播其作品的专有权，包括将其作品向公众提供，使公众中的成员在其个人选择的时间和地点可以获得这些作品。"❷ 对于该"向公众传播权"的规制范围，除了与《世界知识产权组织版权条约》的理解保持一致，《欧盟信息社会版权与相关权指令》在其序言第 23 段中还特别作了进一步解释："对该权利应作广义的理解，它覆盖了所有向传播发生地之外的公众

---

❶ 李明德，闫文军，黄晖，等. 欧盟知识产权法 [M]. 北京：法律出版社，2010.

❷ Directive 2001/29/EC, Article 3 "Right of communication to the public of works and rights of making available to the public other subject-matter".

进行传播的行为，该权利应当包括就某一作品通过有线或无线形式向公众进行的包括广播在内的任何此种传输或传播"。❶ 该解释则更直接强调将"广播"涵盖。根据这个解释也可以看出，《欧盟信息社会版权与相关权指令》所规定的"向公众传播权"具有非常广泛的含义，包括了以有线、无线、广播、互动的方式，将作品传播给社会公众。可见，欧盟也采取了与《世界知识产权组织版权条约》相同的做法，即其"向公众传播权"所规制的"向公众传播"行为既包括各种"广播"行为，也包括各种"网络传播"行为，从而将我国现行立法所规定的广播权和信息网络传播权完全涵盖。

（3）美国法

对于"广播"和"网络传播"行为的规制，美国的做法比较独特。在美国版权法中，并没有一项专门规范"广播"行为的广播权，也没有一项专门规制"网络传播"行为的"向公众传播权"或"信息网络传播权"，其对于"广播"和"信息网络传播"行为的规制采取将发行权和公开表演权结合使用的方式。以公开表演权为例，❷ 根据《美国版权法》第 101 条的规定，表演是指"以朗诵、表演、演奏、舞蹈或动作的方式，直接地或者以设备或程序来表现该作品，或者在涉及电影或音像制品时，以连续的方式表现其形象或让人听到有关的伴音"。其中的"以设

---

❶ Directive 2001/29/EC, Recitals para. 23.

❷ 关于美国版权法中以发行权规制"网络传播"行为的分析，参见：焦和平，马治国. 信息网络传播权与发行权的冲突与协调 [J]. 法学杂志，2010，31（9）：61－63.

备或程序来表现该作品……或者在涉及电影或音像制品时，以连续的方式表现其形象或让人听到有关的伴音"就包括"广播"和"网络传播"。因为这里的"表演"不仅有我们一般理解的"活"表演，如演员的演唱、舞蹈等，还有"机械"表演，如以录音机、录像机、广播、电视和卫星传播等设备来"表演"作品。❶ 可见，在美国版权法中，其公开表演权可以同时规制各种"广播"行为和各种"信息网络传播"行为，也是一种将广播权和信息网络传播权合并立法的模式。

（4）其他立法例

将广播权与信息网络传播权合并立法的模式在其他很多立法例中也有体现。例如根据《法国知识产权法典》第 L122 - 1 条的规定，公开表演权中的"表演"是指："以任何方式向公众传播作品，包括公开朗诵、音乐演奏……及在公共场所转播远程传送的作品。"其中的"远程传送"是指通过所有电信传播方式，当然包括"广播"和"信息网络传播"。对此，世界知识产权组织前助理总干事米哈依·菲彻尔也认为，法国的公开表演权不仅涵盖《伯尔尼公约》所规定的公开表演作品的行为，而且也包括在《伯尔尼公约》中作为单独权利类型出现的广播权和向公众表演权。❷ 除此以外，《哥伦比亚版权法》第 12 条（c）款以及第 76 条（d）款规定的"向公众传播权"包括了公开表演权、广播权和向公众传播权的内容。《西班牙著作权法》第 20 条第 1

---

❶ 李明德. 美国知识产权法［M］. 北京：法律出版社，2003.
❷ 菲彻尔. 版权法与因特网：（上）［M］. 郭寿康，万勇，相靖，译. 北京：中国大百科全书出版社，2009：256.

款也规定了"向公众传播权",其第 2 款将"公开传播"解释为包括放映、无线广播、有线广播、网络传播等各种传播行为。《意大利著作权法》在规定"向公众传播权"时也将"向公众传播"定义为"使用任何远程手段进行的传播"。根据世界知识产权组织《WCT 和 WPPT 的条款适用调查》统计,在 2003 年 4 月 1 日前加入或批准《世界知识产权组织版权条约》和/或《世界知识产权组织表演和录音制品条约》(WPPT)的 39 个成员国中,有 19 个国家通过制定涵盖广播权和信息网络传播权的"向公众传播权"来规制"广播"和"信息网络传播"行为。❶

5. 规制难题成因的进一步追问:技术主义立法路径之反思

从表面上看,在《著作权法(2010)》中,无论是广播权对于"有线直接广播"的规制难题,还是信息网络传播权对于"单向式"网络传播行为的规制难题,乃至三网融合下由互联网电视机所表现的"一个传播终端、六类传播行为、三种法律定性"的复杂局面,都可直接归因于传播技术迅猛发展。但这只是问题的一个方面。从更深层次的角度分析,如果广播权没有将其规制对象仅限于"广播"而是更加开放,如果信息网络传播权没有将其规制对象仅限于"交互式"传播而是更加前瞻,则即使出现三网融合也不会面临本书提出的诸多问题。由

---

❶ WIPO. Survey on Implementation Provision of the WCT and the WPPT: Standing Committee on Copyright and Related Rights, Ninth Session Geneva, June 23 to 27, 2003, Prepared by the Secretatriat [EB/OL]. [2023 - 12 - 23]. https://www.wipo.int/edocs/mdocs/copyright/en/sccr - 9/sccr_9_6.pdf.

此便提出是否有必要对起源于《著作权法（2001）》并在《著作权法（2010）》和《著作权法（2020）》继续沿用的"技术主义立法路径"进行反思的问题。所谓"技术主义立法路径"是指，立法对于著作财产权利的设定不是以权利所规制的行为为标准，而是根据一种传播媒介来设定权利，没有考虑这种传播媒介的技术特征是否有必要在法律上构成一种独立的利益类型，❶或者把著作财产权与传播技术紧密相连，甚至把传播技术本身当作著作财产权。❷

　　在《著作权法（2001）》《著作权法（2010）》乃至《著作权法（2020）》中，技术主义立法路径表现得非常明显，机械表演权、放映权、广播权和信息网络传播权的定义均依赖于特定传播技术的表述。例如机械表演权规制的"机械表演"被定义为"用各种手段公开播送作品的表演"；放映权规制的"放映"被定义为"通过放映机、幻灯机等技术设备公开再现美术、摄影、电影和以类似摄制电影的方法创作的作品"；广播权规制的"广播"被定义为"以无线方式公开广播或者传播作品，以有线传播或者转播的方式向公众传播广播的作品，以及通过扩音器或者其他传送符号、声音、图像的类似工具向公众传播广播的作品"（《著作权法（2001）》《著作权法（2010）》）或者"以有线或者无线方式公开传播或者转播作品，以及通过扩音器或者其他传送符号、声音、图像的类似工具向公众传播广播的作品，但不包括

❶ 李琛. 论我国著作权立法的新思路 [J]. 中国版权，2011（5）：33 – 35.
❷ 陶双文. 网络传播权将导致著作财产权重整 [M] //周林. 知识产权研究：第十八卷. 北京：知识产权出版社，2007.

信息网络传播"(《著作权法（2020）》)；信息网络传播权规范的"信息网络传播"被定义为"以有线或者无线方式向公众提供作品，使公众可以在其个人选定的时间和地点获取作品"。从以上这几项权利的定义可以看出，不同的传播技术是它们划分的唯一标准，这就是技术主义立法路径的直接体现。

技术主义立法路径存在的第一个弊端是，这种立法路径违背了"技术中立"的立法原则。根据"技术中立"的立法原则，一种行为的法律定性不应当取决于其借以实施的技术手段，而应当取决于行为自身的特征和后果。但技术主义立法路径忽略了行为本身，本末倒置，将技术本身作为法律规范的对象，其极端表现就是"把知识产权混同于技术，把上层建筑混同于生产力，目光限于技术领域，动辄用技术思维、技术语言、技术指标描述知识产权战略，颠倒彼此，必有碍知识产权战略的健康实施"❶。

技术主义立法路径存在的第二个弊端是，技术发展的历史表明，传播技术的发展变革是永无止境的，从印刷技术、录音录像技术、广播电视技术、数字网络技术到今天的三网融合技术无不证明这一点，将某项权利限定于某种特定的传播技术迟早要被新的技术所替代，而"根据新媒体创设新权利"的应对思路必然会因技术的飞跃而疲于奔命。因此这种技术应对型立法注定无法跟上技术的发展，如果不采取新的思路，必将陷入频繁修法的怪圈。

---

❶ 刘春田. 奠定现代文明社会的重要基石 [J]. 中国版权，2009（4）：8.

技术主义立法路径存在的第三个弊端是，这种随着新技术增加新权利的立法技术最终将导致这些权利在数量上烦琐众多，在体系上庞杂臃肿，在关系上叠床架屋、冲突交叉。《著作权法（2020）》规定的具体权利有 16 项，这 16 项权利不但本身晦涩难懂、繁杂琐碎，而且彼此之间的界限并不分明，存在相互重合和交叉的问题。例如《著作权法（2020）》将机械表演权规定为"用各种手段公开播送作品的表演的权利"，但"各种手段"在文义上可以将利用广播、放映、网络、展览等其他技术手段进行的公开播送作品的表演的行为包括在内，从而引起表演权与其他权利在适用范围上的冲突与交叉。《著作权法（2020）》将放映权规定为"通过放映机、幻灯机等技术设备公开再现美术、摄影、电影和以类似摄制电影的方法创作的作品等的权利"，但由于该项在将"以放映机、幻灯机"作为公开再现作品的典型性"放映"行为予以列举的同时，又使用了"等技术设备"兜底性表述，使其在文义上可以将其他利用技术传播作品的行为包括在内。例如对于司法实践中"非交互式"网络传播行为的规制难题，有学者就认为完全可以考虑一下涉案行为是否侵犯著作权人的放映权。[1]

（二）网络游戏直播行为与《著作权法（2020）》中的广播权

前文已述，《著作权法（2020）》对广播权的重新界定，是

---

[1] 孙雷. 邻接权研究 [M]. 北京：中国民主法制出版社，2009.

对《著作权法（2010）》的最大修改之一。《著作权法（2020）》对广播权的规定有两处重要改变：其一，是将"无线方式"扩展为"有线或者无线方式"；其二，是将"公开广播或者传播作品"扩展为"公开传播或者转播作品"。按照《著作权法（2020）》的规定，广播权规制的行为可分为两类：一是"以有线或者无线方式公开传播或者转播作品"；二是"通过扩音器或者其他传送符号、声音、图像的类似工具向公众传播广播的作品"。这一规定最大的变化是将"以有线或者无线方式公开传播或者转播作品"的规制范围延伸到对"非交互式"网络传播行为的控制。仅从规制"非交互式"网络传播行为的角度考量，此种方案确实能够应对前述问题。但该方案仍存在值得商榷之处：由于"非交互式"网络传播行为与广播行为客观上差异明显，在行为性质上，其更接近于网络传播行为而非广播行为，正如有观点所言，在涉及定时网络播放影视行为的定性上，其实网络播放更靠近于网络传播行为，是一种网络传播的形式。❶ 因此，将"非交互式"网络传播行为纳入广播权的调整范围，一则增加了网络传播行为的区分成本，二则导致在逻辑体系上并不是十分顺畅。

同时，最高人民法院、最高人民检察院于 2023 年 1 月 18 日发布的《关于办理侵犯知识产权刑事案件适用法律若干问题的解释（征求意见稿）》第 10 条将侵犯信息网络传播权的行为仍界定为"交互式"网络传播行为，即通过互联网等有线或者无线

---

❶ 蒋志培. 版权保护的新视野：互联网的机遇和挑战 [M] //汪涌，史学清. 网络侵权案例研究. 北京：中国民主法制出版社，2009.

的方式提供，使公众可以在其选定的时间和地点获得作品、录音录像制品的，应当认定为《刑法》第 217 条规定的"通过信息网络向公众传播"，使得"非交互式"网络传播行为在刑法与著作权法上的规制出现了不一致。即在《著作权法（2020）》中，"非交互式"网络传播行为属于广播权的规制范围；而在《刑法》中，"通过信息网络向公众传播"仅指"通过互联网等有线或者无线的方式提供，使公众可以在其选定的时间和地点获得作品、录音录像制品"的"交互式"传播行为，使得"非交互式"网络传播行为并不属于《刑法》中的"通过信息网络向公众传播"行为，造成刑法与著作权法对"非交互式"传播行为的不同评价。

基于以上原因，要使包括网络游戏直播行为在内的所有"非交互式"网络传播行为得到有效规制，并体现法律逻辑的统一性，笔者建议整合广播权与信息网络传播权，以权利整合应对技术融合。具体理由及建议如下。

1. 历次广播权修改方案评析

2012 年 3 月 31 日国家版权局公布《著作权法修改草案》，公开向社会征求意见，其中第 11 条第 3 款第 7 项和第 8 项分别规定了播放权和信息网络传播权的定义。第 7 项规定："播放权，即以无线或者有线方式向公众播放作品或者转播该作品的播放，以及通过技术设备向公众传播该作品的播放的权利"。第 8 项规定："信息网络传播权，即在信息网络环境下，以无线或者有线方式向公众提供作品，包括直播、转播或者使公众可以在其个人选定的时间和地点获得作品的权利"。与《著作权法（2010）》相比，《著作权法修改草案》关于广播权的修改主要有三个方面的变化：第一，在名称上将"广播权"改为"播放权"；第二，将原广播权中有线方式的传播对象从"广播的作品"改为"以有线方式向公众播放作品"，即增加了"有线直接广播"的内容；第三，将"通过扩音器或者其他传送符号、声音、图像的类似工具"改为"通过技术设备"。关于信息网络传播权的修改主要有两个方面的变化：第一，信息网络传播权规制的内容增加了"直播、转播"这两种传播方式，即增加了"单向式网络传播"的内容；第二，增加了"在信息网络环境下"的内容。

可以看出，《著作权法修改草案》关于广播权与信息网络传播权的修改，积极回应了司法实践中"有线直接广播"和"单向式"网络传播的规制难题，填补了广播权和信息网络传播权的规制漏洞，使这两种行为可以纳入新的"播放权"和"信息网络传播权"的控制范围。这是《著作权法修改草案》的进步之处。但不容忽视的是，这样的修改方案在立法理念和立法技术上仍然存在以下问题。

第一，在立法理念上遵循的仍是一种"临时补救型"的被动应对立法思路。这种思路表现为修法仅仅是着眼于当下最突出、最紧急问题的"修补"，只能满足一时的"最低达标"。其对于广播权和信息网络传播权的修改仅仅是为了补救实践中"有线直接广播"和"单向式"网络传播的法律适用难题，而缺乏应有的全局观、主动性与前瞻性。我国此次《著作权法》修改的背景与前几次均不同，1990 年制定《著作权法》、2001 年第一次修改《著作权法》以及 2010 年第二次修改《著作权法》均是为了履行国际义务的一种被动立法，因此属于"达标性"立法，只要满足最低限度的标准即可。而此次修改更多的是立足本土国情作出的主动性安排，❶ 因此不能仅满足于一时应景式的最低限度补救问题，而是应具有一定的前瞻性。这种"临时补救型"立法思路的后果就是没有对三网融合技术作出足够回应，以至于三网融合下"一个传播终端、六类传播行为、三种法律定性"的问题仍然没有完全消除。虽然三网融合技术才刚刚兴起，由此引发的问题还不是太明显，但在问题已现端倪的情况下如不及时回应就会重蹈当年应对互联网技术不足的覆辙。对此 2010 年已有学者提出预警："20 年前互联网刚兴起之时，由于业界缺乏应有的认识和相应的措施，造成了现在的互联网版权纷乱现象，在三网融合之初以及融合之后，如果不能有效地把版权保护工作的相关问题和对应措施尽可能地考虑周全，势必会给版权保护工作带来更大的麻烦，同时也必将给三网融合工作和相关产业的发展形成掣肘。"❷

　　第二，在立法技术上采取的仍然是技术主义的立法路径，因此不可避免地存在矛盾和冲突。具体表现为，根据修改后的规定"信息网络传播权，即在信息网络环境下，以无线或者有线方式向公众提供作品，包括直播、转播或者使公众可以在其个人选定

---

❶ 吴汉东. 《著作权法》第三次修改的背景、体例和重点［J］. 法商研究，2012（4）：3－8.

❷ 此为中国版权协会时任常务副理事长张秀平在"2010 中国版权年会"上的发言，参见：肖虹. 关注三网融合与版权保护：2010 中国版权年会在深圳举行［J］. 中国版权，2011（1）：6－8.

的时间和地点获得作品的权利"可以看出，修改后的信息网络传播权采用了几乎和《世界知识产权组织版权条约》"向公众传播权"同样的表述❶。而前文已述，《世界知识产权组织版权条约》"向公众传播权"的涵盖范围同时包括广播权与信息网络传播权，是一种典型的将二者合并立法的模式，以此推论，我国修改后的信息网络传播权也应当涵盖广播权。即与修改前的定义相比，"交互式"网络传播不再是其规制的唯一内容，而仅为其调整对象之一（这一点从定义所使用的"包括""或者"这些表述可以直接反映出），除此之外还包括直播、转播以及其他以无线或者有线方式传播作品的行为，而后者正好落入修改后的播放权所规制的"以无线或者有线方式向公众播放作品"的范围，由此就产生修改后的信息网络传播权与播放权在内容上的重叠交叉。

　　值得注意的是，修改后的信息网络传播权定义增加了"在信息网络环境下"这一限定，反映出立法者有意将传播行为是否发生在"信息网络环境下"作为播放权与信息网络传播权的区分标准之一，即发生在"信息网络环境下"的"无线或者有线"传播为信息网络传播权的规制范围，反之则为播放权的规制范围，但这一限定不仅不能达到区分的效果，反而使权利混淆交叉

---

❶　不同之处仅在于增加了"直播""转播"。但在笔者看来，这一增加是没有意义的。因为即使不增加"直播"和"转播"，它们也可以被包括在修改后的信息网络传播权的前半句"以无线或者有线方式向公众提供作品"中，因为后半句"使公众可以在其个人选定的时间和地点获得作品"这一"交互式"要求仅是修改后的信息网络传播权规制的行为之一，而不是全部，因此单向式的"直播"与"转播"无须强调当然属于修改后的信息网络传播权的调整范围，这也是修改前后信息网络传播权定义的最大不同。

问题暴露得更加明显。首先，《著作权法修改草案》、《著作权法（2020）》及《著作权法实施条例》都没有对"信息网络"作出界定，使得何为"信息网络"无法从法律层面判断；其次，已有的规范性文件或司法实践都将"广播"包括在"信息网络"范围内。例如原国家广播电影电视总局 2004 年颁布的《互联网等信息网络传播视听节目管理办法》第 2 条将"信息网络"定义为"移动通信网、固定通信网、微波通信网、有线电视网、卫星或其他城域网、广域网、局域网等"。最高人民法院于 2012 年 2 月 17 日公布的《关于审理侵害信息网络传播权民事纠纷案件适用法律若干问题的规定》第 2 条也规定："本规定所称信息网络，包括以计算机、电视机、固定电话机、移动电话机等电子设备为终端的计算机互联网、广播电视网、固定通信网、移动通信网，以及向公众开放的局域网络。"司法实践中，在"中国音乐著作权协会诉广州网易计算机系统有限公司、北京移动通信有线责任公司侵犯著作权纠纷案"中，法院也将信息网络传播权解释为"通过互联网或其他有线或无线的信息传输网络向公众提供作品的权利"❶。可以看出，在已有的规范性文件和司法实践中，"信息网络"并非仅指"互联网"，而是还包括"广播电视网"，由此使得"信息网络"不但不能成为区分信息网络传播权与广播权/播放权的要素，反而增加了二者的混淆程度，这正是技术主义立法路径的结果。

　　2012 年 7 月 6 日，国家版权局公布了《中华人民共和国著

---

❶　参见：北京市第二中级人民法院（2002）二中民初字第 03110 号民事判决书。

作权法（修改草案第二稿）》［以下简称《著作权法（修改草案第二稿）》❶］，该稿对草案第一稿中"播放权"的定义基本没有改变，但将信息网络传播权的定义修改为："以无线或者有线方式向公众提供作品，使公众可以在其个人选定的时间和地点获得作品，以及通过技术设备向公众传播以前述方式提供的作品的权利"。与第一稿相比，该定义有三个方面的变化：一是删除了"在信息网络环境下"的限定；二是删除了"包括直播、转播或者"的表述；三是增加了"以及通过技术设备向公众传播以前述方式提供的作品"的内容。该定义的进步之处在于：一是纠正了将"在信息网络环境下"作为判定播放权与信息网络传播权标准之一的错误规定；二是去掉"包括直播、转播"这些重复性赘语，使立法语言的表述更为准确、简洁。但这一定义仍然没有走出"临时补救型"被动应对立法理念和技术主义立法路径的窠臼，因此难免存在以下问题。第一，仍着眼于修补现行立法的规范漏洞，对三网融合技术的回应不足。第二，将信息网络传播权的规制范围仅限于交互式传播，又回到了现行立法的规定。第三，"以及通过技术设备向公众传播以前述方式提供的作品"的表述要么属于重复规定，要么与播放权混淆。该规定仅对"通过技术设备传播"的对象作了限定，即"以前述方式提供的作品"，而"前述方式"就是"以无线或者有线方式向公众提供作品，使公众可以在其个人选定的时间和地点获得作品"（交互式），而对"通过技术设备传播"本身采用何种

---

❶ 后文为叙述方便，有时也称其为"草案第二稿"。

方式没有明确。实践中"通过技术设备传播"的方式无非有两种：交互式和单向式。如果"通过技术设备"采用交互式传播"以前述方式提供的作品"，则完全可以涵盖在前半句的交互式规定中，虽然这里强调传播的对象是"以前述方式提供的作品"，而不是"通过技术设备"直接传播作品，似乎可以与前半句相区分，但由于其仍然属于交互式传播，可以涵盖在前半句的文义范围内，因此属于重复规定。相反，如果"通过技术设备"采用单向式传播"以前述方式提供的作品"，则属于播放权的规制范围，因为后者的定义就包括通过技术设备以单向式向公众传播"作品的播放"，从而造成信息网络传播权与播放权混淆。

2014 年 6 月 6 日原国务院法制办公室公布的《著作权法（修订草案送审稿）》中关于"播放权"的规定与草案第一稿相比仍然没有变化，但"信息网络传播权"的定义又有了新的变化，即"以无线或者有线方式向公众提供作品，使公众可以在其个人选定的时间和地点获得作品的权利"。经过比较可以发现，与第二稿相比，新的信息网络传播权定义的进步之处在于去掉了"以及通过技术设备向公众传播以前述方式提供的作品"，避免了上文所分析的重复规定或与播放权混淆的问题，但根本性的问题仍然存在：第一，单一修补型立法的色彩浓厚，对三网融合技术造成权利体系的交叠缺乏整体回应。第二，对信息网络传播权的规定没有实质性改变，规制范围仅限于交互式传播，无异于原有立法规定，形成同样的网络传播行为，以交互与否为区分权利的标准，即单向式传播适用传播权，交互式传播适用信息网络传播权。这样的区分使得极其相似的行为在行为方式、所利用的传播媒介、造成的侵权后果完全相同的情况下，❶ 却将其割裂为两种行为、对其分别定性从而适用不同的权利，增加了法律适用成本和作品授权难度，而且有违公众的日常感知。

2. 两权整合方案及理由

基于以上分析，笔者认为应当将广播权与信息网络传播权整合为一项权利，名称为"远程传播权"，其定义如下："远程传播权，即以任何无线或有线方式向远端公众传播作品的权利。"笔者提出这一重构方案是基于以下理由。

第一，这一重构方案可以填补目前广播权与信息网络传播权存在的规制漏洞。在"远程传播权"的定义中，广播权所无法规制的"有线直接广播"、信息网络传播权所无法规制的"单向式"网络传播都可以被纳入"以无线或有线方式"中，从而可以被"远程传播权"所涵盖。当然这是重构广播权与信息网络传播权时首先要考虑的要求，也是最低限度的要求。

第二，这一重构方案具有前瞻性，不仅可以解决当下的技术融合问题，而且足以应对将来未知新技术的挑战。一方面，在这一重构方案中，前述因三网融合带来的"一个传播终端、六类传

---

❶ 不同的仅仅是传播行为已经完成后的作品接收方式。法律设置专有权的目的是规制非法传播作品的行为，在判断公众以何种方式接收作品时，构成侵权的传播行为已经完成，因此将侵权行为已经成立后的作品接收方式作为权利的构成要素是值得质疑的。对此也有学者认为："保证公众在个人选定的时间和地点自由获得作品……显然不属于网上作品版权人应有的权利或权利的组成要件。事实上，2001年《著作权法》其他15项权利并无同类的此等要求。"参见：乔生. 信息网络传播权研究 [M]. 北京：法律出版社，2004：16.

播行为、三种法律定性"的复杂局面，在"远程传播权"下就简化为"一个传播终端、一类传播行为、一种法律定性"。即所有通过互联网电视机这一个传播终端的行为，都可以归结为"以无线或者有线"方式传播作品这一类行为，从而在法律上都落入"远程传播权"的规制范围，因此这一重构方案足以应对因三网融合产生的各种法律问题。另一方面，在这一重构方案中，不仅我们现在已知的"有线或无线方式"（包括直接传播或转播、交互式或单向式、广播或互联网乃至电信网等），即使将来出现了其他形式的"有线或无线"新技术形态，仍然可以为"远程传播权"所规制。因为"有线或者无线"前的"任何"二字就是为以后的未知传播新技术留下适用空间，这样就将现在和以后可能出现的所有远程传播行为都包括在内，而将版权传播统一规定为一种广泛的权利对于适应未来技术发展而言也是合适的，灵活的、技术中立的权利可以包含现在还无法预见的行为。❶

第三，这一重构方案是技术主义立法路径向行为主义立法路径的回归。前文已述，现行立法中广播权与信息网络传播权存在的规制难题以及面对三网融合时的应对不足，正是长久以来著作权立法所采取的技术主义立法路径的结果。但是任何对传播技术的限定都会被技术未来的发展所超越，❷ 因此著作权立法不能被动地一味追随技术，在设定权利时应该着眼于传播行为本身的特

---

❶ CHRISTIE A, DIAS E. The new right of communication in Australia [J]. The Sydney Law Review, 2005, 27（2）: 246.

❷ CHRISTIE A. Simplifying Australian Copyright Law: the why and the how? [J/OL]. Austrilian Intellectual Property Journal, 2000, 11 [2024 – 05 – 22]. http://achristie.com/wp – content/uploads/2011/08/LAWREP – 011 – AIPJ – JL – 0040.pdf.

征而不是所借助的传播媒介，以使设定的权利能够适应未来技术的发展，具有一定的前瞻性和包容性。在上述"远程传播权"定义中，除了保留"有线或者无线"外，现行立法和修改草案中使用的直播、转播、交互式、单向式等技术性表述都被去掉，这样就使"远程传播权"将任何以有线或无线方式传播作品的行为都包括在内，保持了技术上的中立。虽然该定义中也使用了"有线或无线"这样的表述，但这仍然是一种行为主义立法路径的定义方式。首先，"有线或者无线"是一种逻辑周延的表述，除了有线和无线不会再有第三种"线"，使用"有线或无线"的表述仅仅是为了强调传播不是现场传播，而是一种远程传播，因此对于所有远程传播行为而言，"有线或无线"等于没有任何技术限制。其次，就目前的传播技术而言，有线或者无线只能通过互联网、广播网和电信网进行，但随着技术的发展，其他的"有线或者无线"技术也有可能会出现，因此"有线或者无线"前加上"任何"二字，就为未来任何新的"有线或无线"技术留下了空间，这也是摒弃技术主义立法路径的表现。

第四，这一重构方案具有充分的比较法依据。前文已述，在比较法上很多国家或地区的立法都采取了将"网络传播"和"广播"采用一种权利规制的方式，要么采取广泛的"向公众传播权"方式，如《世界知识产权组织版权条约》、欧盟法；要么采取广泛的"表演权"方式如美国、法国的立法。因此本书提出的将广播权和信息网络传播权合并为一项"远程传播权"并非标新立异，而是对其他国家或地区成熟做法的借鉴。

第五，这一重构方案之所以将新的权利称为"远程传播权"，是为了将此项权利与那些规制将作品向现场公众传播的权利相区别，例如表演权和放映权。后两者权利虽然也属于广义上的传播权的范畴（即都是以无形方式传播作品），但它们都属于将作品传播给现场观众的行为。而"广播"和"网络传播"涉及的是将作品传播至远端供公众接收的行为，即属于非现场的远程传播行为。就"广播"而言，电视台播放的效果不在于使现场的观众能够观赏作品，而是将作品转化成电磁波通过无线信号发射装置传送到远端去，由远端的接收装置还原成声音和图像予以播放。网络传播也是如此。世界知识产权组织在制定《世界知识产权组织版权条约》时就明确指出，"向公众传播权"中的"传播"意指向未在传播起源地的公众进行传输。❶ 因此将合并后的权利称为"远程传播权"既是为了区别于现行立法已经存在的表演权和放映权，也是为了与国际公约保持一致。

（三）网络游戏直播行为与广播权法定许可

有观点认为，网络游戏直播可以适用广播权法定许可规则，即对《著作权法（2020）》第 46 条规定的广播权法定许可的规定作出扩展解释，使其不仅可以包括传统的广播组织（广播电台、电视台），还可以涵盖传统广播组织的衍生网络平台以及独立的网络平台。基于此，有必要就广播权的法定许可进行分析。

---

❶ 许超. 关于网络传播与著作权的关系 [J]. 上海政法管理干部学院学报，2001，16（1）：5.

1. 《著作权法（2010）》中广播权法定许可规定存在的问题

《著作权法（2010）》赋予广播组织在两种情形下可以不经著作权人许可而仅需支付报酬即可使用作品的权利：一种为"播放作品的法定许可"，即《著作权法（2010）》第 43 条第 2 款规定的"广播电台、电视台播放他人已发表的作品，可以不经著作权人许可，但应当支付报酬"；另一种为"播放录制于已出版的录音制品中的作品（以下简称'录制作品'）的法定许可"，即《著作权法（2010）》第 44 条规定的"广播电台、电视台播放已经出版的录音制品，可以不经著作权人许可，但应当支付报酬。当事人另有约定的除外"。此两种法定许可分别针对"普通作品"和"录制作品"，后者还受到"当事人另有约定的除外"的限制，同时国务院于 2009 年 11 月 10 日公布了《广播电台电视台播放录音制品支付报酬暂行办法》（以下简称《播放录音制品付酬办法》），以解决后者的报酬支付问题。

然而，就广播组织播放的作品而言，是否有必要将其区分为"录制作品"和"普通作品"并配置以不同的规则分而治之？对于播放录制作品增加"当事人另有约定的除外"的限制是否合理？对于播放录制作品的付酬问题可以适用上述《播放录音制品付酬办法》，而对于播放非录制作品的其他普通作品的付酬问题如何解决？这些都涉及《著作权法（2010）》第 43 条和第 44 条的逻辑关系和法条结构是否合理以及被播放作品的广播权保护问题。学界关于播放作品法定许可的研究多集中于该制度保留或废除的争议，而对上述问题则鲜有关注。

（1）因表演者和录音制作者不享有广播权，第44条"播放录音制品法定许可"仅涉及作品，从而可以被第43条第2款"播放作品的法定许可"涵盖

第一，"已出版的录制作品"可以被"已发表的作品"涵盖。

比较《著作权法（2010）》第43条第2款"播放作品的法定许可"与第44条"播放录制作品的法定许可"的立法表述可以发现，后者所规制的行为完全可以被前者所涵盖。具体而言：首先，二者所规制的义务主体完全相同，即都是广播电台、电视台，这一点从两个条文开始第一句都使用了完全相同的表述（"广播电台、电视台播放……"）不难得出。其次，二者所规制的权利类型完全相同，即都是针对广播权，这一点从两个条文都使用了同样的表述"播放"可以得出。❶ 最后，二者所规制的权利客体和权利主体完全相同，即客体都是作品，主体都是著作权人。就第43条第2款而言，其关于"广播电台、电视台播放他人已发表的'作品'……"的表述清楚地表明该条适用的客体为"作品"，由于只有著作权人才能对作品享有权利，因此该条所适用的权利主体仅限于著作权人当无疑问。就第44条而言，其关于"广播电台、电视台播放已经出版的'录音制品'……"的表述表明该条适用的客体为"录音制品"，由于录音制品中一

---

❶ 根据同一法律中的同一用语如无特别规定，应具有相同含义的法律解释原则，二者所称的"播放"应具有相同含义。

般包含三个著作权或邻接权的客体——作品、表演和录音,❶ 相应地会产生三种权利——作者的权利、表演者的权利和录音制作者的权利,从而也会对应三个权利主体——著作权人、表演者和录音制品制作者,由此似乎表明第 44 条与第 43 条第 2 款在权利客体和权利主体上都有所不同,前者涉及三个,后者仅涉及一个。而理论上对此确实也存在不同的理解。例如有观点认为,第 44 条未明确规定广播电台、电视台付酬的对象,容易引起争议;❷ 另有观点认为,"从性质看二者颇有相似之处,主体和使用行为相同,不同点仅在于客体;❸ 还有观点认为,广播电台、电视台应向录音制品词曲作者、表演者和录音制作者一并付酬,因为录音制品中既包含了词曲作者的劳动,也包含了表演者和录音制品制作者的劳动。❹

　　虽然从表面上看,第 44 条将其适用的客体规定为"录音制品",从而与第 43 条第 2 款在立法表述上确有不同,但稍作分析则不难得出,二者实际上适用的客体和权利主体仍然相同,即客体都是作品,主体都是著作权人。简要分析如下:第一,就文义而言,第 44 条后半句"可以不经著作权人许可,但应当支付报

---

❶ 有必要说明的是,原条文规定的是"录音制品",由于"制品"是一种有形物质载体,而包括著作权、邻接权在内的知识产权的客体是无形的信息,而不是承载该信息的物质载体,因此录音制作者权的权利客体应为"录音"而不是"录音制品"。

❷ 胡开忠. 广播电台电视台播放录音制品付酬问题探析 [J]. 法律科学(西北政法大学学报),2012,30(2):165 – 171.

❸ 张曼. 著作权法定许可制度研究 [M]. 厦门:厦门大学出版社,2013.

❹ 夏琦. 电台电视台公共场所播放音乐作品将收费 [N]. 新民晚报,2009 – 04 – 23(6).

酬"的规定仅提到了著作权人，并未提及其他权利主体例如表演者或录音制作者等，因此应严格忠于文义将其解释为仅是对著作权人广播权的限制，而不应作扩大解释；第二，就历史沿革而言，该条规定从《著作权法（1990）》第43条演变而来，当时的内容是："广播电台、电视台非营利性播放已经出版的录音制品，可以不经著作权人、表演者、录音制作者许可，不向其支付报酬。"由于该规定将表演者和录音制作者也纳入了被限制的权利主体，因此有观点认为，对该条规定采取反对解释的结果便是，如果是以营利为目的播放录音制品，则需要经过著作权人、表演者和录音制作者三方的许可并支付报酬，即此种情况下的权利主体不仅限于著作权人，还有表演者和录音制作者。

对此笔者认为，由于《著作权法（1990）》中表演者和录音制作者并不享有广播权，因此上述规定强调"可以不经表演者和录音制作者许可"并没有实际意义，正是基于此因，《著作权法（2001）》中将该条改为："广播电台、电视台播放已经出版的录音制品，可以不经著作权人许可，但应当支付报酬……"即在权利主体中去掉了"表演者、录音制作者"。对于此修改，时任国家版权局局长石宗源的解释是："表演者和录音制作者不享有播放录音制品的权利，不存在取得其许可和向其付酬的问题。"❶以此推演，由于《著作权法（2010）》中表演者和录音制作者对于播放录音制品仍然不享有广播权（无论是专有权意义上的还是

---

❶ 胡康生. 中华人民共和国著作权法释义［M］. 北京：法律出版社，2001：185.
　2010年《著作权法》修改时对该内容未作修改，仅调整了条文的序号，将原第43条改为第44条，因此应作同一解释。

获酬权意义上的），因此当年对《著作权法（1990）》第 43 条的解释和 2001 年修改该条的理由仍然可以用来解释《著作权法（2010）》第 44 条，即该条限制的权利主体仅为著作权人。据此可以得出的结论是，虽然录音制品上存在三个客体和三个主体，但就广播权所规制的"播放"行为而言，仅涉及其中的作品和著作权人，从而说明《著作权法（2010）》第 44 条与第 43 条第 2 款所规范的权利客体和权利主体是完全相同的。

论及第 44 条与第 43 条第 2 款的适用客体时，还有一个必须分析的问题就是"出版"与"发表"的关系，因为前者对于适用客体的立法表述是"已出版的录音制品"，后者的立法表述是"已发表的作品"，从字面上看仍然有"已出版"和"已发表"之别，从而使得有必要就这里的"发表"与"出版"的关系略加分析。在《著作权法（2010）》及《著作权法实施条例》中，并不能直接找到关于"发表"的立法定义，但是根据《著作权法（2010）》关于"发表权"的定义，可以推知我国著作权法意义上的"发表"是指"将作品公之于众"的行为，❶ 其核心就是"公之于众"，至于以何种方式"公之于众"则在所不问。关于"出版"的含义，1991 年《著作权法实施条例》第 5 条第 6 项规定，出版是指将"作品编辑加工后，经过复制向公众发行"；《著作权法（2010）》第 58 条也规定，"本法第二条所称的出版，指作品的复制、发行"。

从这些立法规定可以看出，出版是以"发行"的方式将作

---

❶ 《著作权法（2020）》第 10 条第 1 款第 1 项规定，发表权是指"决定作品是否公之于众的权利"。

品"公之于众"的行为，而根据《著作权法（2010）》第 10 条第 1 款第 6 项的规定，发行是指"以出售或赠与方式向公众提供作品的原件或者复制件"的行为，其核心在于以向公众提供作品"有形载体"的方式将作品"公之于众"。❶ 从以上有关"发表"与"出版"的分析可以看出，发表的外延要大于出版，除了出版这种比较常见和正规的发表行为，发表还可以包括舞台或机械形式的表演、广播组织的播放、展览会的展览、互联网的上传、放映机的放映等其他非出版行为。由此不难得出，出版是作品发表的一种方式。进一步而言，作品的发表不意味着作品已经出版，但作品如果已经出版则意味着必然已经发表。因此正如有学者所言："录音制品的出版无疑表明其中的音乐作品已经公开发表。"❷ 由此表明，虽然第 44 条与第 43 条第 1 款在适用客体的表述上存在"已出版"与"已发表"之不同，但前者无疑可以被后者所涵盖。

至此可以对该部分的论述作一个简单的总结，即《著作权法（2010）》第 44 条与第 43 条第 2 款所规制的义务主体相同（都是广播组织），权利主体相同（都是著作权人），权利内容相同（都是播放），权利客体相同（都是作品），由于"出版"完全可以被"发表"所涵盖，因此第 44 条所规制的行为完全可以被第 43 条第 2 款所涵盖，前者属于重复规定。

---

❶ 关于发行权规制对象的详尽分析，请参见：焦和平. 发行权规定的现存问题与改进建议：兼评《著作权法（修订草案送审稿）》相关规定 [J]. 交大法学, 2015（1）：34-42.
❷ 管育鹰. 我国著作权法定许可制度的反思与重构 [J]. 华东政法大学学报, 2015（2）：12.

第二，第 44 条与第 43 条第 2 款不是特别规定与一般规定的关系。

我国也有学者注意到了《著作权法（2010）》第 44 条与第 43 条第 2 款在内容上的重复，但将此解释为特别规定与一般规定的关系，从而力图维系立法的体系性和逻辑性。例如有观点提出，第 43 条第 2 款规定的"播放作品的法定许可"不适用于"播放已经录制为录音制品的音乐作品"，对后者应适用第 44 条的特别规定。❶ 对此笔者认为，在立法技术上，一般规定与特别规定一般适用于以下两种情形：第一种情形是一般法与特别法中的规定。例如《民法典》属于民事领域的一般法，由于《民法典》无法将民事领域的所有侵权问题一一规定，因此就特定领域的侵权问题该法仅作出一般性的规定，再由单行法予以专门规定，该单行法与《民法典》就是特别法与一般法的关系。例如就知识产权侵权问题而言，《民法典》作出了一般性规定，同时《著作权法》中规定了著作权侵权的民事责任，若涉及著作权侵权问题的法律适用，则优先适用《著作权法》，在《著作权法》无规定时则适用《民法典》。此即不同法律中的一般法与特别法的情形。

第二种情形是同一部法律中总则和分则的规定。例如《民法典》第三编（合同编）第一分编（通则）是对合同的订立、效力、履行、变更和转让、权利义务终止、违约责任等的一般性规定，同时又在第二分编中就买卖合同、租赁合同、承揽合同、运输合同等 19 种典型合同作了特别规定。在涉及某一具体合同纠

---

❶ 王迁. 著作权法［M］. 北京：北京大学出版社，2007.

纷适用法律时应优先适用《民法典》第二分编（典型合同）中有关该类具体合同的规范，在该分编没有规定时则适用第一分编（通则）的规定。此即同一部法律中的一般规定与特别规定的情形。就此处讨论的《著作权法（2010）》第 43 条第 2 款与第 44 条而言，二者是同一部法律（《著作权法（2010）》）中同一章（第四章"出版、表演、录音录像、播放"）中同一节（第四节"广播电台、电视台播放"）中前后相邻两个法律条文，既不是不同法律之间的一般法与特别法，亦并非同一法律中的一般规定与特别规定，在立法技术上不具备采用一般规定与特别规定的空间和必要，因此二者并非一般规定与特别规定的关系，而属于明显的重复性规定。这一结论也得到多数学者认可。例如，有观点指出："广播电台电视台播放录音制品的法定许可制度完全可以适用广播电台电视台播放普通作品的法定许可制度，因此应取消第 44 条的规定而适用第 43 条第 2 款的规定。"❶ 还有观点认为："既然有了可以适用涵盖所有已发表作品播放法定许可的第 43 条第 2 款，第 44 条显得多余。"❷

（2）第 44 条"当事人另有约定的除外"规定造成对"录制作品"的保护高于普通作品，从而与第 43 条第 2 款形成体系性冲突

第一，关于第 44 条"当事人另有约定"规定的性质。除上

---

❶ 胡开忠. 广播电台电视台播放作品法定许可问题研究：兼论我国《著作权法》的修改 [J]. 知识产权，2013（3）：8.

❷ 管育鹰. 我国著作权法定许可制度的反思与重构 [J]. 华东政法大学学报，2015（2）：26.

述分析的第44条"已录制于录音制品中的作品"可以被第43条
第2款"已发表的作品"涵盖外，第44条规定存在的另一问题
是多了"当事人另有约定的除外"的规定。对于如何理解这里
"当事人另有约定的除外"的性质与具体指向，也就是该规定针
对的是"是否许可播放"的保留条款，还是"应当支付报酬"
的保留条款，学界认识并不一致，主要有三种观点。第一种观点
认为，第44条的这一规定不明确。例如有学者主张，此处"当
事人另有约定的除外"中的当事人是谁、约定如何能对广播者产
生约束力等条件语焉不详。第二种观点认为，此处"另有约定的
除外"并非指可以另外约定不允许使用，而是仅针对支付报酬而
言的。此种观点又可以分为"另行约定不支付报酬"和"另行
约定报酬的支付标准"两种认识，前者如："根据本条规定，广
播电台、电视台播放录音制品应当向著作权人支付报酬，双方约
定不支付报酬的，也可以按照约定执行。"❶ 后者如："我国《著
作权法（2010）》第44条规定的付酬方式包括两种：一是根据
当事人的约定支付，二是根据国务院公布的付酬办法来付酬"❷，
即在报酬的具体数额和标准问题上优先适用当事人约定，在没有
约定的情况下适用国务院的规定，但对于是否许可播放问题则没
有当事人约定余地。第三种观点（也是多数观点）认为，此处
"另有约定"是法定许可的例外，即在著作权人声明不允许使用
时则不能适用法定许可。例如有学者认为，这里的"当事人另有

---

❶ 胡康生. 中华人民共和国著作权法释义 [M]. 北京：法律出版社，2001：185.
❷ 李明德，管育鹰，唐广良. 著作权法专家建议稿说明 [M]. 北京：法律出版社，
2012：268.

约定的除外"和其他法定许可中的声明保留条款一样，从理论上讲改变了法定许可的性质。❶ 另有学者认为，根据《著作权法（2010）》，除广播组织播放已发表的作品外，其余的法定许可均受到"著作权人无相反声明"的限制。❷ 还有学者认为，当事人"另有约定的除外"主要是指作者可以就相关作品的播放使用问题作出保留声明，如果广播电台电视台违反此类声明或约定，录音作品的著作权人可以要求其承担违约责任。❸

　　笔者同意多数学者的认识，认为第 44 条"当事人另有约定的除外"在性质上类似于"选择 – 退出"（opt – put）机制❹或者"准法定许可"❺，即对于录制于录音制品中的作品而言，著作权人有权以"声明保留"的形式排除广播组织未经许可进行播放。理由有如下几点。

　　首先，将"另有约定"理解为"著作权人可以与广播组织约定不支付报酬"没有必要。法律既然将"支付报酬"设定为广播组织的义务就意味着收取报酬是著作权人的一项权利，在实际播放中如果著作权人愿意广播组织免费播放，那就是权利人以放弃许可权和获酬权的方式行使自己的权利。这就好比法律在规定著作权人享有复制权、任何人复制作品要经著作权人许可并支

---

❶　张今. 著作权法［M］. 北京：北京大学出版社，2015.

❷　李琛. 知识产权法关键词［M］. 北京：法律出版社，2006.

❸　吴高盛. 中华人民共和国著作权法释义及实用指南［M］. 北京：中国民主法制出版社，2015.

❹　梁志文. 版权法上的"选择退出"制度及其合法性问题［J］. 法学，2010（6）：84 – 94.

❺　参见：沈仁干. 关于对著作权的限制［M］// 江平，沈仁干，等. 中华人民共和国著作权法讲析. 北京：中国国际广播出版社，1991.

付报酬的同时，没有必要再规定"著作权人与使用人可以另行约定无须许可或者不支付报酬"一样，因为即使没有这样的规定，著作人和使用人也完全可以这样约定，所以这种情况属于权利人对权利的行使和处分问题，法律只要规定著作权人享有哪些权利就行了，而没有必要同时再规定权利人可以另行约定放弃自己的权利。

其次，将"另有约定"理解为"著作权人可以与广播组织约定报酬支付标准和数额"也不具有实际意义。由于《著作权法（2010）》对播放录制作品的法定许可未设置任何程序性的前置条件❶，实践中广播组织也不会在播放前与著作权人商谈报酬支付问题，因此著作权人对付酬问题不可能事先提出要求并与广播组织协商。正如有观点所言，法定许可既然无须事先取得著作权人的同意，也就免除了使用人与著作权人磋商报酬的程序，因此付酬标准只能按照有关规定支付。❷ 因此，将"另有约定"理解为"著作权人可以与广播组织约定报酬支付标准和数额"在多数情况下只是著作权人的一厢情愿和立法者的美好设想，而不具有实际意义。

再次，《著作权法（2001）》修改参与者和一些学者认为这里的"当事人另有约定的除外"还包括"表演者和录音制作者虽然不享有广播权，但可以通过合同约定的形式保护自己的权益，比如在录音制品上明确声明不得用于广播组织的播放"的情

---

❶ 例如当时《著作权法（修订草案送审稿）》规定的事前备案登记程序。
❷ 实际情况是广播组织不但不会事先协商收费问题，而且在播放后也很少积极主动支付报酬。参见：李琛. 知识产权法关键词［M］. 北京：法律出版社，2006.

形。依此理解，对于录音制品的播放不享有广播权的表演者和录音制作者尚且可以通过"声明保留"的方式禁止广播组织播放，而对于录音制品播放享有广播权的著作权人则更应该享有此种权利，这是"举重以明轻"的法律解释规则应有之义，因此将"另有约定"的性质界定为是针对"是否允许播放"的"准法定许可"更符合立法目的。

最后，国务院于 2009 年 11 月 10 日公布的《播放录音制品付酬办法》第 2 条第 2 款规定："广播电台、电视台播放已经出版的录音制品，已经与著作权人订立许可使用合同的，按照合同约定的方式和标准支付报酬。"笔者认为，此规定中的"与著作权人订立许可使用合同"是与《著作权法（2010）》第 44 条"当事人另有约定的除外"相对应的，因为根据该款的表述，这里的"合同"指的是"许可使用合同"而不是单纯的报酬支付合同，报酬支付标准和方式仅是"许可使用合同"中的一部分内容，因此结合《播放录音制品付酬办法》的规定，将《著作权法（2010）》第 44 条"当事人另有约定"理解为"准法定许可"更具合理性。

第二，"当事人另有约定的除外"规定造成对录制作品的保护高于普通作品。由此可以看出，对于广播组织播放录制于录音制品中的作品适用法定许可是有条件的，即受到"当事人另有约定"的限制，但是反观《著作权法（2010）》第 43 条第 2 款"播放作品法定许可"的规定，却并无此限制，由此造成的结果便是对录制作品的保护高于普通作品。举例而言，对于一部已经发表的畅销小说如陈忠实的《白鹿原》而言，如果该作品被某位播音员诵读录制成磁带或者光盘，根据《著作权法（2010）》第44条的规定，在陈忠实没有特别声明的情况下，广播电台可以不经陈忠实许可在电台播放；如果陈忠实在该磁带或光盘上标注"播放须经作者许可"的内容，则广播电台不得未经陈忠实许可而擅自播放该磁带或光盘，否则就侵犯了陈忠实的广播权。但是，如果该播音员在广播电台的《小说欣赏》节目中现场诵读《白鹿原》，则不需要经过陈忠实许可而仅需支付报酬；即使陈忠实在其《白鹿原》小说的封面上标注"未经许可不得播放"的声明，广播电台的播放行为也不侵犯陈忠实对《白鹿原》的广播权（仅涉及付酬问题）。

这样的结果对著作权人而言显然是不合理的，因为就播音员在广播节目中现场诵读作品与广播电台播放录制好的播音员对作品诵读的磁带或光盘而言：二者使用作品的方式是一样的，都是将诵读的作品通过广播形式向公众传播；传播的形式是一样的，都是一种"异地同时"传播，即传播源和接收终端不在同一场所但所有的听众都能在同一时间接收；传播的范围是一样的，都是同一电台的无线电波发射范围；影响的利益是一样的，都是著作人依法享有的以广播方式利用作品应获得的利益。对于这两种性质相同的行为，在法律上的评价亦应完全相同，这也是"类似情况，同样处理"之法理应有之义。但是在《著作权法（2010）》框架下，对于录制作品，著作权人有权以声明的方式禁止广播组织播放；而对于未录制的其他普通作品，著作权人却无此项权利，这就造成了对录制作品的保护高于普通作品的不合理后果。这种不合理的区别对待使得在解释法律时会产生体系性冲突，因

为一部"法律不应自相矛盾"，即法律的编、章、节和具体条文
的安排是一个合乎逻辑的体系。❶ 在将作品区分为"录制作品"
和"普通作品"的情况下，根据第 44 条规定著作权人对前者的
播放可以声明排除，但正如前文所述，由于"出版的已录制作
品"属于"已发表的作品"，因此对前者的播放完全可以适用第
43 条第 2 款，❷ 而第 43 条第 2 款并未赋予著作权人"声明保留"
的权利，因此著作权人又无权声明排除，这样就造成了在法律适
用和法律解释上第 44 条与第 43 条第 2 款的冲突。

　　第三，第 44 条授权国务院仅就播放"录制作品"制定付酬
办法，造成依据第 43 条第 2 款播放普通作品的付酬问题无法可
依。《著作权法（2010）》第 44 条在规定广播电台、电视台应就
播放录制作品向著作人支付报酬的同时，还规定"（付酬的）具
体办法由国务院规定"。该条以法律授权的方式赋予国务院就播
放录制作品的报酬问题制定行政法规。国务院于 2009 年 11 月 10
日公布的《播放录音制品付酬办法》正是依据该条规定制定
的，❸ 因此仅能适用于广播组织播放录制作品的情形。根据《播

---

❶ 关于立法的体系性以及以体系性为基础的体系解释方法，更为详尽的论述参见：
　王利明. 法学方法论 ［M］. 北京：中国人民大学出版社，2012；王利明. 法律
　解释学 ［M］. 北京：中国人民大学出版社，2011；梁慧星. 裁判的方法 ［M］.
　北京：法律出版社，2003.

❷ 在司法实践中，已有法院对播放录制作品适用《著作权法》第 43 条第 2 款。参
　见：北京市东城区人民法院（2014）东民初字第 1501 号民事判决书；北京市知
　识产权法院（2015）京知民终字第 122 号民事判决书。

❸ 《付酬办法》第 1 条就明确规定了其制定的依据，即"根据《中华人民共和国著
　作权法》第四十三条的规定，制定本办法"。而《付酬办法》所称的第 43 条是
　《著作权法（2001）》的条文序号，该内容在《著作权法（2010）》中对应的条
　款为第 44 条。

放录音制品付酬办法》第 2 条的规定，对于广播电台、电视台播放已经出版的录音制品，如果订立有许可使用合同的，按照合同约定支付报酬；未订立合同又未经著作权人许可播放录音制品的，依照《播放录音制品付酬办法》向著作权人支付报酬。由此通过《播放录音制品付酬办法》与《著作权法（2010）》第 44 条的配套与衔接确立了播放录制作品法定许可的报酬支付机制。相比之下，播放普通作品法定许可的付酬问题则处于"无法可依"的境地，因为《著作权法（2010）》第 43 条在规定广播组织可以不经许可播放已发表作品但应支付报酬的同时，并未同时规定付酬的"具体办法由国务院规定"，而由于没有法律的授权，因此国务院也就难以针对播放作品制定具体付酬的行政法规。对此有学者质疑："目前，世界上多数国家都未就广播电台、电视台播放录音制品付酬的问题制定专门的法规，只有我国就该问题制定了专门的《付酬办法》，该立法模式是否合理，颇值得研究。"❶

对于播放普通作品的付酬问题，有观点认为可以适用《著作权法（2010）》第 28 条的规定，即"使用作品的付酬标准可以由当事人约定，也可以按照国务院著作权行政管理部门会同有关部门制定的付酬标准支付报酬。当事人约定不明确的，按照国务院著作权行政管理部门会同有关部门制定的付酬标准支付报酬"。❷《播放录音制品付酬办法》第 2 条第 1 款也规定："广播电台、

❶ 胡开忠. 广播电台电视台播放录音制品付酬问题探析［J］. 法律科学（西北政法大学学报），2012，30（2）：165.
❷ 姚红. 中华人民共和国著作权法释解［M］. 北京：群众出版社，2001.

电视台可以就播放已经发表的音乐作品向著作权人支付报酬的方式、数额等有关事项与管理相关权利的著作权集体管理组织进行约定。"笔者认为，这些规定在现实中都无法落实，从而使得播放普通作品的付酬问题仍然"无法可依"：其一，根据《著作权法（2010）》第 43 条的规定，播放已发表的普通作品无须经过著作权人的许可，而且该规定没有给予著作权人声明保留的余地，因此著作权人对付酬问题不可能事先提出要求，而在现实中一直处于强势地位的广播组织一般也不会主动就付酬问题与著作权人或者集体管理组织进行协商，从而也就不会产生一个"协商价格或约定标准"；其二，上述《著作权法（2010）》第 28 条所称的针对普通作品"国务院著作权行政管理部门会同有关部门制定的付酬标准"❶ 至今还未出台，因此在"当事人约定不明确"的情形下"按照国务院著作权行政管理部门会同有关部门制定的付酬标准支付报酬"就无法在现实中得以落实。对此笔者认为，由于在法律条文的顺序上，"已发表作品"先于"录制作品"，在涵盖范围上，"已发表作品"也可以包括"录制作品"，因此即使要各自分别制定付酬办法，亦应先出台"播放作品付酬办法"。正如有学者所言："在播放普通作品的付酬办法尚未出台之际，国务院就先公布了一个播放录音制品的《付酬办法》……不

---

❶ 国家版权局与国家发展和改革委员会于 2014 年 9 月 23 日联合公布了《使用文字作品支付报酬办法》，该办法自 2014 年 11 月 1 日起施行。该办法第 1 条规定："为保护文字作品著作权人的著作权，规范使用文字作品的行为，促进文字作品的创作与传播，根据《中华人民共和国著作权法》及相关行政法规，制定本办法。"可见，其适用的客体是"文字作品"，在广播组织播放法定许可中，除了文字作品，还有音乐作品，而且更为常见的是音乐作品，因此该办法无法作为播放音乐作品法定许可付酬的依据。

符合立法的逻辑。"❶ 笔者认为，这不仅是立法的体系性和逻辑性的问题，而且在实践中直接造成了第 43 条规定的播放普通作品付酬问题没有法律规制，对此负责著作权法修改的部门也认为"著作权法定许可制度的价值取向和制度功能符合我国的基本国情，目前该制度不成功的原因在于付酬机制和法律救济机制的缺失"。❷

（3）将播放的作品区分为"录制作品"和"普通作品"并配置以不同的规范无比较法依据

我国广播电台、电视台播放作品的法定许可制度来源于《伯尔尼公约》中关于著作权人广播权的限制条款，但该公约并未将播放的作品区分为"录制作品"与"普通作品"并施以不同的规则。具体而言，在 1928 年罗马修订会议上，该公约首先以第 11 条之二第 1 款之规定赋予著作权人以专有权性质的广播权，但由于广播组织担心在增加了这一项权利后，权利人尤其是权利集体管理组织会滥用该权利从而造成广播组织很难得到授权，一些国家如挪威、澳大利亚和新西兰等要求对权利人的这一权利给予限制。❸ 最终平衡的结果是公约在规定广播权的同时，也允许成员国根据本国的实际情况对该项权利予以一定的限制，即第 11 条之二第 2 款规定："行使以上第 1 款所指的权利的条件由本

---

❶ 胡开忠. 广播电台电视台播放录音制品付酬问题探析 [J]. 法律科学（西北政法大学学报），2012，30（2）：167.

❷ 参见国家版权局《关于〈中华人民共和国著作权法〉（修改草案）的简要说明》（2012 年 3 月）.

❸ RICKETSON S, GINSBURG J. International copyright and neighbouring right: the Berne Convention and beyond [M]. 2nd ed. Oxford: Oxford University Press, 2006: 820.

联盟成员国的法律规定，但这些条件的适用严格限于对此作出规定的国家。在任何情况下，这些条件均不应有损于作者的精神权利，也不应有损于作者获得合理报酬的权利，该付酬数额在当事人未能约定的情况下，由主管当局确定。"我国据此确立了播放作品法定许可制度，但《伯尔尼公约》的上述限制并未将播放的作品区分为录制作品和普通作品并分别规定。根据《伯尔尼公约》第 11 条之二第 2 款规定，成员国可以在本国立法中规定广播组织播放作品的强制许可或法定许可制度。❶ 各个国家也根据自己的立法传统和实际情况以不同方式规定了针对著作权人广播权的限制规定，但都未区分录制作品和普通作品。

例如《日本著作权法》第 34 条（学校教育节目的播放）规定，对于已经发表的作品，在学校教育目的的必要限度内可以播放或有限播放该作品。第 68 条（作品的播放）规定，希望播放已经发表的作品的播放组织，在与著作权人未达成播放许可协议或者无法进行协议时，经文化厅裁定并且向著作权人支付相当于一般使用费的补偿金时，可以播放该作品。可见，在《日本著作权法》中，播放权强制许可针对的是"已发表的作品"。《意大利版权法》第 52 条规定："在本条以及下述各条款规定的条件和范围内，广播组织可以在剧院、音乐厅和其他公共场所播放作品……"第 56 条规定："凡依前述条款播放作品的，作者有权要求广播组织支付报酬。各方就报酬数额未能达成协议

---

❶ 戈尔斯坦. 国际版权原则、法律与惯例 [M]. 王文娟，译. 北京：中国劳动社会保障出版社，2003.

的，由司法机关进行裁决。"❶ 该法也将播放的客体限定为"作品"。《荷兰版权法》第 17a 条规定，为了向公众传播信息，广播电台电视台可以不经著作权人同意而向公众广播作品，但应尊重作者的精神权利并应向著作权人支付合理的报酬，如广播组织未与著作权人达成相关协议，则报酬额由法庭来确定。《挪威版权法》第 30 条规定，如果作者与广播组织不能达成广播作品的协议时，政府可授权广播组织广播已合法出版一年以上的作品，并支付合理的报酬。在这里，播放的客体是"合法出版作品"，而并未再细分录制作品。此外，《捷克斯洛伐克著作权法》第 16 条、《卢森堡版权法》第 24 条、《匈牙利版权法》第 22 条和第 23 条、《澳大利亚版权法》第 47A 条、《美国版权法》第 118 条、《芬兰版权法》第 25i 条、《德国著作权法》第 47 条和第 49 条、《英国版权法》第 131 条和第 135 条、法国《知识产权法典》第 L. 214 - 1 条、《瑞士版权法》第 23 条等都有类似的规定。在这些对广播权进行限制的立法中，都无一例外地将已发表（或已出版）作品作为限制的客体，而并未区分该作品是录制作品还是普通作品，更未就播放录制作品专门制定付酬办法。实际上，即使在我国，对于播放外国作品也不区分录制作品与普通作品。如《实施国际著作权条约的规定》第 16 条规定："表演、录音或者广播外国作品，适用伯尔尼公约的规定；有集体管理组织的，应当事先取得该组织的授权。"该规定是针对播放外国作品的特别

---

❶ 需要说明的是，《意大利版权法》第五节的标题是"录制在载体上的作品"，也可以称为"录制作品"，但该条赋予作者的仍是排他性权利（第 61 条），因此与本书所讨论的播放法定许可中的"录制作品"不同。

规定，其并未将作品区分为"录制于录音制品中的已出版作品"
和一般的"已发表作品"，而是统一针对所有作品。

2. 《著作权法（2020）》广播权法定许可适用客体的完善

（1）历次广播权法定许可改革方案评析

播放作品法定许可在《著作权法》修改草案的几个稿本中
历经了数次变化，以下逐一分析。在国家版权局于 2012 年 3 月
向社会公布的草案第一稿中，第 47 条中规定："广播电台、电视
台可以依照本法第四十八条规定的条件，不经著作权人许可，播
放其已经发表的作品"。该规定与《著作权法（2010）》第 43 条
第 2 款规定的播放作品法定许可几乎没有差别。❶ 可见，《著作
权法（2010）》关于播放普通作品法定许可的规定在草案第一稿
中得以保留。同时，《著作权法（2010）》第 44 条播放录音制品
法定许可规定被删除。对于播放录音制品的法定许可问题如何适
用法律，根据起草部门关于"将广播电台电视台播放录音制品法
定许可并入播放作品法定许可中"的解释说明来看，对其应当适
用播放作品法定许可的规定。同时，《著作权法（2010）》第 44
条中的"当事人另有约定的除外"也未在草案第一稿第 47 条中
体现。对此起草部门的解释是："取消了法定许可制度中声明不
得使用的例外，即权利人关于不得使用的声明不影响法定许可使

---

❶ 唯一不同的是草案第一稿增加了第 48 条关于使用作品的程序性规定，即以法定
　许可方式使用作品必须事先备案、及时通过著作权集体管理组织付酬和指明来源
　等义务等。

用。"❶ 可见，草案第一稿关于播放法定许可的规定与本书提出的建议是一致的，笔者认为是合理的，应当予以坚持和保留。

在国家版权局于 2012 年 7 月向社会公布的《著作权法（修改草案第二稿）》中，没有任何关于播放作品或者录音制品法定许可的规定。❷ 对此起草部门的解释是："根据权利人、相关著作权集体管理组织以及相关机构的意见，将著作权'法定许可'进一步限缩为教材法定许可和报刊转载法定许可两种情形，取消原草案第四十六条关于录音制作法定许可、第四十七条关于广播电台电视台播放法定许可的规定，将其恢复为作者的专有权。"❸笔者认为，在我国当前和今后相当长的时期，广播电台电视台作为非营利性事业单位仍然承担着一定的政治宣传和文化教育的公共职能，而且播放作品或者录音制品法定许可制度本身对于降低交易成本、促进作品传播和保障公众获取信息具有重要意义，很多发达国家也有规定，因此暂时不宜取消。目前该制度的最大问题是付酬机制和法律救济机制不完善，因此《著作权法》修改的重点应该是如何进一步完善付酬机制和救济机制，而不是简单

---

❶ 参见国家版权局《关于〈中华人民共和国著作权法〉（修改草案）的简要说明》（2012 年 3 月）。

❷ 该草案第 39 条有关于播放录音制品的规定，即对于"以无线或者有线方式公开播放录音制品或者转播该录音制品的播放"，表演者和录音制作者享有获得合理获酬的权利，该条赋予了表演者和录音制作者对于播放录音制品的获取报酬权。虽然此处规定了播放录音制品的问题，但针对的客体是录音制品中的表演和录音，针对的主体是表演者与录音制作者。本书讨论的是录音制品中的作品和著作权人的问题，该规定与本书讨论的不是同一问题，因此即使草案中有播放录音制品的规定，对本书的研究也无任何影响。

❸ 参见国家版权局《关于〈中华人民共和国著作权法〉（修改草案第二稿）修改和完善的简要说明》（2012 年 7 月）。

地取消该制度。

在国务院原法制办公室于 2014 年 6 月 6 日向社会公布的《著作权法（修订草案送审稿）》中，第 49 条第 1 款规定："广播电台、电视台依照本法第五十条规定的条件，可以不经著作权人许可，播放其已经发表的作品。但播放视听作品，应当取得著作权人的许可。"可见，草案送审稿关于播放法定许可问题的规定又回到了草案第一稿的规定。对此笔者认为是合理的，应当予以坚持和保留，具体理由在分析草案第一稿时已经论述，此处不赘述。与草案送审稿修改方案应配套的是，现行《播放录音制品付酬办法》应予废除。具体理由如下：第一，该付酬办法的制定依据是《著作权法（2010）》第 44 条，但该条在草案送审稿中已经被删除，因此该付酬办法的存在基础已经不存在，自然应予废除；第二，该付酬办法是针对播放录制作品制定的，而播放录制作品法定许可在草案送审稿中已经被删除，因此该付酬办法的适用对象已经不存在，自然应予废除；第三，草案送审稿将播放录制作品法定许可并入播放作品法定许可中，但至今仍无针对播放作品法定许可付酬问题的配套规定，因此在废除《播放录音制品付酬办法》的同时，应在草案送审稿第 49 条播放作品法定许可中加上一句"具体付酬办法由国务院规定"，以通过法律授权的方式由国务院就播放作品法定许可尽快制定出台统一的广播电台电视台播放作品付酬办法。

（2）具体完善建议

值得注意的是，《著作权法（2020）》删除了《著作权法（2010）》第 44 条的规定，回应和解决了笔者提到的上述分析的

第一个问题（"因表演者和录音制作者不享有广播权，第 44 条
'播放录音制品法定许可'仅涉及作品，从而可以被第 43 条
'播放作品法定许可'涵盖"），但其他问题仍未解决，有待《著
作权法（2020）》的配套制度予以回应和解决。当前，包括《著
作权法实施条例》等相关配套制度正在修订过程中，为此笔者提
出以下建议，即废除或修改现行的《播放录音制品付酬办法》，
制定统一的广播电台电视台播放作品付酬办法，以适用于所有广
播电台、电视台播放作品时的付酬计算。❶

这样修改的结果是，播放"录制作品"行为不再单独作为
法律规制的对象，而是作为播放作品行为直接适用播放作品法定
许可的规定。这一修改方案既不会加重广播组织的负担，也不会
减少对著作权人的保护，更不会对司法实践中的法律适用造成影
响。实际上，在《著作权法》第三次修改前，司法实践对播放
"录制作品"行为已经直接适用播放作品法定许可的规定。例如
在 2015 年 4 月 12 日由北京知识产权法院作出终审判决的"贾志
刚与佛山人民广播电台侵害著作权纠纷案"中，被告佛山人民广
播电台于 2008 年 6 月至 2010 年 7 月在其广播电台 FM94.6 和
FM92.4 两个频道中播放原告贾志刚享有著作权的作品《贾志刚
说春秋》（在广播节目中的名称为《听世界春秋》），该节目在两
个频道中每天各首播一次，重播一次，但该播放既未征得原告许
可，亦未在播放时播报原告的作者身份，据此原告以侵犯著作权
为由将被告诉至法院，要求被告承担停止侵权、赔礼道歉并支付

---

❶ 当然视听作品除外，法定许可对视听作品不适用，此属于"法律另有规定"的
情形，与本书讨论的主题无关。

精神抚慰金、赔偿经济损失和合理支出的责任。

该案首要的争议焦点是被告的行为是否构成法定许可，对此一审法院认为："广播电台广播他人已发表的作品时需指明作者姓名和作品名称……而被告佛山电台在使用权利图书的过程中未给原告贾志刚署名，故被告的行为不适用《著作权法》第四十三条第二款的规定。"❶ 二审法院进一步认为："即便著作权法第四十三条第二款没有明确规定要给作者署名，但法定许可本身蕴含了署名的要求，署名是构成法定许可的要件之一……被告播放《听世界春秋》节目，没有给作者贾志刚署名……故不符合法定许可的规定，构成对原告著作权的侵犯。"❷ 可见，该案两审法院认定被告行为不构成法定许可的依据均为《著作权法（2010）》第 43 条第 2 款。如前文所述，该条款是针对播放普通作品的规定。实际上，被告的行为不仅涉及普通作品的播放，还更多地涉及录制作品的播放。具体而言，在被告广播电台两个频道中第一个频道（较早播放的频道）的第一次播放（首播）中，可能是对主持人或播音员现场诵读原告作品的直接播放，但是在第一个频道的重播与第二个频道的首播和重播中，显然是对第一个频道首播节目录制品的播放，而不可能也没有必要每次都进行现场诵读直播，❸ 因此属于对"录制作品"的播放。也即是说，只有第一个频道的首播属于《著作权法（2010）》第 43 条第 2

---

❶ 参见：北京市东城区人民法院（2014）东民初字第 1501 号民事判决书。
❷ 参见：北京知识产权法院（2015）京知民终字第 122 号民事判决书。
❸ 根据笔者向广播电台专业人士了解，即使是广播电台的"首播"也多为录播，即播放的是事先录好的节目，现场直播的情况较少，而此种播放在现行《著作权法》中属于播放"录制作品"，而非播放作品。

款规定的"播放作品",而其他三种都是对首播节目录制品的播放,属于《著作权法(2010)》第44条规定的"播放录制作品"。本案两审法院在分析被告的行为时并未区分"播放作品"与"播放录制作品",都直接适用了《著作权法(2010)》第43条第2款"播放作品"的规定。这种法律适用并未影响对被告行为的本质定性,亦未加重被告的义务负担或减少原告的权利保护,因此是可以的。该案的法律适用也进一步印证,将播放的作品区分为录制作品和普通作品并各自独立规定是不必要的。

五、网络游戏直播行为与表演权

有观点认为,网络游戏直播行为属于表演行为,从而可以纳入表演权的控制范围,故有必要就网络游戏直播行为与表演权的关系展开分析。在我国《著作权法》中,表演权是作者享有的16项专有权利之一,包括舞台表演权❶和机械表演权,前者规制的是自然人以其动作、声音、表情再现作品的"活表演"行为,后者规制的是那些利用技术设备将录制的作品的表演向公众播放的行为。对于舞台表演权的理解与适用,我国学界与实务界都不存在争议,而对于机械表演权,在法源依据、规范对象、权利边

---

❶ 在我国很多学者的著述中,"舞台表演"经常被称为"现场表演",笔者认为后者的称谓并不准确:"现场"一词的表述意在强调表演行为和欣赏该表演的观众(听众)处于同一场所,其与非现场性的"远程传播"对应,依此而言,商场经营者在其商场向顾客播放录音磁带的行为也属于"现场表演",但后者恰恰是很多教材中"机械表演"的典型例子,因此使用"现场表演"一词容易引发歧义;而"舞台表演"意在强调自然人通过表情、语言、动作进行的"活表演",其与无须借助舞台和自然人而仅需播放设备就可表演的"机械表演"对应,因此表述更加准确。

界等方面，我国学界和司法实践中一直都存在很大的认识分歧。本部分将从机械表演权的法源依据争论开始，分析我国表演权的规制范围及其与网络游戏直播行为的关系。

（一）"机械表演权"法源依据的争论与澄清

1. 国内法源依据的争论与澄清

在我国著作权法学界，关于机械表演权国内法源依据的争论，可以追溯到《著作权法（1990）》颁布时，当时的争论焦点主要集中在"《著作权法（1990）》是否规定了机械表演权"这一问题上。一种观点认为，《著作权法（1990）》规定的表演权不但包括舞台表演权，而且包括机械表演权；相反的观点则提出，《著作权法（1990）》规定的表演权仅包括舞台表演权，而不包括机械表演权，我国立法关于机械表演权的规定首次出现在《著作权法（2001）》中。产生此种争论的缘由在于，不同论者对 1991 年《著作权法实施条例》第 5 条第 2 项规定的"表演"含义存在不同理解。因此欲澄清这一问题，还需回到《著作权法（1990）》及 1991 年《著作权法实施条例》的文本规定。

根据《著作权法（1990）》第 10 条的规定，著作权人享有"以'表演'方式使用作品，以及许可他人以'表演'方式使用作品，并由此获得报酬的权利"，这一表述被认为是当时《著作权法》关于表演权规定的法律依据。对于其中"表演"的具体含义，1991 年出台的《著作权法实施条例》专门进行了解释，该条例第 5 条第 2 项规定："表演，指演奏乐曲、上演剧本、朗诵诗词等直接或者借助技术设备以声音、表情、动作公开再现作品。"对于该规定中"演奏乐曲、上演剧本、朗诵诗词等直接以声音、表情、动作公开再现作品"的含义，学界基本没有争议，普遍认为这就是关于"舞台表演"的规定。但是对于其中"借助技术设备以声音、表情、动作公开再现作品"的含义，在著作权法学界则产生了两种截然对立的看法，并由此形成了《著作权法（1990）》关于表演权的规定中究竟是否包含有"机械表演权"的争论。一种观点对此持否定态度，认为彼时的表演权仅能规制舞台表演行为，而不能规制机械表演行为。例如，有论者认为，《著作权法（1990）》的表演权仅指自然人的舞台表演，而不延及通过机器设备、技术手段再现公开表演的机械表演。❶ 还有国外论者提出，1991 年《著作权法实施条例》第 5 条第 2 款解释的表演权问题更多些，因为看来只限定在舞台表演，不管是直接的还是"借助技术设备"。❷ 另一种观点则对此持肯定态度，认为彼时的表演权不仅包括舞台表演权，还包括机械表演权。例如有论者提出，根据 1991 年《著作权法实施条例》的解释，表演包括借助技术设备以声音、表情、动作公开再现作品，并未限制"技术设备"的类型，网络传输也能以数字化的形式在用户计算机上再现作品，因此不能断然排除在表演之外。❸

❶ 沈仁干. 关于修改现行著作权法的思考 [M] // 唐广良. 知识产权研究：第八卷. 北京：中国方正出版社，1999.

❷ 迪兹. 迪兹教授关于修改中国著作权法的报告草案：应中华人民共和国国家版权局的要求所做的详细评论 [M] // 唐广良. 知识产权研究：第十卷. 北京：中国方正出版社，2000.

❸ 薛虹. 因特网上的版权及有关权的保护 [M] // 郑成思. 知识产权文丛：第一卷. 北京：中国政法大学出版社，1999.

笔者认为，虽然 1991 年《著作权法实施条例》将"表演"解释为包括"借助技术设备以声音、表情、动作公开再现作品"，而且从"技术设备"本身的字面文义上理解，似乎可以将所有借助技术设备传播作品的行为都包括在内，但尚难据此认定这里的"借助技术设备以声音、表情、动作公开再现作品"指的就是"机械表演"，从而不能得出《著作权法（1990）》规定的表演权包括"机械表演权"的结论。具体理由如下：

第一，从逻辑角度而言，如果将这里的"技术设备"解释为机械表演所借助的录音机、CD 播放机等播放设备，则 1991 年《著作权法实施条例》中的"借助技术设备以声音、表情、动作公开再现作品"是无法令人理解的，也是不可能存在的。因为学界的共识是，机械表演是对作品的表演录制下来后再使用技术设备进行的公开播放，此种播放是对原已经表演过的作品"原模原样"的再现，即再现的是原来的声音、表情和动作，而不是新的声音、表情和动作，因此此种再现仅需技术播放设备就可以实现，而不需要在用技术设备播放的同时再辅之以新的"声音、表情、动作"公开再现作品。事实上，在借助技术设备播放录制作品的同时，还能以"声音、表情、动作公开再现作品"也是不可能的。因此，只有一种解释是合乎逻辑的，即这里的"技术设备"并非指录音机、留声机、CD 播放机等播放设备，而是指麦克风、音箱、扩音器等专门用来增强舞台表演效果的辅助设备，这样才能实现在利用"技术设备"的同时，还能以"声音、表情、动作"公开再现作品。由此而言，虽然 1991 年《著作权法实施条例》在解释"表演"时使用了"技术设备"的表述，但并不能将该"技术设备"与机械表演对号入座。

第二，从体系解释角度而言，《实施国际著作权条约的规定》对外国人机械表演权的规定也反映了《著作权法（1990）》未规定机械表演权的事实。我国在颁布《著作权法（1990）》时并未加入《伯尔尼公约》和《世界版权公约》，在1992年准备批准加入这两个国际公约时面临着如何协调《著作权法（1990）》与国际公约保护内容不一致的问题。为此国务院于1992年9月25日颁布了《实施国际著作权条约的规定》，以弥补《著作权法（1990）》对外国人著作权保护的不足。《实施国际著作权条约的规定》第11条规定："外国作品著作权人，可以授权他人以任何方式、手段公开表演其作品或者公开传播对其作品的表演。"经过比较可以发现，该规定与1991年《著作权法实施条例》中对于"表演"的解释差别很大，特别是前者的"以任何方式、手段公开传播对其作品的表演"的外延显然要大于后者的"借助技术设备以声音、表情、动作公开再现作品"，而"以任何方式、手段公开传播对其作品的表演"显然可以将机械表演涵盖于内。据此学界公认，1992年《实施国际著作权条约的规定》赋予了外国人机械表演权。《实施国际著作权条约的规定》之所以要专门对表演权作出涵盖范围更广的规定，就是因为当时的《著作权法（1990）》并未赋予作者机械表演权，否则无须再重复作出规定，但由此也造成了在表演权涵盖范围上，我国的立法出现了"内外有别"的"反向歧视"问题，即对外国人著作权的保护，比对中国作者著作权保护的水平要高，这一问题

一直为学界所诟病。❶

基于以上分析可以得出，《著作权法（1990）》规定的表演权仅指规制舞台表演行为的舞台表演权，而不包括通过技术手段公开再现作品（或作品的表演）行为的机械表演权，因此机械表演权的国内法依据不是《著作权法（1990）》，只能从后来的著作权法修改文本中寻找。2001 年，我国对《著作权法（1990）》进行了修改，本次修改将表演权的定义规定为"表演权，即公开表演作品，以及用各种手段公开播送作品的表演的权利"，与此同时，2002 年《著作权法实施条例》删除了对"表演"的解释。对于此次修订中的表演权定义，有论者认为，要得出"表演权既包括现场表演权，也包括机械表演权"这一结论似乎还为时尚早，理由是该定义中"用各种手段公开播送作品的表演的权利"来源于《伯尔尼公约》第 11 条第 1 款第 2 项的规定，而《伯尔尼公约》该规定针对的是"向公众传播权"，而非"机械表演权"。❷

《著作权法（2001）》表演权中定义后半句"用各种手段公开播送作品的表演的权利"的规定，就是"机械表演权"的国内法依据，理由有二。其一，如果该后半句规定的不是机械表演权，那么前半句"公开表演作品"规定的更不可能是机械表演权了，由此就会得出我国法律至今没有规定机械表演权的奇怪结

---

❶ 迪兹. 迪兹教授关于修改中国著作权法的报告草案：应中华人民共和国国家版权局的要求所做的详细评论［M］//唐广良. 知识产权研究：第十卷. 北京：中国方正出版社，2000；沈仁干. 关于修改现行著作权法的思考［M］//唐广良. 知识产权研究：第八卷. 北京：中国方正出版社，1999.

❷ 万勇. 中国著作权法的表演权［J］. 电子知识产权，2007（6）：14 – 18.

论。其二，根据当年参与《著作权法》修改的国家版权局负责人解释，正是由于《著作权法（1990）》的表演权不延及机械表演，因此才建议在对其进行修改时增加"机械表演权"的规定。❶ 而主持《著作权法》修改的全国人民代表大会常务委员会有关负责人也认为，表演权定义中使用"用各种手段公开播送作品的表演"的表述就是为了"增加机械表演权"的内容，以履行《伯尔尼公约》的义务。❷ 至于《伯尔尼公约》第 11 条第 1 款第 2 项针对的是"向公众传播权"，还是"机械表演权"，这属于机械表演权的国际法源依据问题，在接下来的部分将继续讨论。

2. 国际法源依据的争论与澄清

我国著作权法学界不仅对机械表演权的国内法源依据存在上述争论，而且就《著作权法（2001）》中机械表演权规定的国际法源依据也存在认识上的分歧，这一分歧源于对《伯尔尼公约》第 11 条第 1 款内容的不同理解。学界公认，《著作权法（2001）》中表演权的规定来源于《伯尔尼公约》第 11 条第 1 款，其具体内容为："戏剧、音乐戏剧和音乐作品的作者，享有下列专有权：（1）授权公开表演和演奏其作品，包括用各种手段或方法公开表演和演奏；（2）授权用各种手段公开播送其作

---

❶ 沈仁干. 关于修改现行著作权法的思考［M］//唐广良. 知识产权研究：第八卷. 北京：中国方正出版社，1999.

❷ 胡康生. 中华人民共和国著作权法释义［M］. 北京：法律出版社，2001；姚红. 中华人民共和国著作权法释解［M］. 北京：群众出版社，2001.

品的表演和演奏。"《著作权法（2001）》以此为依据也对表演权
作出了规定，即"表演权，即公开表演作品，以及用各种手段公
开播送作品的表演的权利"。前文已述，其中"用各种手段公开
播送作品的表演的权利"即为我国机械表演权的国内法源依据。
值得注意的是，《伯尔尼公约》第 11 条第 1 款下的两项规定中都
提到了以"各种手段"进行表演，即第 1 项中的"用各种手段
或方法公开表演和演奏"和第 2 项中的"用各种手段公开播送其
作品的表演和演奏"，由此产生的疑问是，究竟哪一项中的"各
种手段"针对的是机械表演权，而《著作权法（2001）》中"用
各种手段公开播送作品的表演的权利"（即机械表演权）又来源
于上述两项中的哪一项？这一问题在我国学界存有争论。

　　一种观点认为，《伯尔尼公约》第 11 条第 1 款第 2 项规定的
"授权用各种手段公开播送其作品的表演和演奏"是关于机械表
演权的规定，因此该项内容就是我国著作权法机械表演权的国际
法源依据。例如，有论者认为，《伯尔尼公约》规定的表演权有
两项内容：一是授权公开表演和演奏其作品，这是舞台表演权；
二是授权用各种手段公开播送其作品的表演和演奏，这是机械表
演权。❶ 另一种观点则提出，在《伯尔尼公约》中，规定机械表
演权的是第 11 条第 1 款第 1 项规定的"授权公开表演和演奏其
作品，包括用各种手段或方法公开表演和演奏"，这才是我国机
械表演权的国际法依据。例如，有论者认为，根据《伯尔尼公
约》的规定，表演有两层含义：一是授权他人现场公开表演其作

---

❶ 李明德，许超. 著作权法 [M]. 2 版. 北京：法律出版社，2009.

品,"包括以任何手段和方法进行的公开表演"这句话包括通过录制品(唱片、盒式带、磁带、录像制品等)进行的表演,这就是所谓的机械表演;二是向公众传送表演。❶

经过比较不难发现,上述两种观点的争议之处在于:在第一种观点中,《伯尔尼公约》第 11 条第 1 款第 1 项"以任何手段和方法进行的公开表演"中的"手段和方法"是指舞台表演时所借助的麦克风、扩音器等增强表演效果的设备,而不是录音机、播放机等机械表演所借助的技术设备,而第 2 项"用各种手段公开播送其作品的表演"中的"各种手段"才是机械表演所借助的手段,因而机械表演权的法源依据就是《伯尔尼公约》第 11 条第 1 款的第 2 项而并非第 1 项。在第二种观点中,《伯尼尔公约》第 11 条第 1 款第 1 项"以任何手段和方法进行的公开表演"就是指机械表演所借助的技术设备,而不是麦克风等舞台表演所借助的技术设备,因此机械表演权的法源依据就是《伯尔尼公约》第 11 条第 1 款的第 1 项而并非第 2 项。至于第 2 项"用各种手段公开播送其作品的表演"的含义,在第二种观点看来则是所谓的"向公众传播"行为。那么"向公众传播"是一种什么性质的行为?在著作权法上如何对其定性?该行为与表演又是什么关系?此种观点未进一步说明,但有一点是非常清楚的,即该种观点认为规制"向公众传播"行为的"向公众传播权"与"表演权"并非指同一项权利,而是两种不同性质的权利。

由于第二种观点未详细阐述"向公众传播权"的具体内涵

---

❶ 汤宗舜. 著作权法原理 [M]. 北京:知识产权出版社,2005.

与外延，因此无法就该项权利的内容展开评论。但就该观点将《伯尔尼公约》第 11 条第 1 款第 2 项的规定，归结为与表演权不同的另一项权利——向公众传播权，则值得商榷。首先，从体系解释角度而言，这一内容规定在《伯尔尼公约》第 11 条第 1 款第 2 项中，而《伯尔尼公约》第 11 条就是专为"表演权"而设的，这一点在国内外的著作权法学界都没有争议，因此不可能在"表演权"项下再规定一个与"表演权"相互独立的另一项权利，否则就是一个很大的立法技术问题。其次，"表演权"作为一项为法律所明确规定的权利，无论从名称上还是权利内容上都已为各国立法所确认，并且内容明确具体，是一项法定权利。但就"向公众传播权"而言，《伯尔尼公约》没有一个向公众传播的权利的一般性概念，中国著作权法也没有向公众传播的权利的一般性概念。❶ 也就是说，"向公众传播权"仅是一个在学术研究中使用的理论称谓，至今未被任何立法所明确规定，其内涵与外延无法得以明确和具体。

需要说明的是，在国际立法层面上，世界知识产权组织1996 年通过的《世界知识产权组织版权条约》第 8 条规定了一项"向公众传播的权利"，该项权利被我国学者称为"向公众传播权"，欧盟也将此项权利纳入《欧盟信息社会版权与相关权指令》第 3 条中，但若因此将《伯尔尼公约》第 11 条第 1 款第 2 项中"用各种手段公开播送其作品的表演和演奏"解释为《世

---

❶ 迪兹. 迪兹教授关于修改中国著作权法的报告草案：应中华人民共和国国家版权局的要求所做的详细评论 [M] // 唐广良. 知识产权研究：第十卷. 北京：中国方正出版社，2000.

界知识产权组织版权条约》和《欧盟信息社会版权与相关权指令》中的"向公众传播权"则仍显勉强：第一，就立法背景而言，无论是世界知识产权组织，还是欧盟，都认为"向公众传播权"是为解决网络环境下的作品保护问题而设定的一项权利，因此才被称为"互联网条约"，● 而直至《伯尔尼公约》最后一次修订时的 20 世纪 70 年代，互联网尚未出现，因此彼时不可能制定出与"互联网条约"内容相同的"向公众传播权"。第二，就规范的内容而言，《世界知识产权组织版权条约》和《欧盟信息社会版权与相关权指令》中的"向公众传播权"针对的是"以无线或有线方式提供作品，包括使公众可以在其个人选定的时间获得作品"的行为，即该项权利还包括广播和网络传播行为，但在《伯尔尼公约》中有专门为规制广播行为而设置的广播权。第三，如果直接从文义上看，《伯尔尼公约》规定的"用各种手段公开播送其作品的表演和演奏"似乎包括了"向公众传播权"内容，因为"以有线或无线方式"可以被"各种手段"所囊括，但这就不是"用各种手段公开播送其作品的表演和演奏"属于"向公众传播权"的一种类型了，而是"向公众传播权"是"用各种手段公开播送其作品的表演和演奏"的一种类型了，这样的结果与上述第二种观点的结论也是矛盾的。因此，即使那些认为"向公众播送表演"不同于机械表演权的学者，也认为此种"向

● 菲彻尔. 版权法与因特网：（上）[M]. 郭寿康，万勇，相靖，译. 北京：中国大百科全书出版社，2009；莱因伯特，莱温斯基. WIPO 因特网条约评注 [M]. 万勇，相靖，译. 北京：中国人民大学出版社，2008.

公众传播"属于表演权所规制的行为。❶

　　基于以上分析，《著作权法（2001）》规定的机械表演权的国际法源依据是《伯尔尼公约》第 11 条第 1 款第 2 项规定的"授权用各种手段公开播送其作品的表演和演奏"，该项表述在文字上也与《著作权法（2001）》规定的机械表演权"用各种手段公开播送作品的表演"完全一致。而《伯尔尼公约》第 11 条第 1 款第 1 项"授权公开表演和演奏其作品，包括用各种手段或方法公开表演和演奏"中的"各种手段或者方法"应该是舞台表演所借助的手段和方法。

（二）《著作权法（2020）》"机械表演权"规定存在的问题

　　《著作权法（2001）》、《著作权法（2010）》以及《著作权法（2020）》对于机械表演权的规定均保持了一致，即"用各种手段公开播送作品的表演的权利"，因此在讨论机械表演权的文本时，本书以《著作权法（2020）》作为依据，如涉及特定历史条件下的专门指称时，会使用《著作权法（2001）》或者《著作权法（2010）》的表述。由于《著作权法（2020）》对"各种手段"未作任何技术或方式上的限定，从而使其在文义上可以将广播、放映、网络等技术手段甚至未来可能出现的新型传播技术手段都包括在内，因此，即使是首次规定机械表演权的《著作权法（2001）》的立法参与者也认为机械表演权的适用范围是相当宽

---

❶　汤宗舜. 著作权法原理 ［M］. 北京：知识产权出版社，2005：77.

泛的。❶ 这一宽泛定义的法律后果，便是在法律适用和解释上造成表演权与其他权利在规制范围上的交叉重合。

第一，"各种手段"的规定造成机械表演权与放映权涵盖范围的交叉与重合。根据《著作权法（2020）》的规定，放映权是指通过放映机、幻灯机等技术设备公开再现美术、摄影、视听作品等的权利。该规定与《著作权法（2001）》和《著作权法（2010）》相比，除了将"电影和以类似摄制电影的方法创作的作品"改为"视听作品"外，其他内容没有变化。从文义上解释，"通过放映机、幻灯机等技术设备"显然可以被包括在"用各种手段"之中，从而造成表演权与放映权的交叉重合，这一问题在理论和司法实践中已经有所反映。例如，有论者认为，严格说来，放映权属于机械表演权，即通过放映机、幻灯机等设备来表演美术、摄影和电影作品，规定放映权显然是为了强调机械表演权的这一个侧面。❷ 还有论者提出，《伯尔尼公约》赋予作者的公开表演权是包含任何手段和过程的表演权，不仅涉及现场表演，而且涉及诸如录音制品放音和电影放映等机械表演。❸ 正是由于"各种手段"可以将放映权定义中的"通过放映机、幻灯机等技术设备"涵盖，在《著作权法（2001）》修改时，国家版权局曾提出将放映涵盖在表演范围内，并建议将表演权的定义修改为"通过表演者的声音、表演、动作在现场公开再现作品，以

❶ 胡康生. 中华人民共和国著作权法释义 [M]. 北京：法律出版社，2002：52.
❷ 李明德，许超. 著作权法 [M]. 2 版. 北京：法律出版社，2009.
❸ 刘波林. 关于按 TRIPS 协定的要求改进我国著作权制度的建议 [J]. 知识产权，2001（3）：20.

及通过放映机、录音机、录像机等技术手段与机械设备间接公开再现作品或作品的表演的权利"。[●]但此建议最终未被当时的立法采纳，由此便造成了放映权与机械表演权的交叉重合问题。这一问题在司法实践中也曾引发争论。例如对于娱乐场所播放音乐作品行为的性质，有观点认为应将此行为界定为（机械）表演行为，而另有观点认为该行为属于放映权的规制范围。由此可见，无论在理论上还是司法实践中，机械表演权与放映权都存在着相互交叉重合的问题。

第二，"各种手段"的规定造成机械表演权与广播权涵盖范围的交叉重合。根据《著作权法（2020）》的规定，广播权是指以有线或者无线方式公开传播或者转播作品，以及通过扩音器或者其他传送符号、声音、图像的类似工具向公众传播广播的作品的权利，但不包括该法第 10 条第 1 款第 12 项规定的权利（信息网络传播权）。与《著作权法（2001）》及《著作权法（2010）》的规定相比，《著作权法（2020）》对广播权的规定有两处重要改变：一是将"无线方式"扩展为"有线或者无线方式"；二是将"公开广播或者传播作品"扩展为"公开传播或者转播作品"。由此可见，《著作权法（2020）》规定的广播权规制的行为有两类：一是以有线或者无线方式公开传播或者转播作品；二是通过扩音器或者其他传送符号、声音、图像的类似工具向公众传播广播的作品。这一规定的最大改变是通过"以有线或者无线方式公开传播或者转播作品"将其控制范围延伸到对"非交互式"网络传

● 沈仁干. 关于修改现行著作权法的思考［M］.//唐广良. 知识产权研究：第八卷. 北京：中国方正出版社，1999.

播行为的规范。从文义上解释，《著作权法（2020）》广播权规制的两种行为完全可以被包括在机械表演权的"各种手段"之中，从而造成机械表演权与广播权的交叉重合。有论者就认为，机械表演权中"任何手段公开播送"的措辞，容易使人理解为包括广播权在内（特别是因为有一个"播"字在内），这就与广播权交叉在一起了。❶ 还有论者提出，在公众可以进入的地方接收广播或有线传播的作品及其录制品的行为也属于机械表演。❷ 甚至有立法者参与者也认为，使用有线广播传送作品属于机械表演。❸

第三，"各种手段"的规定造成机械表演权与信息网络传播权的交叉重合。根据《著作权法（2020）》的规定，信息网络传播权即以有线或者无线方式向公众提供，使公众可以在其选定的时间和地点获得作品的权利。与《著作权法（2001）》及《著作权法（2010）》的规定相比，《著作权法（2020）》对信息网络传播权的规定只是在文字上作了两处变化，即删除了《著作权法（2001）》及《著作权法（2010）》中的"作品"和"个人"，这样使得在表述上更加简洁，但在实质内容上没有任何变化。从文义上解释，这种传播方式也可以被涵盖于机械表演权定义中的"各种手段"之中，从而造成机械表演权与信息网络传播权涵盖范围的交叉重合。在我国学界，对于机械表演权中"各种手段"

---

❶ 汤宗舜. 著作权法原理 [M]. 北京：知识产权出版社，2005：84.

❷ 吴汉东. 知识产权基本问题研究 [M]. 北京：中国人民大学出版社，2005：265.

❸ 姚红. 中华人民共和国著作权法释解 [M]. 北京：群众出版社，2001：92.

是否包括互联网环境下的"信息网络传播"，很多学者给出了肯定的答案。例如有论者认为，作品在互联网上的动态传输大体相当于一种对作品的机械表演，在网络上传输作品，涉及了表演权中的机械表演权。❶ 还有论者提出，网上浏览还可能产生表演权的问题（机械表演，即利用播放设备再现作品的表演行为）。❷还有论者认为，表演权从字面上理解，应当涵盖信息网络的表演权利，美国版权法关于表演权的规定中的"所有（技术手段）"与我国机械表演中的"各种（手段）"在词义上是相同的。❸ 笔者认为，就文义解释而言，将机械表演权定义中的"各种手段"理解为包括网络传播在内并非"牵强附会"，因为"各种手段"的表述说明作者的此项权利并不受技术方式的限制，那么经由网络以交互式或非交互式方式向公众传送作品（或其表演）的行为完全可以为表演权中的"各种手段"所涵盖。

（三）立法论视角下"机械表演权"的完善

1. 历次修改方案评析

在 2012 年 3 月 31 日国家版权局公布的《著作权法（修改草案）》第一稿中，表演权被规定为："以各种方式公开表演作品，以及用各种手段公开播送作品的表演的权利"。与《著作权法

---

❶　李明德，许超. 著作权法［M］. 2 版. 北京：法律出版社，2009.

❷　梁志文. 数字著作权论［M］. 北京：知识产权出版社，2003.

❸　乔生. 国际信息网络传播权对我国立法影响评析［J］. 河北法学，2005（5）：29－33.

（2010）》相比，草案第一稿关于表演权的规定多了五个字，即在前半句"公开表演作品"前加上了"以各种方式"五个字。而这五个字的增加不仅没有解决已经存在的老问题，而且徒增了新的问题。

其一，新增加的"以各种方式"这五个字具体所指为何？国家版权局在草案第一稿的简要说明中未有解释。笔者认为，其无非有两种理解。第一种理解是，其与 1991 年《著作权法实施条例》中"技术设备"❶ 的含义相同，即指的是"麦克风、音箱、扩音器等专门用来增强舞台表演效果的辅助设备"，依此理解，则说明该规定前半句针对的仍然是舞台表演权。但问题是即使不加上这五个字，对于现行立法中"公开表演作品"的含义系针对舞台表演，在理论界和司法实践中并无争议，因此实属没有必要。

第二种理解是，新增加的"以各种方式"这五个字的含义与 1991 年《著作权法实施条例》中的"技术设备"并不相同，即其并非指麦克风、音箱、扩音器等专门用来增强舞台表演效果的辅助设备，而是指录音机、CD 播放机、MP3 等机械、电子或数字播放设备，则表明草案第一稿该规定前半句针对的是机械表演权而不是舞台表演权。由此产生的问题是，紧接着后半句的"用各种手段公开播送作品的表演"又所指为何？前文已述，该规定已被学界公认为是机械表演权的国内法依据。如此一来，就出现了该规定的前后两个半句都指向机械表演权的逻辑混乱问

---

❶ 1991 年《著作权法实施条例》第 5 条第 2 项规定："表演，指演奏乐曲、上演剧本、朗诵诗词等直接或者借助技术设备以声音、表情、动作公开再现作品"。

题。那么，舞台表演权的规定在哪里？究竟何者才是机械表演权的法律依据，是前半句的"各种方式"，还是后半句的"各种手段"？其矛盾显而易见。

其二，如果真如有的论者所言，该规定的前半句"以各种方式"规定的是机械表演权，而后半句"以各种手段"规定的是所谓的"向公众传播权"，那么仍然存在两个无法解释的问题：一是"向公众传播权"为何规定在表演权条款里面；二是无论是前半句的"各种方式"还是后半句的"各种手段"都与草案第一稿中第11条第3款第6项规定的放映权、第7项规定的播放权、第8项规定的信息网络传播权存在交叉重合，因为后三者的定义中均有"技术手段"或"技术设备"的表述，都可以被包括在"各种方式"或"各种手段"中。对此前文已有详细分析，此处不再赘述。

在2012年7月6日国家版权局公布的《著作权法（修改草案第二稿）》中，关于表演权的规定有了较大的改变。该稿第11条第3款第5项规定："表演权，即以各种方式公开表演作品，以及通过技术设备向公众传播作品的表演的权利"。与草案第一稿相比，该规定的不同之处在于，将后半句中的"用各种手段公开播送作品的表演"改为"通过技术设备向公众传播作品的表演"，其他内容均未变化。同时，草案第二稿删除了放映权的规定。其进步之处表现在两个方面：一是避免了草案第一稿中所存在的后半句"各种手段"与前半句"各种方式"含义重复、界限不清的问题；二是删除放映权的规定，避免了"技术设备"可以将放映机、幻灯机包括在内而引发的机械表演权与放映权的交叉重合问题。但该规定的不足之处在于，"通过技术设备"的规定仍然可以将播放权和信息网络传播权包括在内，因为该稿第11条第3款第6项规定的播放权规制的范围包括"通过技术设备向公众传播作品的播放"的行为，第7项规定的信息网络传播权的规制范围包括"通过技术设备向公众传播以前述方式提供的作品"的行为，可以看出，草案第二稿在机械表演权、播放权、信息网络传播权的定义中都使用了"通过技术设备"这一表述，由此使得三者的交叉重合问题更加突出明显。

在2012年12月18日国家版权局向国务院报请审议的《著作权法（修订草案送审稿)》也就是草案第三稿中，表演权的规定又有了新的变化，根据该送审稿第13条第3款第5项的规定："表演权，即以演唱、演奏、舞蹈、朗诵等方式公开表演作品，以及通过技术设备向公众传播作品或者作品的表演的权利"。与草案第二稿相比，草案第三稿的不同之处在于：第一，将草案第二稿中前半句的"以各种方式公开表演作品"改为"以演唱、演奏、舞蹈、朗诵等方式公开表演作品"。这一改变的进步之处在于，通过在"等方式"前列举"演唱、演奏、舞蹈、朗诵"这些行为，使得对于"等方式"的理解只能局限于与"演唱、演奏、舞蹈、朗诵"类似的自然人的"活表演"行为，从而将前半句规制的对象明确限定为舞台表演，避免了此前"各种方式"表述引发的混乱；第二，将草案第二稿后半句中"向公众传播作品的表演"改为"向公众传播作品或者作品的表演"，从而避免了将传播的对象是"作品"还是"作品的表演"作为区分表演权与放映权的争论。❶ 但是草案第三稿规定存在的问题是，其将机械表演权的定义规定为"通过技术设备……"仍然存在与该款第 6 项规定的播放权和第 7 项规定的信息网络传播权的交叉重合，因为后两者的定义中也使用了"通过技术设备……"这样的表述，由此使得机械表演权与播放权、信息网络传播权的交叉重合问题仍然存在。

2."机械表演权"的完善建议

表演权的修改应该既能解决现有的权利交叉重合的问题，使其内容确定，权利边界清楚；又能简化著作权的权利体系，使其结构合理，简洁明晰；还能适应未来技术发展，具有前瞻性和包容性。为了实现这些目的，建议将表演权与放映权合并为一项权利，名称为"现场传播权"，并将其内容修改为："现场传播权，即以任何方式向现场公众传播作品或者作品的表演的权利"。笔者就此修改建议作以下说明。

其一，将该权利称为"现场传播权"，并在其内容中强调"向现场公众"传播作品，意在突出此种权利所规制的传播行为所具有的"现场性"特点，由此不仅可以将舞台表演、机械表演和放映行为涵盖于内，而且还可与广播权和信息网络传播权廓清权利边界，从而彻底解决现行立法和修改草案中存在的权利交叉重合问题。所谓传播行为的"现场性"，是指传播行为的发生

---

❶ 有观点认为，机械表演权的传播对象是"作品的表演"，而放映权传播的对象是"作品"，因此将放映权放在表演权中逻辑上讲不通。详见：姚红. 中华人民共和国著作权法释解［M］. 北京：群众出版社，2001：95.

地（传播源）与传播内容的接收获取地（传播结果）在同一场所。现行立法中的表演和放映都具有"现场性"特点：就表演的两种表现形式而言，舞台表演本身就是通过自然人的表情、语言、动作向现场公众传播作品的形式，因此也被称为"现场表演"；机械表演通常是指那些在商场、酒店、车站等场所借助录音机、录像机等向现场公众播放音乐磁带或 CD 的行为，其"现场性"也十分明显。就放映而言，无论是利用放映机播放电影，还是利用幻灯机再现作品，也都是在电影院或特定场所向现场公众传播作品。但广播权与信息网络传播权则不然，因为"广播"和"网络传播"涉及的都是以技术手段将作品传播给不在传播现场的观众或听众的行为：就"广播"而言，无论电台还是电视台，传播行为发生在广播电视台的演播中心，而收看或收听节目则在接收者的家里或者能够接收到信号的世界任何地方；"网络传播"也是如此，传播者将作品上传至特定场所的网络服务器可以使远在千里之外的网络用户随意点击获取，其"非现场性"的传播特点也非常明显。因此，通过强调传播的"现场性"，不仅可以将表演权和放映权统辖在一起，而且还可使其与广播权和信息网络传播权相区别，这样就避免了著作权法中的权利交叉重合问题。

其二，将"现场传播权"的定义规定为"以任何方式向现场公众传播作品或者作品的表演的权利"，体现了在立法技术上对专有权的定义方式从"技术范式"向"行为范式"的回归，并且为未来的技术发展留下了适用空间，具有前瞻性、开放性和很大的包容性。所谓权利定义的技术范式，是指法律在规定某一项法定专有权的定义时，不以该项权利所规范的行为特征作为标准，而是以该行为所借助的传播技术作为标准，甚至走得更远，直接将传播技术本身作为权利的规制对象，从而偏离了"法律的调整对象是人的行为"这一基本的法律定义原则。在《著作权法（2001）》、《著作权法（2010）》和《著作权法（2020）》中，权利定义的技术范式表现得非常明显，例如机械表演权中的"各种方式""各种手段"，放映权中的"放映机""幻灯机""等技术设备"，广播权中的"无线""有线""其他技术设备"，信息网络传播权中的"无线""有线""个人选定的时间和地点""其他技术设备"等，从这些表述可以看出，放映权、广播权和信息网络传播权的定义均依赖于技术表述，而且同一技术用语在不同的权利定义中重复出现，这样就必然会造成权利交叉重合问题。而技术的发展是永无止境的，从印刷机、录音录像机、广播电视、数字网络乃至三网融合的技术发展史反复证明了这一点，因此将某项专有权的定义依赖于特定时代的传播技术必然会因新技术的出现而造成法律滞后和交叉重合的尴尬困境。因此在著作财产专有权的定义方式上应摒弃现有的"技术范式"，回归到基本的"行为范式"。之所以说本书对于"现场传播权"的定义是"技术范式立法"向"行为范式立法"的回归，是因为在该定义（以任何方式向现场公众传播作品或者作品的表演的权利）中，没有使用任何技术用语，也没有将该权利建立在某种特定的传播媒介上，而是采取了非常开放的用语——"任何方式"，由此可以将未来可能出现的任何新型传播技术涵盖，使其更具前瞻性和包容性。也就是说，该权利只关心那些将作品传播给现场公众的

"行为"，而不在乎使用了何种"技术"，因此是技术主义立法路径向行为主义立法路径的回归。

其三，以"现场性"统辖表演权与放映权，并使其与广播权和信息网络传播权相区分具有充分的比较法依据，而且使著作权财产权的权利体系更加简洁、合理。在我国著作权法的国际法渊源——《伯尔尼公约》中，并无放映权的规定，放映权本身就是融合在表演权中的，因此将放映权与表演权合并是对《伯尔尼公约》的回归。其实早在《著作权法》第一次修改时，著作权行政主管部门就曾向全国人大常委会提出过将表演权与放映权合并的立法建议。在比较法上，美国、英国、法国、意大利等国的立法也将放映权放在表演权中。就权利体系的简化和合理而言，《著作权法（2020）》共规定了16项专有权利，这16项权利数量之多、体系之庞杂、关系之复杂在世界立法中也不多见。关于著作权制度的复杂性，曾有人说，"传统的著作权法制度如果说不是最复杂的法律制度也至少是最复杂的制度之一了"。❶甚至还有观点质疑："为什么知识产权法要不遗余力地列举如此众多的权利类型而不设计出一个能够整合和统一所有权项的'一体'权利?"❷ 因此，在对现有制度冲击不大的情况下，应当尽可能将具有共性的权利进行融合兼并，以求立法的简洁、清晰和易懂，而《著作权法（2020）》中的四项传播性权利（表演权、

---

❶ PILA J，CHRISTIE A. The literary work within copyright law：an analysis of its present and future status［J］. Intellectual Property Journal，1999（13）：173.

❷ GERVAIS D J. The TRIPS Agreement：drafting history and analysis［M］. London：Sweet & Maxwell，1998.

放映权、广播权和信息网络传播权）就属于此种情况。前文已述，这四项权利将其定义建立在特定的传播媒介上而存在交叉重合，因此可以考虑摒弃现有的技术性划分标准，而采取更具包容性的标准，这就是"现场性"标准。前文已述，表演权和放映权规制的都是现场性传播行为，广播权和信息网络传播权规制的都是远程性传播行为，因此可以考虑以"现场性"和"远程性"将该四项权利合并为两项，前两者合并为"现场传播权"，后两者合并为"远程传播权"。笔者曾撰文提出在三网络融合背景下有必要将广播权和信息网络传播权合并为一项"远程传播权"的设想及五点理由，❶ 得到了一些学者的赞同和共鸣。该"远程传播权"与本书提出的"现场传播权"遥相呼应，共同构成了界限分明、简洁易懂和逻辑自洽的传播权体系。

---

❶ 关于"远程传播权"的提出及其依据，请参见：焦和平. 三网融合下广播权与信息网络传播权的重构：兼析《著作权法（修改草案）》前两稿的相关规定 [J]. 法律科学（西北政法大学学报），2013，31（1）：150–159.

第五章

权利限制问题：网络游戏直播的著作权合理使用

一、网络游戏直播的著作权合理使用争议

在当今"流量为王"的互联网时代，谁能够吸引更多数量的用户关注，谁就能够获得更高的经济收益。2018 年 11 月在韩国举行的"2018 年英雄联盟全球总决赛"网络直播的观众总人数高 2.05 亿（其中绝大多数为中国观众），与 2017 年全球总决赛的直播观众人数相比，这个数据几乎是爆炸式增长。[1] 2023 年杭州第 19 届亚运会电竞项目竞赛期间，网络用户通过在腾讯视频、腾讯体育、腾讯新

---

[1] 我是灰太狼爸爸. 2018 英雄联盟全球总决赛 IG 对阵 FNC 的决赛观赛人数超 2 亿？［EB/OL］.（2018 – 11 – 08）［2023 – 12 – 12］. http：//www.sohu.com/a/273910931_120006924.

闻、腾讯网、微信、微视等 10 个平台内观看亚运全场次比赛转播、回放，整个亚运电竞赛事内容观看量超过 3.5 亿人次。❶ 网络游戏直播已成为我国当前发展最为迅猛的文化产业新业态，并呈现出巨大的发展潜力和广阔的发展前景。在游戏直播具有如此巨大的"流量号召力"之下，各大网络直播平台为争夺网络游戏的"直播权"展开了法律博弈甚至不惜诉诸公堂，引发社会广泛关注。网络游戏在线直播的动态画面属于著作权法上的作品，由此意味着对游戏画面"直播权"的争夺实质上就是对游戏画面著作权控制权的争夺。传统的网络游戏产业是以吸引用户"玩游戏"为盈利模式，而从网络游戏产业衍生出的游戏直播产业则是以吸引用户"看游戏"为盈利模式，对这一衍生市场应当继续置于游戏作品权利人控制之下，还是应当交由社会公众免费使用，由此引发了网络游戏直播行为是否构成著作权法上的合理使用问题。学界对此认识分歧严重，争议巨大。当下，网络游戏直播产业在我国方兴未艾，其良性健康发展需要清晰、准确、可预见的法律规则和司法裁判予以引导。于此背景下，对网络游戏直播中的著作权合理使用这一根本性问题有继续深入研究的必要。为此下文从网络游戏直播合理使用认定的基础出发，对已有研究中采用的各种认定标准进行梳理和评价后，站在解释论立场以我国现行立法规定的合理使用规则为标准，对网络游戏直播中的著作权合理使用问题进行研究，最终以比较法上的理论对认定

---

❶　腾讯电竞. 超 3.5 亿人次内容观看，217 场赛事保障！腾讯全方位助力亚运电竞赛事 ［EB/OL］. （2023 – 10 – 17）［2024 – 05 – 19］. https：//new. qq. com/rain/a/20231017A09OPE00.

结果进行检验。希冀这一研究有助于司法裁判的统一，并促进我国网络游戏直播产业的良性和有序发展。

二、网络游戏直播合理使用认定之基础

（一）游戏直播市场的盈利与实质性使用游戏画面有关

合理使用是对著作权的一种限制，由此意味着认定某一行为是否构成合理使用的首要前提，是行为人实质性使用了他人受著作权法保护的作品，从而才能进一步讨论该使用行为属于侵权还是合理使用。就网络游戏直播而言，只有在确认游戏直播的盈利模式与实质性地使用游戏画面有关联，才有可能进一步讨论通过网络直播该游戏画面的行为是否属于合理使用。之所以将此问题前置，是因为当前有相当一部分学者否认游戏直播实质性地使用了游戏画面，也就是否认游戏画面对于游戏直播市场盈利的贡献。代表性观点如："游戏直播……不是为了单纯地再现画面本身的美感或所表达的思想感情，而是展示特定用户的游戏技巧和战果。""其他用户愿意观看游戏直播，主要是为了学习该名玩家的经验或对其技巧与业绩进行评价，并不是为了单纯欣赏游戏中的固有画面。"● 又如："就游戏、主播及直播平台对新产业的贡献度而言，游戏本身所占的比例是很小的。"❷ 可见在此类观点看来，对游戏直播的市场盈利产生重要影响或者说决定游戏直

---

❶ 王迁. 电子游戏直播的著作权问题研究 [J]. 电子知识产权, 2016 (2)：16.

❷ 谢琳. 网络游戏直播的著作权合理使用研究 [J]. 知识产权, 2017 (1)：38.

播市场价值的主要因素是游戏玩家本身的操作技巧，而非游戏画面本身。这一判断如果成立的话，就意味着网络游戏直播并未实质性地使用游戏画面，从而也就无从谈起游戏直播行为是否构成合理使用的问题。

针对上述认识，笔者以为：首先，网络游戏直播客观上使用了由游戏玩家操作游戏所形成的游戏运行画面。实践中游戏直播对于游戏画面的使用有主要有以下三种情形。一是仅针对游戏画面所进行的直播。此种情形如电竞游戏比赛现场中某位观众用自己的手机对着现场大屏幕直播电竞赛事实况，或者在自带直播功能的网络游戏中游戏玩家通过点击直播菜单将游戏画面直播给其他观众。二是在游戏画面基础上添加简单元素的直播。此种情形如游戏玩家在直播自己玩游戏过程的同时，在游戏界面小窗口呈现自己的个人头像，并与观众进行交流形成对话弹幕。三是由专业直播平台进行的直播。此种直播的实施主体可能是网络游戏的开发商或经其授权的运营商，也可能是专业电竞游戏比赛组织方，还有可能是其他网络游戏专业直播平台。在此类大型电竞游戏比赛直播中，最终呈现的直播画面除了包含有游戏画面，还有专业主播对游戏的解说及其与观众的互动等内容。❶ 从以上对网络游戏直播类型的归纳可以看出，无论哪一种游戏直播，都使用了游戏画面并将游戏画面作为直播的主要内容。

其次，网络游戏直播对于游戏画面的使用属于实质性利用，而且游戏画面的观赏价值是游戏直播市场收益的主要来源。在上

---

❶　关于直播画面与游戏画面的区分及其具体类型的详细分析，请参见：焦和平. 网络游戏在线直播画面的作品属性再研究 [J]. 当代法学，2018，32（5）：77－88.

述游戏直播的三种类型中，第一种直播实际上近乎一种"裸播"，因为此种类型的直播画面完全等同于游戏画面，实质上是对游戏画面的一种复制。第二种直播虽然在游戏画面的基础上增加了一些内容，但这些内容要么系对游戏过程的客观描述，要么是一些与游戏无关的简单对话（例如一些日常的问候语、对玩家形象的评价或者玩家推销自己的淘宝网店等内容），这些内容均缺乏基本的独创性从而难以形成新的演绎作品，故此时的直播画面基本上也是对游戏画面的呈现。第三种直播在游戏画面的基础上所增加的内容（特别是专业主播的解说）具有一定的独创性因而有可能构成口述作品，❶ 由于主播的解说是在游戏画面的基础上形成的，并与游戏画面结合在一起构成具有独创性的游戏直播画面，属于在已有作品基础上产生的演绎作品。而演绎作品的本质特征就是利用原作品的基本表达创作出具有独创性的新作品，因此即使第三种直播所形成的直播画面构成演绎作品，亦仍然属于对游戏画面的实质性利用。

同时亦应看的是，即使观看游戏直播的观众的确有一部分是为了欣赏高级游戏玩家的操作技巧，但操作游戏的过程与游戏画面的呈现是融为一体同步进行的，观看玩家操作游戏必然也会同时看到游戏画面，而且更多的观众是为了欣赏由玩家操作游戏所呈现的精彩游戏画面。相反，"如果游戏画面粗制滥造，人物比例失调，树不像树，房不像房……这种拙劣的审美体验会直接影响游戏玩家的体验。因此，'美感'是蕴含在'好玩'里面的，

---

❶ 司法实践中已有将主播解说认定为口述作品的案例，请参见：湖北省武汉市中级人民法院（2017）鄂 01 民终 4950 号民事判决书。

想要达到好玩的目的离不开游戏画面'美感'这一功能的加持"。❶ 在"《梦幻西游》案"的一审中，广州知识产权法院也指出，即使游戏运行画面作为游戏直播的工具进行使用，也并不因此导致游戏运行画面价值的丧失。❷ 正是基于游戏画面在游戏直播中的作用及其对游戏直播市场收益的影响，直播他人享有权利的游戏应取得许可并支付费用成为游戏直播的行业惯例。在我国首例涉及游戏直播的案例"斗鱼案"中，原告就是以 11700704 元取得了涉案游戏画面的"独家视频转播权"。❸ 由此可以说明，如果游戏画面对于游戏直播的盈利无关紧要，则原告无须以如此高昂代价取得游戏直播的所谓"直播权"。

（二）游戏直播市场仍然属于游戏画面权利人的支配范围

合理使用是对著作权的一种限制，意味着认定某一行为是否构成合理使用的第二个前提，是未经许可实质性使用他人作品的行为落入了著作权人的权利支配范围，由此才有可能进一步讨论该使用行为属于应承担法律责任的侵权行为，还是属于可以作为免责抗辩事由的合理使用行为。就网络游戏直播而言，只有在游戏直播市场属于游戏画面权利人的支配范围的情形下，才有可能进一步讨论游戏直播行为是否属于合理使用。之所以将此作为另

❶ 傅钢. 专业网游直播平台直播中"合理使用"问题的探讨 [EB/OL]. (2017 – 12 – 14) [2019 – 01 – 24]. https://www.sohu.com/a/208431590_221481.
❷ 参见：广州知识产权法院 (2015) 粤知法著民初字第 16 号民事判决书。
❸ 参见：上海市浦东新区人民法院 (2015) 浦民三 (知) 初字第 191 号民事判决书。

一前置问题，是因为当前有不少学者认为游戏直播市场不属于游戏画面权利人的支配范围。例如有观点认为："游戏制作者获得收入的主要方式，也是以良好的游戏体验吸引用户购买游戏光盘、服务和其中的虚拟道具，而不是播放画面。"❶ 还有观点认为，"著作权保护只需保证著作权人拥有足够的利益创作动力即可。而著作权人所拥有的游戏本身已是有效的利益激励。"❷

针对上述认识，笔者以为：第一，在网络游戏产生之初，游戏市场通常指向游戏玩家购买（下载）游戏软件及相应"装备"或者"道具"所产生的交易市场，但随着网络传播技术的发展和游戏制作技术的日臻成熟，以及游戏玩家操作游戏过程在电脑界面同步呈现出的游戏运行画面越来越具有观赏性，其画面的精美度和情节的吸引力甚至毫不逊色于一部精彩的影视大片，以至于 2018 年 11 月在韩国举行的"2018 年英雄联盟全球总决赛"的游戏直播吸引了 2 亿多观众在线观看。由此使得网络游戏产业链条从传统的"玩游戏"向"看游戏"端口延伸，形成了以在线直播方式将"玩游戏"过程的画面（包括解说"玩游戏"）向社会公众展示的网络游戏直播产业。当前反对将游戏直播市场纳入游戏画面权利人支配范围的理由主要有两个方面：一是认为该新兴市场产生的收益并非游戏开发者预先计划的收益，亦即游戏直播市场并非游戏画面权利人的预期市场，"如果作品已经成为新兴竞技项目或产业的基础，且作者未尝意图以相同的方式使用

❶ 王迁. 电子游戏直播的著作权问题研究 [J]. 电子知识产权, 2016 (2): 16.
❷ 谢琳. 网络游戏直播的著作权合理使用研究 [J]. 知识产权, 2017 (1): 45.

作品，则作者无权禁止以此种方式进行的使用"❶；二是认为该新兴市场不但不会对"原有市场"产生替代，反而因为直播的广泛传播对原本的游戏市场发展有促进作用。笔者以为，认定某一新兴市场是否应纳入著作权人的支配范围不应仅以权利人的预期作为判断标准，而应以该市场的收益是否源于对权利人作品的实质性利用为考量因素。实际上，著作权制度300多年来的发展历史也正是遵循着这样的演进规律：从1709年世界第一部版权法《安娜法令》将著作权人的支配范围仅限定于有形复制市场，到20世纪六七十年代伴随广播电视技术和录音录像技术产生扩展到机械表演、广播、放映等无形传播市场，再延伸到今天的数字网络市场，著作权在中国立法中至少已经具有12项财产权利，每一项财产权利都对应着一个作品使用市场，这些市场早已超出了权利人的预期范围。由此表明，对于技术革新会对作品使用方式产生怎样的影响，著作权人可能有所预期，也可能无法预期，著作权人能否支配某一新兴市场并非以其预期为依据，而是以传播技术革新所产生的作品新型使用方式所形成的市场份额或者产业利益是否源于对作品的实质性使用为依据。

而且，著作权人对某一市场的预期也并非一成不变，以前没有预期到的可能后来会随着传播技术的发展而产生预期。例如美术作品的市场预期最开始可能仅为以平面复制方式使用美术作品（如出版美术画册等），但随着复制技术和文化产业的发展，将平面美术作品转化成立体形式（如制作卡通饰品、玩具等）已

---

❶ 王迁. 电子游戏直播的著作权问题研究 [J]. 电子知识产权，2016 (2)：12.

成为常见的文化产品开发模式，对于由此形成的新兴市场可能最初并未在美术作品权利人的预期之内，如果因此将其排除在权利人的支配范围外则显然有失公平，因此通过法律解释方法将原不在著作权人预期之内的"异体复制"（平面到立体、立体到平面）市场纳入复制权的规制范围逐渐成为司法实践的共识。❶ 再例如小说作品的预期市场最初可能仅限于图书出版市场，但不能以此拒绝接受将小说改编成电影、网络游戏等所形成的新市场纳入小说作者的权利支配范围。不容回避的是，现实中确有一些观众可能会因为观看了游戏直播而下载或者购买某款游戏从而客观上促进了游戏原有市场的扩大，但不能因为游戏直播对游戏本身的推广具有一定宣传作用，就否认游戏作品权利人对直播市场的控制。在《著作权法》颁布之初的 20 世纪 90 年代，就曾有广播电台、电视台以"使用作品同时也宣传了作品"为由拒绝向著作权人支付报酬。但是今天，以中央广播电视总台为代表的具有巨大影响力的媒体在使用作品时亦严格遵循"授权并付酬"的规则。因此，那种认为游戏直播客观上有助于游戏推广，从而排除游戏作品权利人对游戏直播市场的控制的观点是难以成立的。

第二，在网络游戏直播产业的运行实践中，游戏作品的权利人对由直播行为产生的衍生市场并非缺乏预期，现实中直播游戏须经游戏开发者许可并支付费用已经成为游戏直播行业的商业惯

---

❶ 笔者曾就文化产业发展中"异体复制"的表现形式及其法律规制作过详细分析，具体请参见：焦和平."异体复制"的定性与复制权规定的完善：以我国《著作权法》第三次修改为契机 [J]. 法律科学（西北政法大学学报），2014，32（4）：119–126.

例。游戏开发者或者通过合同（用户协议），或者采用技术手段（未经许可直播时文件即自动关闭）将"直播"纳入自己的控制范围，从而实现禁止他人未经许可擅自直播其游戏画面的目的。例如在国外，著名的游戏开发商暴雪公司在其"用户许可协议"中明确禁止用户制作和传播演绎作品、为商业目的利用游戏作品；微软公司也在其"用户许可协议"中仅允许出于"个人的、非独占的、不可转让的"目的使用和展示游戏内容或基于该内容制作的演绎作品。在国内，网易公司在其"用户手册"中要求实施"电竞游戏平台个人网络直播行为，必须要经过公司的授权"。❶ 特别值得一提的是，中国的游戏主要运营商腾讯公司，于 2019 年 2 月 14 日发布《腾讯游戏关于直播行为规范化的公告》。该公告指出："游戏内容与游戏直播内容存在天然的版权关联，作为直播行业及其衍生领域的内容提供者，腾讯承担其游戏内容合规运营责任的同时，也有责任推动基于腾讯游戏画面的直播内容和授权的规范化。"可见在游戏产业实践中，游戏开发商将直播市场作为自己所支配市场的一部分已然成为行业惯例。前文已述，在我国首例涉及游戏直播的案例"斗鱼案"中，原告就是以 11700704 元取得了涉案游戏画面的"独家视频转播权"。❷ 可见，在网络游戏直播产业的运行实践中，游戏作品的权利人对由直播行为产生的衍生市场是有预期的。

---

❶ 傅钢. 专业网游直播平台直播中"合理使用"问题的探讨 ［EB/OL］. （2017 - 12 - 14）［2019 - 01 - 24］. https：//www. sohu. com/a/208431590_221481.
❷ 参见：上海市浦东新区人民法院（2015）浦民三（知）初字第 191 号民事判决书。

三、网络游戏直播合理使用认定之标准

(一) 认定标准之多元表现

1. 四要素与转换性使用

《美国版权法》第 107 条以例示性列举加概括的方式对合理使用制度进行了规定。根据该条规定,为了批评、评论、新闻报道、教学(包括用于课堂的多件复制品)、学术或研究之目的而使用版权作品的,包括制作复制品、录音制品或以该条规定的其他方法使用作品系合理使用,不视为侵权。任何特定案件中判断对作品的使用是否属于合理使用时,应考虑的因素包括:①使用的目的与性质,包括该使用是否具有商业性质,或者是为了非营利的教学目的;②该版权作品的性质;③所使用的部分的质和量与版权作品作为一个整体的关系;④该使用对版权作品之潜在市场或价值所产生的影响。❶ 上述规定所列举的四项考量因素被称为具有美国特色的合理使用认定"四要素标准"。在网络游戏直播的合理使用认定中,我国有不少学者以该四要素作为认定标准得出了不同的结果:有观点认为游戏直播若符合四要素标准的要

---

❶ 17 U. S. C. A. § 107: "Limitations on exclusive rights: Fair use... (1) the purpose and character of the use, including whether such use is of a commercial nature or is for nonprofit educational purposes; (2) the nature of the copyrighted work; (3) the amount and substantiality of the portion used in relation to the copyrighted work as a whole; and (4) the effect of the use upon the potential market for or value of the copyrighted work. "

求则可以认定为合理使用；❶ 另有观点认为游戏直播若不符合四要素标准的要求则不构成合理使用；❷ 还有观点认为游戏直播是否符合四要素标准的要求应个案权衡，其中第一个因素的权衡结果对于认定合理使用有利，第二个因素的权衡结果对于认定直播行为构成合理使用相对不利，另外两个因素需要根据游戏类型具体认定。

　　由此引发出《美国版权法》第 107 条规定的合理使用认定"四要素标准"能否直接作为我国法院裁判案件的适用依据的问题。虽然我国法律对此未明文规定，但仍有学者和法官支持在司法实践中采用这一标准。有的法院在进行合理使用分析时，引入美国版权法上的"四要素"进行判定："判断对他人作品的使用是否属于合理使用，应当综合考虑被引用作品是否已经公开发表、引用他人作品的目的、被引用作品占整个作品的比例、是否会对原作品的正常使用或市场销售造成不良影响等因素予以认定。"❸ 在"李某某等与人民出版社等侵害著作侵权纠纷案"（也称"汪国真诗集著作权侵权案"）中，法院判决认为，"合理使用"是为创作作品所必须引用的，必须控制在"适当引用"的范围内，需要综合考虑引用的目的、作品的性质、作品的数量及占作者整体作品的实质程度、引用行为对被引用作品潜在市场和价值的影响等因素。❹

---

❶ 谢琳. 网络游戏直播的著作权合理使用研究［J］. 知识产权，2017（1）：32－40.
❷ 祝建军. 网络游戏直播的著作权问题研究［J］. 知识产权，2017（1）：25－31.
❸ 参见：上海市普陀区人民法院（2018）沪 0107 民初 334 号民事判决书。
❹ 参见：北京市东城区（2018）京 0101 民初 3346 号民事判决书；北京知识产权法院（2019）京 73 民终 1263 号民事判决书。

在论及四要素认定标准时,不得不提及转换性使用理论。所谓的"转换性使用",是指对原作品的使用并非为了单纯地再现原作品本身的文学、艺术价值或者实现其内在功能或目的,而是通过增加新的美学内容、新的视角、新的理念或通过其他方式,使原作品在被使用过程中具有了新的价值、功能或性质,从而改变了其原先的功能或目的。转换性使用分为内容上的转换与目的或功能上的转换两种类型。该理论最早由美国的皮埃尔·勒瓦尔(Pierri N. Leval)法官于 1990 年提出,首次在司法判例中被运用的是美国联邦最高法院于 1994 年审理的"Campbell v. Acuff - Rose Music,Inc. 案"。在该案判决中,法院指出,如果二次使用行为基于或利用原作品增加了新表达、新意义或新功能,那么应视为通过转换原作品使用目的或方式的合理使用。通过与上述四要素标准比较可以看出,"转换性使用"本系四要素标准的第一个要素"使用的目的与特性"中的应有之义,但"近年来这一舶来的词汇被高频使用,在各种文章和评论的出现率甚至有超出'合理使用'的趋势,不少业内人士甚至言必称'转换性使用'"❶,使得转换性使用逐渐发展成为四要素中的决定性因素,甚至有与四要素并列而独立成为合理使用认定标准之趋势。

有的法院甚至直接引入了美国法官创造的"转换性使用"概念作为判决理由:"被引用作品在新作品中的被引用致使其原有的艺术价值和功能发生了转换。"❷ 在"覃某某诉北京荣宝拍

---

❶ 袁博. 游戏画面直播属于"转换性使用"吗?[EB/OL][2018 - 11 - 24][2019 - 07 - 23]. https://mp.weixin.qq.com/s/Emau9cYLBLTVzkbXoisAIQ.

❷ 参见:上海知识产权法院(2015)沪知民终字第 730 号民事判决书。

卖有限公司侵犯著作权纠纷案"中，法院认为，复制国画并向部分目标客户发行的行为，以及在拍卖过程中用幻灯片播放画作的行为，均以方便客户了解拍卖标的为目的，因此均构成合理使用。❶ 在"吴锐诉北京世纪读秀技术有限公司侵犯著作权纠纷案"中，法院认为，被告向使用者提供图书的前言、正文等少量信息，是为了让读者更方便地了解图书内容，故而属于合理使用。❷ 在"美国作家协会与谷歌数字图书馆案"中，法院强调第一要素是判断合理使用的关键，并将其直接解读为是否具有转换性。❸ 在"葫芦娃案"中，被告在其电影《80后的独立宣言》的海报上使用了原告上海美影厂享有著作权的"葫芦娃"和"黑猫警长"形象，法院认为该使用行为构成转换性使用："本案涉案作品在电影海报中的引用不是单纯地展现原作品的艺术美感和功能，而是反映'80后'一代曾经经历'葫芦娃'、'黑猫警长'动画片盛播的时代年龄特征，属于转换性使用，而且并不影响涉案作品的正常使用，也没有不合理地损害著作权人的合法利益，故构成合理使用。"❹ 在网络游戏直播的合理使用认定中，我国也有不少学者将转换性理论作为认定标准：有观点认为游戏直播是为了让用户学到更多的游戏操作技巧，并非为了展示游戏画面，从而使直播该游戏的目的发生了转换，符合转换性使用从

---

❶ 参见：北京市第一中级人民法院（2003）一中民初字第12064号民事判决书。

❷ 参见：北京市海淀区人民法院（2007）海民初字第8079号民事判决书。

❸ *Authors Guild V. Google Inc.* 770 F. Supp. 2d 666（S. D. N. Y. 2011）.

❹ "葫芦娃案"即上海美术电影制片厂与浙江新影年代文化传播有限公司、华谊兄弟上海影院管理有限公司著作权权属、侵权纠纷案，参见：上海市普陀区人民法院（2014）普民三（知）初字第258号民事判决书。

而构成合理使用；而相反的观点则认为，由于游戏画面本身在整个直播画面中占据核心地位，直播行为不符合转换性使用，难以构成合理使用。

2. 三步检验法

根据《伯尔尼公约》第 9 条第 2 款的规定，"公约成员国的法律应当规定允许在某些特定情形下复制公约保护的作品，只要这种复制不与作品的正常利用相冲突，也不致不合理地损害作者的合法权益"，此即著作权限制与例外最早的国际条约渊源"三步检验法"。根据公约的该规定，缔约国在某些不与作品的正常使用相抵触也非无理损害作者合法利益的特殊情况下，可在其国内立法中规定著作权（复制权）的限制或者例外。值得注意的是，在《伯尔尼公约》中，三步检验法仅为判断著作权中的复制权的限制与例外是否合法的标准，尚未上升为著作权限制与例外的一般原则。真正将三步检验法确立为著作权限制与例外一般原则的是世界贸易组织（WTO）1994 年缔结的《与贸易有关的知识产权协定》（TRIPS）。根据 TRIPS 第 13 条的规定，"各成员应当将对（著作权）专有权的限制或者例外限定于某些特殊情形，该特殊情形不得与作品的正常利用相冲突，也不得不合理地损害权利持有人的正当利益"。由此，TRIPS、《伯尔尼公约》中的限制对象从"复制权"扩展到了所有"专有权"，确立了三步检验法作为著作权限制或者例外一般原则的地位。此后，为应对互联网技术对著作权保护的挑战，世界知识产权组织于 1996 年在《世界知识产权组织版权条约》第 10 条第 1 款和《世界知识产权组织表演和录音制品条约》第 16 条中也规定了三步检验法，完成了三步检验法适用范围从传统传播环境向网络环境的延伸。

在《著作权法》第三次修改之前，三步检验法在我国的行政法规和司法解释中都得到了体现。前者即《著作权法实施条例》第 21 条的规定，具体内容为："依照著作权法有关规定，使用可以不经著作权人许可的已经发表的作品的，不得影响该作品的正常使用，也不得不合理地损害著作权人的合法利益。"后者即 2013 年 1 月 1 日起施行的《最高人民法院关于审理侵害信息网络传播权民事纠纷案件适用法律若干问题的规定》（以下简称《信息网络传播权司法解释》）的第 5 条的规定，具体内容为："网络服务提供者以提供网页快照、缩略图等方式实质替代其他网络服务提供者向公众提供相关作品的……不影响相关作品的正常使用，且未不合理损害权利人对该作品的合法权益，网络服务提供者主张其未侵害信息网络传播权的，人民法院应予支持。"据此，有观点认为，最高人民法院允许下级法院依据三步检验法的第二、三步，创设新的合理使用情形。❶ 还有不少学者认为，上述《著作权法实施条例》和《信息网络传播权司法解释》的规定秉承了《伯尔尼公约》第 9 条、TRIPS 第 13 条、《世界知识产权组织版权条约》第 10 条和《世界知识产权组织表演和录音制品条约》第 16 条的精神，在我国立法中确立了三步检验法。

这些认识在司法实践中也有所体现，一些法院认为，只要某种行为没有影响作品的正常使用，也没有不合理地损害著作权人

---

❶ 张金平. 人工智能作品合理使用困境及其解决 [J]. 环球法律评论, 2019, 41 (3)：124.

的合法利益，就构成合理使用，而不管其是否属于《著作权法
（2010）》第 22 条所列举的具体例外。❶ 在"东阳市乐视花儿影
视文化有限公司与北京豆网科技有限公司侵害作品信息网络传播
权纠纷案"中，北京知识产权法院认为，《著作权法（2010）》
第 22 条规定了 12 种合理使用的情形，但由于互联网新兴技术的
发展，该 12 种情形无法完全解决现实需求，因此在遵循《著作
权法实施条例》第 21 条规定的合理使用要件的基础上，适用合
理使用制度衡量某一行为是否属于合理使用，是合乎著作权法立
法原意与合理使用制度设计初衷的；因此，使用他人已经发表的
作品，未影响该作品的正常使用，也未不合理损害著作权人合法
权益，这种使用可以构成合理使用。❷ 在"国家体育场有限公司
与熊猫烟花集团有限公司、浏阳市熊猫烟花有限公司及北京市
熊猫烟花有限公司著作权纠纷案"中，法院认为："在判断是
否构成合理使用时，需要考虑该使用方式是否会影响到作品的
价值或者潜在市场，亦即是否会影响权利人对该作品的正常使
用。作品的正常使用，是指在一般情况下，人们可能合理地预
期到的作者利用其作品的各种方式，包括作者所预期的现实存
在的作品使用方式和未来可能出现的作品使用方式。将建筑设
计应用到其他产品上属于可以预见的使用方式，被告的行为直
接影响到原告对其作品的二次商业化利用，会不合理地损害原
告的利益。"❸

---

❶ 参见：北京市第一中级人民法院（2011）一中民初字第 1321 号民事判决书。
❷ 参见：北京知识产权法院（2017）京 0105 民初第 10028 号民事判决书。
❸ 参见：北京市第一中级人民法院（2009）一中民初字第 4476 号民事判决书。

在"王某某与谷歌公司等著作权纠纷案"中，被告在其网站上提供原告享有著作权的图书概述、作品片段、常用术语和短语、作品版权信息等内容，原告指控被告该行为侵犯信息网络传播权，而传播作品片段的行为不属于《著作权法（2010）》和《信息网络传播权保护条例》明文列举的合理使用情形，但法院依然认定其属于合理使用。对此北京市第一中级人民法院认为："被告实施的涉案信息网络传播行为虽然未经原告许可，但鉴于其并未与作品的正常利用相冲突，也没有不合理地损害著作权人的合法利益，因此，该行为属于对原告作品的合理使用，并未构成对原告信息网络传播权的侵犯。"❶ 在被评为 2021 年北京知识产权法院典型案例的"西安佳韵社数字娱乐发行股份有限公司与上海萧明企业发展有限公司侵害信息网络传播权纠纷案"中，法院认为："而就涉案作品在涉案 App 中的搜索页面结果来看，仅有 3 条视频评论，且分别处于不同集数中，其结果并未影响涉案作品的正常使用或不合理地损害著作权人的合法权益，因此原告的诉讼请求不能成立。"❷ 据此，我国有学者在认定网络游戏直播合理使用时，直接以三步检验为标准，认为直播游戏的行为未影响游戏作品权利人对游戏画面的正常使用，也未不合理损害游戏画面著作权人的合法权益，这种使用可以构成合理使用；而相反的观点认为，未经著作权人许可的网络游戏直播，显然在潜在

---

❶ 参见：北京市高级人民法院（2013）高民终字第 1221 号民事判决书。但也有学者质疑法院此种做法的合法性，认为此种在裁判中有意忽略对合理使用类型的阐明，在合法性上存在重大隐患。参见：徐小奔，杨依楠. 论人工智能深度学习中著作权的合理使用 [J]. 交大法学，2019（3）：40.

❷ 参见：北京知识产权法院（2020）京 73 民终 1775 号民事判决书。

著作权市场收益层面影响了著作权人可期待利益的取得，无法满足三步检验法第二步的要求。

3.《著作权法（2010）》第 22 条〔《著作权法（2020）》第 24 条〕

在上述观点以四要素标准和三步检验法评判网络游戏直播行为是否构成合理使用的同时，还有一些学者反对以国外的立法或者理论作为我国网络游戏直播合理使用的认定标准，认为以一种我国著作权法上并不存在的美国判例法上的理论为依据，支撑网络游戏直播行为构成合理使用行为的观点，缺乏足够说服力，并提出应当以《著作权法（2010）》第 22 条〔《著作权法（2020）》第 24 条〕的规定作为认定标准。❶ 在"广东中凯文化发展有限公司与华中师范大学著作权纠纷案"中，法院认为，《著作权法（2010）》采用列明的方式，对构成合理使用的"例外情形"予以规定，只有符合法律规定的"例外情形"时，才会考虑该情形是否属于合理使用，故例外情形具有法定性。❷ 还有观点认为，虽然《著作权法（2020）》还增加了第 13 种情形，即"法律、行政法规规定的其他情形"，从而增加了一定程度的灵活性，但是可以预见的是，其他法律日后规定新的权利限制的可能性微乎其微。❸《著作权法（2010）》第 22 条以封闭式列举的方式规定了构成合理使用的 12 种法定情形，一些学者以此为

---

❶ 李扬. 网络游戏直播中的著作权问题〔J〕. 知识产权, 2017（1）: 14–24.

❷ 参见: 湖北省武汉市中级人民法院（2010）武知初字第 159 号民事判决书。

❸ 王迁. 著作权法权利限制模式阐释〔J〕. 中国版权, 2020（6）: 20.

认定标准得出网络游戏直播属于合理使用的结果，但具体的适用依据有所不同：有的认为游戏直播符合个人使用要求；有的认为游戏直播符合适当引用要求；还有的认为游戏直播符合新闻报道要求；也有学者以《著作权法（2010）》第 22 条规定得出网络游戏直播不构成合理使用的结论，理由是网络游戏直播行为不在列举的 12 种范围之内。❶ 在备受社会关注的"《梦幻西游》案"中，广州知识产权法院也认为，即使游戏运行画面作为游戏直播的工具进行使用，是关注、分析角度不同使然，并不因此导致游戏运行画面价值的丧失，游戏直播行为不属于《著作权法（2010）》第 22 条规定的情形，不成立合理使用抗辩。❷

4. 司法政策下的"混合标准"

我国在合理使用规则的设立上采取了封闭式的立法技术，即认定合理使用只能在《著作权法》列举的具体类型清单中"对号入座"，而不能在法定类型之外创设其他合理使用类型。但是，最高人民法院 2011 年 12 月 16 日印发的《最高人民法院关于充分发挥知识产权审判职能作用推动社会主义文化大发展大繁荣和促进经济自主协调发展若干问题的意见》这项司法政策在立法之外创设了认定合理使用的"混合标准"。根据该项司法政策第 8 条的规定，"……妥当运用著作权的限制和例外规定，……在促进技术创新和商业发展确有必要的特殊情形下，考虑作品使用行为的性质和目的、被使用作品的性质、被使用部分的数量和质

---

❶ 祝建军. 网络游戏直播的著作权问题研究 [J]. 知识产权，2017（1）：25－31.
❷ 参见：广州知识产权法院（2015）粤知法著民初字第 16 号民事判决书。

量、使用对作品潜在市场或价值的影响等因素，如果该使用行为既不与作品的正常使用相冲突，也不至于不合理地损害作者的正当利益，可以认定为合理使用。"❶ 之所以将其称为"混合标准"，是因为其把美国版权法的四要素标准和国际条约的三步检验法混在一起形成了"确有必要＋特殊情形＋四要素标准＋三步检验法（后两步）"的合理使用认定规则。❷ 有观点赞同该项司法政策的合理性。例如，有学者提出："社会生活极其复杂，需要不经权利人许可而利用作品的行为类型也多种多样，修改后《著作权法》明文规定的 12 种权利限制远远不能满足对作品进行合理利用的需要。"❸ "司法实践中，法院在一些案件中已突破现行著作权法规定，认定除上述十二种情形以外的其他行为构成属于合理使用行为。"❹ "除法律规定的具体情形外，在司法实践中，某些特定行为也可能被认定构成合理使用。需要注意的是，在法律规定的具体情形之外认定合理使用，应当从严掌握标准，将合理使用情形控制在少数特殊情况下。"❺ 在"丛某某与搜狗公司著作权侵权纠纷案"中，二审法院认为，如果某一行为虽属

❶ 《最高人民法院关于充分发挥知识产权审判职能作用推动社会主义文化大发展大繁荣和促进经济自主协调发展若干问题的意见》（法发〔2011〕18 号）第 8 条。

❷ 最高人民法院《关于充分发挥知识产权审判职能作用推动社会主义文化大发展大繁荣和促进经济自主协调发展若干问题的意见》（法发〔2011〕18 号）第 8 条中规定："在促进技术创新和商业发展确有必要的特殊情形下，考虑作品使用行为的性质和目的、被使用作品的性质，被使用部分的数量和质量、使用对作品潜在市场或价值的影响等因素，如果该使用行为既不与作品的正常使用相冲突，也不至于不合理地损害作者的正当利益，可以认定为合理使用。"

❸ 王迁. 著作权法权利限制模式阐释 [J]. 中国版权，2020（6）：20.

❹ 芮松艳. 网站全文复制他人作品构成侵权 [J]. 人民司法，2014（20）：6.

❺ 陈锦川. 著作权法审判：原理解读与实务指导 [M]. 北京：法律出版社，2014：327.

于著作权所控制的行为，但其不会对著作权人的利益造成"不合理"的损害，且同时有利于社会公众利益，则该行为符合合理使用行为的"实质条件"。❶

《著作权法（2020）》在合理使用的立法模式上依旧采取封闭式立法的情形下，有观点认为依然可以依据最高人民法院的该项司法政策在《著作权法（2020）》第 24 条第 1 款规定的具体列举情形之外认定某种作品使用行为构成合理使用，理由是"最高人民法院的此项意见等于是授权下级法院在'确有必要'的时候，突破《著作权法》对权利限制的限定"❷。该观点还认为："对于权利限制，考虑到目前的立法状况的国情，应当赋予法院更大的自由裁量权……允许法院根据实际情况，在相关未经许可利用作品的行为不与对作品的正常利用相冲突、不会不合理地损害著作权人利益的情况下，即使其未被明确纳入《著作权法》规定的权利限制之中，也可以认定其不构成侵权，应当是更为明智的司法适用策略。"❸ 还有观点提出可以根据《著作权法（2020）》第 24 条第 1 款第 13 项"法律、行政法规规定的其他情形"这一兜底条款在第 24 条第 1 款列举的 12 种具体情形之外认定合理使用，但"事实上，按照这一兜底条款的立法措辞，即便按照司法政策在个案中能适当突破，也需要充分论证可行性及必

---

❶ 参见：北京市第一中级人民法院（2013）一中民终字第 12533 号民事判决书；芮松艳. 网页快照服务提供行为的侵权认定：评丛文辉诉搜狗公司案 [J]. 中国版权，2014（3）：25.
❷❸ 王迁. 著作权法权利限制模式阐释 [J]. 中国版权，2020（6）：21.

要性，并不能随意使用此兜底条款。"❶ "立法应该用尽量确定的规则将合理使用的范围明晰起来——就像德国法一样，尽力减少法院在适用这些合理使用规则时进行自由裁量的空间，使法律适用更加明确和简单，也有利于公众更加清楚地判断自己的行为是否合法。"❷

（二）认定标准之确定

四要素标准不宜直接作为我国认定网络游戏直播是否构成合理使用的法律依据。首先，在《美国版权法》第107条中，四要素并非合理使用的"构成要件"，而是判断是否构成合理使用的"考量因素"，由此意味着该四项要素不必同时具备或者满足。即使某些因素被法院判定为不利于合理使用的认定，但在对四项因素进行综合考量后，该使用行为仍然有可能构成合理使用，由此导致以该四要素作为认定标准得出的结论具有较大的不确定性。美国学者Nimmer在对60个涉及合理使用的典型判例进行比较研究后得出：美国法院就合理使用的认定从来没有形成可以固定下来的标准，这四项要素最大的问题就在于它们适合于支持任何一种观点。其次，该四个要素中何者具有更重要的地位在美国司法实践中也存在巨大争议。审理"谷歌数字图书项目案"的勒瓦尔法官认为第一个因素最重要，而美国联邦最高法院则在

❶ 杨柏勇，北京市高级人民法院知识产权庭. 著作权法原理解读与审判实务 [M]. 北京：法律出版社，2021：242.
❷ 张伟君. 也谈新修改《著作权法》"合理使用"条款的适用 [EB/OL]. (2021 – 01 – 14) [2023 – 12 – 13]. https://mp. weixin. qq. com/s/cDg_ecTfEhaR7vQVKJVVeQ.

"Harper 案"中强调第四个要素是唯一重要的因素。❶ 最后，四要素标准与转换性使用的关系也充满争议：有将四要素作为判断转换性使用的标准，认为在判定是否构成转换性使用时，需要考虑四个要素，即使用作品的目的、原作的性质、被使用部分在原作中所占的质和量的比重、因使用给原作的市场潜力带来的不利影响；还有将转换性使用作为与四要素并列的独立判断标准，如美国联邦最高法院在 1994 年判决的"Campbell 案"中，认为"转化性使用"是"合理使用"判断的核心要素。据统计，近些年来在所有涉及"合理使用"的案件中，只要法院认定是转换性使用，无一例外全部认定是"合理使用"。❷ "实际上，美国近年来对转换性使用的争议越来越大，某些学者甚至认为，转换性概念已不能实现其鼓励创新的目的，反而开始威胁创新。"❸

　　就三步检验法而言，无论是最早将其适用于对复制权限制的《伯尔尼公约》，还是首次将限制对象扩展至所有专有权的TRIPS，乃至将其适用范围延伸至数字网络环境的《世界知识产权组织版权条约》和《世界知识产权组织表演和录音制品条约》，都无一例外地将三步检验法的适用情形表述为"各成员在制定其国内法时……"须遵守的标准。就此而言，三步检验法在性质上属于衡量各成员立法在规定版权的限制与例外上是否符合国际条约要求的检验标准，而非用于认定具体个案是否构成合理

---

❶　MENELL P S. Knowledge accessibility and preservation policy for the digital age ［J］. Houston Law Review，2004，44（4）：1013.

❷　王迁. 网络游戏直播与合理使用 ［EB/OL］. （2018 – 02 – 06）［2023 – 12 – 13］. https：//mp. weixin. qq. com/s/O8GLmjnvISdL2jzxyFTTaA.

❸　谢琳. 论著作权转换性使用之非转换性 ［J］. 学术研究，2017（9）：63.

使用的裁判标准。也正因此，在 1999 年著名的"欧共体诉美国案"中，针对《美国版权法》第 110 条第 5 款所规定的两种合理使用（播放戏剧音乐作品的"家庭型例外"和播放非戏剧音乐作品的"商业性例外"）是否符合 TRIPS 这一问题，世界贸易组织专家组再次确认：三步检验法是检验所有关于版权的权利限制和例外"制度"是否合法正当的唯一依据，美国和欧盟对此也无异议。❶ 由此可以看出，三步检验法实际上是国际条约对各成员立法是否符合公约要求的"立法衡量准则"，而不是指引法院如何审理具体案件的"裁判标准"。正是基于三步检验法在性质上系立法标准，其"未影响该作品的正常使用，也未不合理损害著作权人合法权益"的表述不可避免地比一般裁判规则更为抽象，无法为当事人提供明确可预期的行为指引，不宜作为我国网络游戏直播是否构成合理使用的司法认定标准。

基于以上分析，美国的四要素标准（包括转换性使用理论）和国际条约中的三步检验法均不宜直接作为我国合理使用的认定标准。而更为重要和关键的是，网络游戏直播是否属于合理使用

---

❶ 该案的背景是，1976 年《美国版权法》第 110 条第 5 款规定：（1）允许小型餐馆和零售店在未经授权和付费的情况下播放广播中的戏剧音乐节目，但是所用的播放设备只能是家庭型设备，称为"家庭型例外"；（2）允许经营规模不超过一定面积的餐饮企业和零售企业在未经授权和付费的情况下播放广播中的非戏剧音乐作品，还允许经营规模超过一定面积的企业播放广播中的非戏剧音乐作品，只要其播音设备符合特定的限制条件，称为"商业型例外"。欧共体及其成员国向世界贸易组织提出抗议，认为该规定中的"家庭型例外"和"商业型例外"违反了《伯尔尼公约》。世界贸易组织专家组对该争端作出了裁决，认为"商业型例外"不符合"三步检验法"，而"家庭型例外"则是合法的。参见：曾琳. 著作权法第三次修正下的"限制与例外"制度应用研究［M］. 北京：中国政法大学出版社，2016.

是一个解释论上的问题，由此意味着对这一问题的回答应以我国现行立法的具体规定为依据，而不宜绕开实定法的具体规定直接以国外立法或者国际条约甚至某种理论作为适用依据。据此笔者以为，应以《著作权法（2020）》第24条［《著作权法（2010）》第22条］的规定作为网络游戏直播是否属于合理使用的司法认定标准。

这里有必要就《著作权法（2010）》第22条与《著作权法实施条例》第21条的关系作简要分析，因为在《著作权法（2020）》之前，关于国际条约中的三步检验法并未在《著作权法（2010）》第22条中规定，而是规定在《著作权法实施条例》第21条中，由此就引发了《著作权法（2010）》第22条与《著作权法实施条例》第21条的关系的不同认识。例如，有不少观点认为后者关于"依照著作权法有关规定，使用可以不经著作权人许可的已经发表的作品的，不得影响该作品的正常使用，也不得不合理地损害著作权人的合法利益"的规定就是国际条约中的三步检验法，并认为该规定系对整个《著作权法（2010）》第22条的补充，也就是法院可以在第22条封闭式规定之外，依据《著作权法实施条例》第21条将不属于《著作权法（2010）》第22条列举的情形直接认定为合理使用。笔者不同意此种认识：著作权法属于"法律"，实施条例属于"行政法规"，《著作权法实施条例》第21条在性质上只能是对《著作权法（2010）》第22条在具体适用上的解释，也就是对于具体列举的12种情形的进一步限定，不能单独依据《著作权法实施条例》第21条径行认定某一行为是否构成合理使用。

《著作权法（2020）》在合理使用规定上的一个重大变化就是将三步检验法直接从行政法规的位阶提升到了法律位阶，即从《著作权法实施条例》第21条提升到《著作权法（2020）》第24条中。这一改变虽然避免了《著作权法（2010）》第22条与《著作权法实施条例》第21条在适用三步检验法时的关系之争，但同时引发了《著作权法（2020）》第24条第1款规定的三步检验法和所列举的12种合理使用具体情形的关系问题，即构成合理使用需要同时具备第1款规定的三步检验法和所列举的合理使用具体情形，还是只要符合其中一项条件即可？笔者持第一种认识，即构成合理使用需要同时具备第1款规定的三步检验法和12种合理使用具体情形的某一种，三步检验法不宜单独作为合理使用的认定标准（具体理由下文详述）。正如有学者所言："将国际公约中的'三步检验法'写进了合理使用条文，看似引入了合理使用认定的一般规则，其实仍未改变合理使用认定规则的封闭性。"❶"当'某些特殊情况'被界定为'在下列情况下'，即仍然局限于列举的法定情形。就目前立法体系来看，增设的兜底条款也形同虚设：有关合理使用的规定仅出现在《著作权法》《信息网络传播权保护条例》之中，也并不涉及特殊情形。"❷在"韩某某与扬子晚报等侵犯著作权纠纷案"中，法院认为，根据《著作权法（2010）》第22条第1款第3项的规定和《著作权法实施条例》第21条的规定，判断作品使用是否构成合

❶ 吴汉东. 人工智能生成作品的著作权法之问 [J]. 中外法学，2020（3）：662.
❷ 高莉. 数字时代著作权合理使用制度的检视与重构：基于技术中立的理论分析 [J]. 苏州大学学报（法学版），2023，10（3）：42.

理使用，不仅要看是否属于《著作权法（2010）》第 22 条所规定的情形，还要看该使用方式是否只能在特定情况下作出、与作品的正常利用不相冲突，以及未损害权利人合法权益。❶

　　就《最高人民法院关于充分发挥知识产权审判职能作用推动社会主义文化大发展大繁荣和促进经济自主协调发展若干问题的意见》确立的"混合标准"而言：第一，根据最高人民法院 2021 年 6 月 16 日起施行的《关于修改〈最高人民法院关于司法解释工作的规定〉的决定》（法发〔2021〕20 号）修改后的《最高人民法院关于司法解释工作的规定》第 6 条规定，司法解释的形式分为"解释""规定""规则""批复""决定"五种，故该项司法政策并不属于司法解释，不宜直接将其作为法律适用依据，但可以在裁判说理中予以参照。第二，与《著作权法》规定的法定类型相比，该"混合标准"过于原则和抽象，例如在认定人工智能创作能否被认定为合理使用这一问题上，同样采用四要素标准，有的学者认为人工智能创作使用数据可以纳入合理使用范畴，❷ 而有的学者则得出了截然相反的结论。❸ 第三，即使按照该"混合标准"的内容，并非只要符合"四要素标准"就可径行认定合理使用，而是还要受到"该使用行为既不与作品的正常使用相冲突，也不至于不合理地损害作者的正当利益"的限制，这就又回到了《著作权法（2020）》第 24 条第 1 款规定

❶ 参见：江苏省高级人民法院（2012）苏知民终字第 0243 号民事判决书。

❷ 徐小奔，杨依楠. 论人工智能深度学习中著作权的合理使用［J］. 交大法学，2019（3）：32－42.

❸ 马忠法，肖宇露. 论人工智能学习创作的合理使用［J］. 山东科技大学学报（社会科学版），2020，22（5）：32－38，47.

的三步检验法。因此，笔者认为，不宜将司法政策确立的"混合标准"作为网络游戏直播行为是否构成合理使用的认定标准。同时应予说明的是，在确定了以《著作权法（2020）》第24条作为合理使用认定标准的前提下，鉴于我国现有研究中不少学者采用了四要素标准，并且我国近几年的司法实践中也有案例将四要素作为认定标准，❶ 为使研究内容更具对话性，研究结论更具说服力，笔者将以现行立法为依据对网络游戏直播是否构成合理使用进行认定后，对所得出的结论补充以四要素标准和转换性使用从学理上予以检验。

四、网络游戏直播合理使用之认定及其检验

（一）解释论下网络游戏直播合理使用之认定

1. 游戏直播与"个人使用"

根据《著作权法（2020）》第24条第1款第1项的规定，"为个人学习、研究或者欣赏，使用他人已经发表的作品"可以不经著作权人许可，亦无须支付报酬，此即"个人使用"之合理使用类型。据此有观点认为，网络游戏玩家在直播间向观众炫耀技巧，纯粹是出于个人的兴趣爱好和娱乐用意而非商业目的，故构成"个人使用"的合理使用类型。在前述"斗鱼案"中被

---

❶ 例如在"谷歌公司与王某侵害著作权纠纷上诉案""葫芦娃、黑猫警长案"中，法院运用了四要素标准。

告也提出，斗鱼直播平台未直接使用涉案 DOTA 2 亚洲邀请赛中的游戏竞技画面，而是使用了 DOTA 2 游戏客户端内置的"观战模式"（另外聘请主播配以解说），此种通过"观战模式"直播游戏的行为应当属于为个人欣赏使用游戏画面的合理使用类型。❶ 笔者以为，从行为目的上看，"个人使用"之合理使用类型强调为"个人"目的使用作品，而在网络游戏直播中，无论是由游戏玩家或者游戏主播实施的直播，还是由专业平台实施的直播，都不是为了直播者自己学习、研究或者欣赏，而是为了向不特定的社会公众传播以获取用户资源，此种"使用"显然并非该条立法目的所限定的为个人目的的"使用"，超出了为个人学习、研究或者欣赏的范围。从行为性质上看，为个人学习、研究或者欣赏目的使用作品一般不具有营利性，也不会对著作权人已有或者潜在利益造成损失。立法主持者也认为，使用作品目的，是为了个人学习、研究或者欣赏，不能用于出版，营业性表演，制作发行录音录像带，在电台、电视台播放，展览、摄制电影、电视剧等。❷ 而现实中的游戏直播行为多以营利为目的，并非有观点主张的主要以给玩家之间学习交流游戏技巧、闯关攻略提供平台为目的，而是以插播广告、获取打赏、推销虚拟商品等赚取高额利润为目的，在结果上分流了游戏作品权利人的用户和流量，造成了权利人的损失。根据以上分析，游戏直播行为难以构成"个人使用"的合理使用类型。

---

❶ 参见：上海市浦东新区人民法院（2015）浦民三（知）初字第 191 号民事判决书。

❷ 黄薇，王雷鸣. 中华人民共和国著作权法导读与释义 [M]. 北京：中国民主法制出版社，2021.

2. 游戏直播与"适当引用"

根据《著作权法（2020）》第 24 条第 1 款第 2 项的规定，"为介绍、评论某一作品，或者为说明某一问题，在作品中适当引用他人已经发表的作品"可以不经著作权人许可，亦无须支付报酬，此即"适当引用"之合理使用类型。据此有观点认为，游戏玩家在进行直播时，并非单一地使用游戏画面，而是通过弹幕、口述等方式向观众介绍评论游戏内容和比赛进程，故从形式上符合"为介绍、评论某一作品或者说明某一问题，在作品中适当引用他人已经发表的作品"这一规定，构成"适当引用"合理使用类型。❶ 从法律规定的文义来看，构成"适当引用"合理使用类型应具备以下条件。

第一，引用者存在自己独立的版权作品。立法主持者也认为在自己的作品中引用他人作品，是指将别人的作品作为自己作品的根据，以创造新作品，说明新观点。❷ 在前文归纳的三种网络游戏直播类型中，前两种未在游戏画面的基础上增加任何具有独创性的内容，因此不存在引用者独立的作品，不符合这一要件的要求。第三种由专业平台实施的游戏直播在游戏画面基础上增加了专业主播解说、音乐背景、舞台画面等具有一定独创性的内容，可以构成演绎作品，属于在被引用的作品之外还有自己独立的作品，符合此要件的要求。

---

❶ 李晓宇. 网络游戏直播的著作权侵权认定 [J]. 中国版权，2017（1）：27-30.

❷ 黄薇，王雷鸣. 中华人民共和国著作权法导读与释义 [M]. 北京：中国民主法制出版社，2021.

　　第二，引用的目的必须是介绍、评论某一作品或者说明某一问题，否则不能被认定为适当引用。在"杨某某与中国画报出版社著作权纠纷案"中，法院认为："从《杨家埠年画之旅》一书的整体内容分析，该书通篇内容并非对年画本身的具体介绍或评论，其中'年画神话杨洛书'一章，虽然涉及了对杨某某年画作品的简单介绍，但篇幅极少，更多篇幅文字与具体作品的评价、介绍相去甚远，整体体现为对杨家埠年画制作人物、事件及作者游历的叙述、介绍。因此，从内容分析本案中对涉案作品的使用并非对年画作品本身的评论、介绍。"❶ "引用系基于创作新作品的正常需要，引用的目的是创作新作品，引用的结果是产生新作品，被引用作品构成新作品的有机组成部分，被引用作品与新作品之间在构思和表达上存在合理的引用逻辑关系。"❷ 在"汪国真诗集著作权侵权案"中，法院认为：被诉侵权附录一为《汪国真作品评析》，内容为每引用汪国真的一首经典诗歌全文，后附一段彭某创作的介绍和评论文字，包含对该首诗歌的内容、风格的点评，以及对其主题的阐释和拓展，其中，汪国真的原作除展现本身的艺术美感和文学价值外确系该部分内容介绍、评论的直接对象，且与全书叙述诗人生平和作品的主题相契合。因此，附录一引用汪国真的诗歌对于介绍和评论诗人作品本身来说具有一定的必要性。但该部分中引用诗歌共 59 首，且选取了汪国真作品中较为知名的代表作，附录一页数占全书总页数的 1/3，

---

❶　参见：山东省高级人民法院（2007）鲁民三终字第 94 号民事判决书。
❷　杨柏勇，北京市高级人民法院知识产权庭. 著作权法原理解读与审判实务［M］. 北京：法律出版社，2021.

并公开出版发行。如此系统完整地对涉案权利作品进行展示和传播，显然谈不上对使用数量、范围、方式进行了有效限制，将对汪国真诗歌作品的合法复制发行物具有一定的替代作用，从而影响涉案权利作品著作权人正当行使权利，已经超出适当性的范畴，无法认定为合理使用。❶ 有观点提出，游戏直播"不是为了单纯地再现画面本身的美感或所表达的思想感情，而是展示特定用户的游戏技巧和战果"。❷ 即便如此，"展示特定用户技巧和战果"既非介绍、评论某一作品（游戏画面），亦非说明某一问题，何况在展示用户技巧和战果的同时更多展示的是具有较高欣赏价值的游戏画面，而直播游戏的最终目的是吸引用户关注从而获取更多"用户流量"以赚取经济利益。就此而言，前述三种直播类型均不符合此项要件的要求。

第三，对版权作品的引用程度要求为"适当"。引用适当要求所引用的部分不能构成被引作品的主要部分或实质部分，引用作品与被引作品具有主从关系和显著的区别性，如此引用作品才不会构成被引作品的"替代品"。一般说来，引用不应当比评论、介绍或者说明还长。❸ 1985 年原文化部发布的《图书、期刊版权保护试行条例实施细则》第 15 条中规定："'适当引用'指作者在一部作品中引用他人作品的片断。引用非诗词类作品不得超过两千五百字或被引用作品的十分之一，如果多次引用同一部

---

❶ 参见：北京市东城区人民法院（2018）京 0101 民初 3346 号民事判决书；北京知识产权法院（2019）京 73 民终 1263 号民事判决书。

❷ 王迁. 电子游戏直播的著作权问题研究 [J]. 电子知识产权，2016（2）：16.

❸ 黄薇，王雷鸣. 中华人民共和国著作权法导读与释义 [M]. 北京：中国民主法制出版社，2021.

长篇非诗词类作品，总字数不得超过一万字；引用诗词类作品不得超过四十行或全诗的四分之一，但古体诗词除外。凡引用一人或多人的作品，所引用的总量不得超过本人创作作品总量的十分之一，但专题评论文章和古体诗词除外。""适当"强调的是引用部分的篇幅应当与介绍、评论、说明的合理需要相适应，不能超过必要的限度。《伯尔尼公约》第 10 条第 1 款规定："从一部合法公之于众的作品中摘出引文，只要符合合理使用，在为达到目的的正当需要范围内，就属合法。"

在前述三种直播类型中，前两种几乎是对游戏画面的完全复制，显然超过了"适当"的程度。第三种直播类型中，虽然专业平台聘请专业主播所增加的解说、音乐背景、比赛画面等具有一定的独创性使得这些因素与被直播的游戏画面结合在一起形成了新的演绎作品（直播画面），但被直播的游戏画面仍然被完整地利用，并且构成直播画面的主要的和实质性内容，从而也超过了"适当"的程度要求。由于上述三项要求属于"适当引用"合理使用类型的法定构成要件，必须全部具备才能构成合理使用，以上的分析表明三种游戏直播类型均未完全满足此三项要求，因此不构成"适当引用"合理使用类型。

3. 游戏直播与"新闻报道"

根据《著作权法（2020）》第 24 条第 1 款第 3 项的规定，"为报道新闻，在报纸、期刊、广播电台、电视台等媒体中不可避免地再现或者引用已经发表的作品"可以不经著作权人许可，亦无须支付报酬，此即"新闻报道"之合理使用类型。据此有观点认为，由于游戏开发者也鼓励直播平台播报游戏比赛战况，因此任何一个游戏客户端的参与者或旁观者都可以对游戏比赛情况进行评论报道，由此所进行的网络游戏直播属于为新闻报道的合理使用，应当受到侵权豁免。● 此种观点值得商榷。其一，游戏玩家、主播以及专业平台并非该项文义上明文列举的四大媒体（报纸、期刊、广播电台、电视台），虽然该项内容有"等"字的表述，而且近年来提出将网络媒体纳入著作权法意义上"广播组织"的意见也越来越多，但当前的立法和司法实践均未接受此意见，故而从解释论上难以将个人或者网络平台纳入"等"的文义涵摄范围之中，使得上述三种类型的游戏直播均不符合此种合理使用所要求的主体资格要求。其二，此种合理使用类型的目的是"报道新闻"，即为报道单纯事实消息而利用版权作品。在网络游戏直播中，如果仅简要介绍游戏的规则、参加者、比赛时间、比赛结果等主要信息，则符合报道新闻的要求。但实际情况是游戏画面的整个运行过程被完整地全程直播，直播的目的亦并非单纯报道游戏比赛的事实消息，而是吸引用户流量以获得更大的经济利益。其三，此种合理使用类型还要求对于版权作品的使用为"不可避免地再现或者引用"，而全程直播网络游戏的行为亦难谓"不可避免地再现或者引用"。基于以上三项理由，网络游戏直播不符合"新闻报道"合理使用要求。这一结论也得到司法实践认可。在"斗鱼案"中，二审法院也认为，即使存在游戏厂商鼓励视频平台播报游戏比赛亦属于其免费许可的情况，

● 参见：上海知识产权法院（2015）沪知民终字第 641 号民事判决书。

并不表明游戏客户端的参与者、旁观者可以未经许可即有权将客户端的比赛画面进行直播、转播并商业利用。❶

（二）比较法下网络游戏直播合理使用认定之检验

上述分析表明，在我国现行立法框架下依循解释论路径可以得出，网络游戏直播行为难以构成合理使用，但基于当前我国不少学者依据《美国版权法》第 107 条规定的四要素标准得出了相反的结论，为使本书的研究更具对话性，下文以四要素标准为依据从学理上对前述分析结论予以检验。

就第一个要素"使用行为的目的与性质"而言，当前的游戏直播无一例外都是通过吸引用户流量从而实现其获取打赏、插播广告或者推销商品的营利目的，因此直播游戏行为的商业目的较为明显。但在美国司法实践中，商业性目的对于认定合理使用并非决定性因素，❷ 故须进一步分析使用行为的性质，由此就涉及所谓的"转换性使用"理论。有观点认为游戏直播在内容上具有转换性，理由是用户在游戏过程中还添加了大量的表达性内容，比如个人图像画面、个人言语、粉丝点评等，这使得游戏画面以全新的组合方式实现了新的目的，而不是以某种方式替代原作，因而具有转换性质。❸ 还有观点认为游戏直播在目的或者功能上具有转换性，理由是游戏直播不是为了单纯地再现画面本身

---

❶ 参见：上海知识产权法院（2015）沪知民终字第 641 号民事判决书。
❷ *Campbell v. Acuff‑Rose Music, Inc.*, 510 U. S. 569, 579（1994）.
❸ 崔国斌. 认真对待游戏著作权 [J]. 知识产权，2016（2）：15.

的美感或所表达的思想感情，而是展示特定用户的游戏技巧和战果。❶ 笔者以为，"用户个人图像画面、个人言语、粉丝点评等"由于过于简单而缺乏独创性，从而难以在游戏画面基础上形成新的演绎作品，尚不能构成内容上的转换性；不仅如此，即使在专业"网红"主播的解说、添加的音乐背景或者设置的比赛场景等内容具有一定独创性可以构成演绎作品的情形下，也不能以此当然地认为具有内容上的转换性。理由是，如果因所添加的内容具有独创性形成了新的演绎作品就构成转换性使用，那么所有的演绎行为都可以认定为合理使用了，因为演绎的本质特征就是必须在原作品基础上创作出具有独创性的内容。因此，应根据转换性程度的高低具体分析创作出的新内容系具有转换性的合理使用还是可能构成侵权的改编行为。在网络游戏直播中，主播的解说等内容虽具有一定的独创性，但相对于游戏画面而言，仍然居于辅助和陪衬的地位，游戏画面仍然是直播的核心内容，因此包含主播解说的直播画面虽然可以构成演绎作品，但由于转换性程度较低，直播行为难以构成合理使用，属于未经许可的改编行为。同样的理由，不否认游戏直播具有展示游戏玩家操作技巧的效果，但游戏画面在游戏直播中的核心地位决定了直播行为也难以构成功能上的转换性。

　　就第二个要素"版权作品的性质"而言，独创性越高的虚构作品（小说和艺术类）比事实作品（纪实类）、信息作品（汇编类）和功能作品（工程、产品设计图）能得到更强的保护，

---

❶ 王迁. 电子游戏直播的著作权问题研究 [J]. 电子知识产权，2016（2）：16.

使用独创性越低的作品越容易构成合理使用。游戏画面将文字、美术、音频、视频等有机结合在一起，通过一定的情节和人物予以表现，其画面效果给观众带来的视觉感受不亚于一部电影作品。当前不少学者倾向于将游戏动态画面认定为类电作品正是基于对其较高独创性的认可。因此就"版权作品的性质"这一要素而言，游戏画面具有较高的独创性使得游戏直播行为不利于被认定为合理使用。

就第三个要素"所使用的部分的质和量与版权作品作为一个整体的关系"而言，合理使用要求所使用的部分在数量上和重要性上应适度且必要。就网络游戏直播而言，无论何种直播类型都是将游戏动态画面完整地呈现在直播画面中，远远超出了数量和质量适度的界限，该因素也不利用合理使用的认定。

就第四个要素"使用对版权作品之潜在市场或价值的影响"而言，该要素被认为是四个要素中最重要的一个，❶ 而且该要素的衡量结果与第一个要素中"作品使用性质"（转换性使用）具有一定的关联性，即转换性使用的程度越高，对于作品市场价值的影响就越小，就越容易构成合理使用。当前有不少观点认为，游戏开发者免费推出游戏的目的是让用户下载并以此吸引用户关注而获利，因此由"玩游戏"形成的市场才是游戏开发者的市场，而由"看游戏"所形成的市场既非现有市场，也不在游戏开发者的预期之内，游戏直播行为不会给游戏开发者的市场造成影响。笔者在本章第二部分已经将此作为基础性问题进行了讨

---

❶ *Harper & Row，Publishers，Inc. v. Nation Enters.，47，U. S. 539，566（1985）.*

论，认为游戏直播市场无论从理论上还是游戏行业实践中都是游
戏画面权利人的支配市场，由于游戏画面权利人对游戏画面作品
的形成付出了巨大成本，通过付费有偿取得游戏画面"直播权"
已成为游戏直播行业的商业惯例和运行规则，未经许可直播他人
享有权利的游戏画面直接造成了权利人许可费的损失，也不当攫
取了游戏画面权利人的用户资源从而剥夺了其市场份额，该因素
的分析结果也不利于合理使用的认定。

　　这里还有必要就三步检验法是否应作为学理上的检验标准予
以分析。本章第三部分已经阐明，三步检验法在性质上属于国内
立法在规定著作权限制与例外时应遵循的一般性原则，其不仅是
合理使用规定是否"合法"的衡量标准，也是其他著作权限制
与例外（如法定许可和强制许可）规定是否妥当的衡量标准。
作为立法的总指导原则，其可以适用于德国、法国、日本这些详
尽列举著作权限制的大陆法系国家，也可以适用于美国这种以抽
象式要素标准来规定权利限制的国家。[1] 也就是说，三步检验法
是立法规范而不是行为规范，不宜直接作为法院审理案件的裁判
规范。

　　进而言之，在具体司法适用上，认定某一使用作品行为在我
国是否构成合理使用，首先应看其是否属于《著作权法
(2020)》第 24 条第 1 款具体列举的 12 种情形之一，其次还要看
其是否符合该款"不得影响该作品的正常使用，也不得不合理地
损害著作权人的合法权益"的要求。只有循此路径，三步检验法

---

[1] 曾琳. 著作权法第三次修正下的"限制与例外"制度应用研究 [M]. 北京：中
国政法大学出版社，2016.

才可作为裁判规范。如果绕开《著作权法（2020）》第 24 条第 1 款所列举的具体情形，单独将该款中规定的三步检验法作为合理使用的独立认定标准，则有违法律适用规则。但在我国司法实践中，绝大多数案件都是仅依照《著作权法（2020）》第 24 条第 1 款所列举的具体情形进行合理使用认定的，鲜有在符合具体列举情形下还依照三步检验法作进一步认定的。其原因笔者认为：一是《著作权法（2020）》第 24 条第 1 款列举的具体情形已经比较明确，符合某一具体情形一般足以认定合理使用；二是三步检验法规定中的"不得影响该作品的正常使用，也不得不合理地损害著作权人的合法利益"过于抽象，难以被法官具体操作。由此也映射出将本为立法指导原则的三步检验法生硬移植为裁判规范所带来的弊端。依此而言，三步检验法不应作为前述网络游戏合理使用认定结论的学理检验标准。

网络游戏直播产业自 2013 年在我国兴起以来，经历了萌芽、壮大、资本洗牌和政策监管规范之后，当前已经成为我国发展最为迅猛的文化产业新业态。作为最新的网络技术与最新的商业模式结合而形成的新兴行业，未经许可直播他人的网络游戏画面属于侵权行为还是合理使用一直是此类法律纠纷的核心问题。在网络游戏直播中，制作精美的游戏动态画面是吸引用户在线观看直播的主要原因，因此游戏直播市场应当属于游戏画面权利人的预期市场。在认定网络游戏直播是否构成合理使用时，不宜直接将美国版权法上的四要素标准和国际公约中的三步检验法作为我国司法实践中审理具体案件的适用依据，而应以中国现行立法的规定作为裁判依据。在《著作权法（2020）》第 24 条中，未经许可的网络游戏直播既不属于个人使用和适当引用，也不属于新闻报道，从而使其难以为现行立法上的合理使用具体类型所涵盖。这一判断也可依据四要素标准从学理上得以验证，因此本书的研究结论便是未经许可的网络游戏直播不属于中国现行立法下的合理使用。值得注意的是，广州知识产权法院于2019年1月31日就备受社会关注的"腾讯公司诉今日头条有限公司等著作权侵权纠纷案"作出诉讼禁令裁定，该裁定指出：被告运营的"西瓜视频"直播平台在组织直播《王者荣耀》游戏时没有获得原告的许可并支付相应对价，抢占了原告的游戏直播市场和用户资源，对原告的合法权益造成损害，故被告应立即停止对《王者荣耀》游戏的直播。这个被誉为"中国游戏直播平台的第一个知识产权禁令"裁定中所持的理由和结论，实质上也是对未经许可直播他人游戏有可能构成合理使用观点的否定。

第六章

结论与展望

一、结　论

　　网络游戏近年来风靡全国，不仅作为专业课程进入了大学课堂，由此所形成的游戏产业所带来的经济效益也已经数倍于传统的电影产业，被称为"第九艺术"。随着网络游戏产业链条的进一步延伸，以在线直播方式将"玩游戏"过程或者解说"玩游戏"的画面向公众展示的游戏直播产业成为当前发展最为迅猛的文化产业新业态，而由此引发的法律问题也是当前最前沿、最复杂和最具争议的问题之一。网络游戏直播市场的盈利是通过控制游戏直播的著作权来实现的。这就意味着谁享有游戏直播画面的著作权，谁就能够从游戏直播市场中获得收益。当前，学界与司法实务中在网络游戏直播画面的作品属性、权利归属、规制模式以及是否属于合理使用这些问题上仍然存在较大分歧，这些认识上的争议也直接影响了司法实践中裁判结果的不统一。针对这些争议问题，本书的研究主要形成了以下结论。

第一，关于网络游戏直播的著作权客体问题，即网络游戏直播画面是否具有作品属性。界定游戏直播画面的作品属性应以游戏画面与直播画面的三种不同关系进行类型化分析。游戏画面具有独立的作品属性，直播画面的作品属性应根据实际的独创性判断。游戏画面与视听作品（类电作品）的差异远大于共性，不应归入视听作品（类电作品）。直播画面可以根据独创性和投资情况构成视听作品（类电作品）或者录像制品。虽然《著作权法（2020）》在作品类型上采取了开放模式，使得例示类型作品以外"符合作品特征的其他智力成果"也可以成为作品，但是在作品定义开放模式下仍应认真对待例示类型作品，秉持这一立场具有重要的实践意义。

第二，关于网络游戏直播的著作权主体问题，即网络游戏直播画面的著作权应归属于何者。基于网络游戏直播画面作品结构的复合性，对这一问题的回答应采取类型化的分析方法。首先，应区分游戏直播画面与游戏运行画面，并分别就二者的著作权归属进行界定。其次，就游戏运行画面的著作权归属而言，只有在游戏为玩家提供了个性表达空间并且玩家实际从事了创作行为的情形下，游戏玩家才有可能享有游戏运行画面的著作权，除此之外其他情形下游戏运行画面的著作权属于游戏开发者；即使游戏运行画面属于录像制品，玩家亦难以主张表演者权和录像制作者权。最后，应根据直播平台与游戏主播的不同法律关系界定游戏直播画面的著作权归属：在"合作分成模式"模式下，应根据合作协议的约定确定著作权归属，协议无约定或者约定不明时著作权归属于主播；在"签约模式"下，游戏直播画面的著作权归属于直播平台；在"平台服务模式"下，游戏直播画面的著作权归属于游戏主播。

第三，关于网络游戏直播的著作权内容问题，即网络游戏直播行为应当采用何种著作权规制模式。在《著作权法》第三次修改决定施行前，未经许可通过网络直播他人享有著作权的网络游戏画面行为在著作权规制模式上存在理论与实务上的争议，由此引发网络游戏直播行为与信息网络传播权、发行权、广播权、机械表演权的关系问题，原因在于我国著作权立法长期以来所采取的技术主义立法路径。《著作权法（2020）》将广播权的规制范围延伸到"非交互式"网络传播行为，暂时可以解决包括网络游戏直播在内的"非交互式"网络传播行为的规制困境，但从本质上而言，"非交互式"网络传播行为在性质上与网络传播更近而与广播更远。同时，最高人民法院、最高人民检察院于2023年1月18日发布的《关于办理侵犯知识产权刑事案件适用法律若干问题的解释（征求意见稿）》第10条将侵犯信息网络传播权的行为仍界定为"交互式"网络传播行为，使得"非交互式"网络传播行为在刑法与著作权法上的规制出现了不一致。因此从立法论上而言，更为科学的长久解决方案是将广播权与信息网络传播权合并成为"远程传播权"，即"以有线或无线方式向公众提供作品，包括将其作品向公众提供，使公众可以在其个人选定的时间和地点获得作品的权利"。

第四，关于网络游戏直播的著作权限制问题，即未经许可直播他人的网络游戏是否属于著作权合理使用。在网络游戏直播中，制作精美的游戏动态画面是吸引用户在线观看直播的主要原因，因此游戏直播市场应当属于游戏画面权利人的预期市场。在认定网络游戏直播是否构成合理使用时，不宜直接将美国版权法上的四要素标准和国际公约中的三步检验法作为我国司法实践中审理具体案件的适用依据，而应以中国现行立法的规定作为裁判依据。在《著作权法（2020）》第 24 条中，未经许可的网络游戏直播既不属于个人使用和适当引用，也不属于新闻报道，从而使其难以为现行立法上的合理使用具体类型所涵盖，这一判断也可依据四要素标准从学理上得以验证。

二、展　望

网络游戏直播产业经过二十余年的高速发展，取得了令人瞩目的成就，但并未达到顶点，而是从粗放式发展转向高质量发展。未来借助于虚拟现实、人工智能等新技术的力量，将重新定义游戏直播的未来图景。这个充满活力的产业，不仅会为观众带来全新的视觉体验，更会为整个产业带来巨大的商业价值和发展空间。而中国的网络游戏直播产业正面临着前所未有的发展机遇。网络游戏直播产业的良性健康发展需要清晰、准确、可预见的法律规则和司法裁判予以引导。本书对于网络游戏直播中四个最为核心的问题从解释论和立法论的视角进行了研究，为司法裁判和立法完善提供了一些参考。由于网络游戏直播中的著作权问题涉及经济、法律、技术等多个领域的问题，是当前新技术背景下最前沿、最复杂和最具争议的问题之一，因此本书的研究只是一个初步的尝试，许多分析和结论存在进一步探讨的空间，期待在后续的系列研究中不断完善。